# 我相信爱的力量

## ——校长演讲录

刘秋珍◎著

郑州大学出版社

**图书在版编目（CIP）数据**

我相信爱的力量：校长演讲录／刘秋坮著. — 郑州：郑州大学出版社，
2021.3（2024.6 重印）

ISBN 978-7-5645-7761-2

Ⅰ．①我…　Ⅱ．①刘…　Ⅲ．①高中 - 教育研究 - 文集
Ⅳ．①G632.0-53

中国版本图书馆 CIP 数据核字（2021）第 044460 号

我相信爱的力量：校长演讲录

WO XIANGXIN AI DE LILIANG：XIAOZHANG YANJIANGLU

| 策划编辑 | 王卫疆 | | 封面设计 | 苏永生 |
| 责任编辑 | 康静芳　胥丽光 | | 版式设计 | 苏永生 |
| 责任校对 | 孙　泓 | | 责任监制 | 李瑞卿 |

| 出版发行 | 郑州大学出版社 | | 地　　址 | 郑州市大学路 40 号（450052） |
| 出 版 人 | 孙保营 | | 网　　址 | http://www. zzup. cn |
| 经　　销 | 全国新华书店 | | 发行电话 | 0371-66966070 |
| 印　　刷 | 山东华立印务有限公司 | | | |
| 开　　本 | 787 mm×1 092 mm　1 / 16 | | | |
| 印　　张 | 17.5 | | 字　　数 | 299 千字 |
| 版　　次 | 2021 年 3 月第 1 版 | | 印　　次 | 2024 年 6 月第 2 次印刷 |

| 书　　号 | ISBN 978-7-5645-7761-2 | | 定　　价 | 88.00 元 |

# ❦ 作者简介 ❧

　　**刘秋珍**：河南省优秀教师、河南省文明教师、河南省教育厅学术技术带头人、河南省教育厅教师教育专家、河南省教育厅优秀教育管理人才、河南省教育厅中小学骨干教师、《河南教育》理事会副理事长、河南省教育学会语文教育专业委员会常务理事、学术委员，郑州市第十四届人大代表、郑州市优秀教师、郑州市首届最美教师、郑州市文明班级辅导员、郑州市师德先进个人、郑州市德育先进个人、郑州市优秀知识型职工、郑州市学习标兵、郑州市中学生电视辩论赛优秀辅导员、郑州市文学社团优秀辅导员，登封市专业技术拔尖人才、登封市优秀教师、登封市五一劳动奖章获得者、登封市教坛能手、登封市教坛标兵、登封市首届名师、登封市政协委员，登封市嵩阳高级中学校长、登封市外国语高级中学校长。从教多年，连续十六年担任班主任，所带班级班风正、学风浓，成绩优异。曾两次参加登封市师德报告团，一次郑州市师德报告团；曾主持两项省级课题、数项郑州市课题，发表多篇论文，著有学生管理专著《点亮生命》一书，影响并教育众多学生。

# 序言

亲爱的同学们：

2021 年已经来到，作为校长，为了表达对你们的爱，我想送给每位同学一份新年礼物。想来想去，并没有好的创意，于是就编了这本书。嵩阳高中（简称嵩高）以"严管真爱"著称，爱可以创造奇迹，所以我就将书取名为"我相信爱的力量"。

也许你是刚来学校半年的高一新生，虽然做好了吃苦的准备，可还是无法接受高强度的学习；也许你是马上就要参加学业水平考试的高二学生，虽然天天宣誓要好好学习，其实并没有真的全身心地投入其中；也许你是天天看着倒计时牌计算高考日子的高三学子，尽管已经非常努力，却总觉得成绩不如人意。所以，我编这本书，希望可以帮到你。

这本书是我的演讲稿，是我从 2009 年到 2020 年 12 年间为学生做演讲时写的稿子。这些演讲地点不一样：有的在阶梯教室，有的在升旗台上，有的在广播室，有的在运动场主席台上。演讲的时间和对象也不同：有面对全体同学的开学寄语，有为尖子生、踩线生进行的表彰和激励，有主题鲜明的旗下演讲，有针对高三学生的高考动员……不管是哪种情况的演讲，所涉及的内容一般都是三个方面，即怎样学习、怎样考试、怎样做人。学习、考试、做人，是当下高中生活的主旋律。所以，我想，你读了这本书，会对你有所帮助。

这本书见证了我的成长。尽管书中的每一个字都是说给同学们听的，但是我在给同学们讲道理的同时，自己也受到了启发。我对教师的理解越来越深刻，我对同学们的感情越来越深厚，我对教育的认识越来越清晰。影响人、培育人、感染人、鼓舞人是我的使命，我要把你们培养成会自由思考、独立判断、有责任担当、家国情怀的优秀学生。为了实现这个目标，我要做三件事情：对学生好、对老师好、对学校好。尽管学校的条件还有诸多不尽如人意的地方，但让学生生活得更好、学习得更好、成长得更好却是我不变的初衷。

这本书见证了学校的发展。无论是讲话还是写文章，即使内容相仿、主题一致,对象不一样,我也不喜欢重复。但是在这本书里,有几篇稿子有些许重复,那是因为它涉及学校的发展。12 年时间,学校的硬件建设、师资水平、生源质量、教学质量都有了质的飞跃,我一年一年讲下来,意在不忘本来,面向未来。这也是我想通过这本书告诉同学们的。

同学们,高中生涯漫长而又短暂。说它漫长,是因为有 3 年时间、1095 天;说它短暂,是因为时不我待,你还没来得及细细品味,就已经到了高三。有人说,高中是一场马拉松,我觉得它更像是接力赛。虽然第三棒至关重要,但第一棒和第二棒,也容不得你犹豫彷徨。要想跑赢人生青春这段路程,你就要不断地努力往前冲! 怎么冲呢? 我想这本书里有答案,请你仔细找,一定会找到的。

同学们! 话有说完的时候,期盼却永远不会终止。希望你们好好学习、好好考试、好好做人,加油!

秋珍于 2021 年 2 月 1 日

# 目录

# 坚持复习　创造奇迹
## ——2009 年高考动员讲话

尊敬的各位老师、亲爱的同学们：

你们好！今天，我演讲的题目是"坚持复习，创造奇迹"。

时间过得真快，转眼就是一年。不管你欢迎不欢迎，高考，这个也许决定你人生走向的考试终会如期而至。今天，距高考还有三天，我想对你们说：高中三年，你拼搏过，努力过，相信，有付出就会有收获。

这几天，你唯一要做的事情就是坚持，坚持复习，认真调整。

临近高考，最容易出现的就是情绪不稳。想看书，千头万绪不知从何看起；想睡觉，辗转反侧迟迟难以入眠：一方面希望考试尽快结束，一方面希望考试永远也不要开始；一会儿亢奋，一会儿失落。其实这些都可以化解，只要你拥有一颗平常心，把高考当成所有考试中最普通的一场训练。

如果你能做到这一点，就一定会发挥出正常的水平，取得一个理想的结果。

这几天，你既不能太兴奋，也不能太低迷。你要沉着，平时考前做什么，这时考前也做什么。如果你喜欢考前复习，那就把笔记拿出来，不要奢望有多大的收获，只要心安理得。如果你喜欢考前休息，那就趴在桌子上，平心静气，不要强迫自己，不要盲目模仿别人。不管你是在我校考试，还是在外校考试，都不要因为高考改变你平时的一些习惯。否则，你会在无形中产生一种压力和紧张感。

这几天，有的同学会想，该高考了，我们应该放松一下自己，还有人会想，我们都已是大人了，不需要学校再操那么多心。学校培养你们三年，对你们的能力和习惯是信得过的。可是关键时候，我们不能降低对自己的要求。运动员在比赛前常常要花一些时间来热身，有了良好的感觉才能有优异的表现。我们也一样，读书要有语感，做题要有题感，考试就要有考感。这些感觉从哪儿来？从对自己严格要求上来。考试也是一门学问,我们只有科学地去应对才可以从这场比赛中胜出。

很多同学在第一场考试的前一天夜晚几乎整晚睡不着觉,这无疑会影响你的情绪。若遇到这样的情况建议你睡前平衡心态,睡不着眯着,做几次深呼吸或者按摩涌泉穴(脚心)。如果实在睡不着,不如静静地躺着休息,不要过多地去想考试的事情。即使晚上睡不好,也不要焦虑,第二天一进考场,高考的使命会给你一个激灵,让你的头脑变得清醒,考试能顺利进行,发挥也正常,要相信自己的潜力。

如果遇到上一场考试题目比较难,自己认为考得不太好,千万不要因过分担心而影响下一场考试。要知道,你难我难大家都难。你要充分相信自己的能力和水平,你没考好,别人也不一定就考好了。考试的尺度是一样的,水涨船高,水浅船低,你只要考出平时的水平就行了。上一场考试已经过去了,不要去想它,也没有必要和同学们讨论对与错,等考试全部结束,老师帮你们估分的时候,再来讨论对错也不迟。

高三的同学们,你们已经成功经历了无数次考试,相信在即将到来的高考中你们会有更加出色的表现;相信2009年的夏天,嵩阳高中一定会因为你们而沸腾,一定会因为你们而在登封教育史册上写下辉煌的一页;相信,你们必将书写嵩阳高中一个更为精彩的篇章,必将创造嵩阳高中更加崭新的奇迹!

最后,祝同学们金榜题名!

2009 年 6 月

# 和谐相处　健康成长

尊敬的老师,亲爱的同学们:

大家好! 今天我演讲的题目是"和谐相处,健康成长"。

冰心老人曾说:"美的真谛应该是和谐。这种和谐体现在人身上,就造就了人的美;表现在物上,就造就了物的美;融汇在环境中,就造就了环境的美。"著名哲学家赫拉克利特也说过:"美在和谐。"

当春风吹绿万物,夏荷浮出水面,秋果高挂枝头,红梅点燃冬雪,自然就呈现出和谐;当儿女孝敬老人,富人同情穷人,强者帮助弱者,官员执政为民,社会就呈现出和谐。和谐,多么美丽的词语,多么美好的意境!

作为学生,作为老师,作为学校,我们有义务、有责任让和谐在校园里安身!

和谐的校园应该是秩序井然的、积极向上的。吃饭的时候,和谐是自觉地排队;上课的时候,和谐是抖擞的精神;做实验,和谐是规范操作;听讲座,和谐是文明入场。课下没有追逐打闹,活动没人无故缺席,这里处处有条有理,这里时时生机洋溢。

和谐的校园应该是团结友爱、互帮互助的。凝聚产生力量,团结诞生希望! 在学习上,你帮我,我帮他;在比赛中,你拼搏,我加油。对老师的一声问候,给同桌的一次详细讲解,同学生病时你的一条短信,朋友困难时你的两句安慰……话不多,胜似三月春风;事不大,让人铭记一生。这就是和谐。雷锋曾说过:一滴水只有放进大海,才能永不干涸。是啊,一个人如果离开了集体,终将一事无成!

和谐的校园应该是携手共进、乐于创造的。学校是学生成长的地方,也是教师成才的场所。在这里,教师不再是油尽灯灭的蜡烛,而是一支永不熄灭的火把,在照亮学生的同时也照亮了自己;在这里,师生不再是相互对立的敌人,而是相互促进共同成长的朋友,在探究合作中实现教学相长;在这里,创造的冲动驱使每个人充分展示自己的才能,创造的成果不断涌现和得到肯定。这里,是师生成长的天堂。

但我们也不难发现,在我们美丽的校园里,由于思想觉悟、价值观念、利益追求、兴趣爱好的差别,有些人的行为方式违背了和谐。有人吸烟不顾个人身体,有人打架不问青红皂白,还有人喜欢搞小团体,有话不当面讲,背后乱议论,导致同学与同学之间互相猜疑;也有人甚至把社会上的不良风气带进了校园,相互之间称兄道弟。这些坏习气丝毫不足取!身为学生,我们要学会关心人、团结人、同情人、帮助人、尊重人、信任人,宽容让人、坦诚待人,这样我们才可以健健康康成长,堂堂正正做人。

一个民族,当他的成员都行动起来的时候,才是这个民族真正觉醒的时候;一个社会,当他的公民都团结起来的时候,才是这个社会真正进步的时候;那么,一个学校,当他的学生和老师都和谐相处的时候,才是这个学校真正快速成长的时候,那就让我们从现在做起吧!一次演讲比赛、一次体育运动、一次打扫卫生、一次班团活动,让我们尝试着与他人合作,让我们学会跟他人共处。

亲爱的同学们,生活在集体中,我们每个人都应发挥自己的光和热:当你在为他人加油时,其实也是在为自己喝彩;当你诚心地帮他人解答问题时,其实你也在讲解中得到了提高。如果只盯着自己的利益,你就分享不到他人的快乐,享受不到团队的幸福。

请记住,只有和谐相处,才能健康成长。当我们独处无所事事的时候,守则与规范会告诉我们应该怎样行动;当我们个人的力量微不足道的时候,团结起来就能形成钢铁长城。一位伟人说过:"团结一致,同心同德,任何强大的敌人,任何困难的环境,都会向我们投降。"让我们携起手来,在"和谐"的阳光普照下,健康成长,共同创造属于我们的美好明天!

2009 年 12 月

# 学革命精神　考优异成绩

尊敬的各位老师、亲爱的同学们：

大家好！今天我演讲的题目是"学革命精神，考优异成绩"。

昨天清明，我带着女儿瞻仰了登封市烈士纪念馆。在那儿，有两幕景象深深地触动了我。

一幕是展厅室墙壁上那些牺牲的烈士照片。当我看到照片下面那些简短的文字说明时，我禁不住感慨。他们曾生活在我们生活的地方，有的在颍阳，有的在大冶，有的在石道，有的在城关，他们分布在我们所处的各个村庄；他们的年龄，有十六岁，有十八岁，有二十岁，他们跟我们一样。这些本应成为我们祖辈、父辈的人，在与我们年纪相仿的时候就献出了最宝贵的青春和热血，成就了自己，解放了登封，换来了幸福美好的今天。

另一幕是纪念堂里认真抄写纪念文字的一些小学生。他们或立或蹲，或倚或伏，有的跟父母一起，有的与同学结伴。这些本应去踏青去游玩的孩子在清明假期里选择了烈士陵园，他们或许是为了完成老师布置的作业，可是来到这里，就不自觉地被吸引被感动被熏陶渐染。你听，他们说话的声音多么小；你看，他们抄写的字迹多么好。

看到那些年纪轻轻就为国牺牲的战士，看到那些尚不懂事就认认真真的孩子，我想到了我们——我们学校的三千多名学生；想到了我们就要面临的考试——高三的第二次质量预测，一、二年级的期中联考。

我想到，如果我们能像那些战士一样敢付出敢拼命，如果我们能像那些孩子一样很认真很虔诚，我们一定能不负恩师厚望，不辱肩上使命。那么我们能吗？我相信我们能！因为我们每个人的心中都有梦！

说起考试，我知道每个学生都想考个好成绩，可是很多学生想到考试就头疼。那么今天，我想对大家说，考试其实并不可怕，只要你做好了几个准备，你就可以轻松作答。

首先,请做好心理准备。面对考试,不管你是否复习好,你都要相信自己,自信是成功的第一秘诀;面对考试,不管有多少好朋友,你都要撇得开,沉静能还你一个好心境;面对考试,不管你有什么烦心事,都要保持一个好心情,心态能助你成功。如果紧张了,你要学会放松;如果怯场了,你要学会调整。考前的几个小运动,考时的几次深呼吸,这些都可以让你恢复平静。不管怎样,你都要知道,没有过不去的坎,没有做不好的题。题难了是大家都难,不会只难你。题容易了,只要你认真,肯定没问题。相信自己,你准备好了吗?

其次,要做好技巧准备。就像跑步,如何起跑,如何摆臂,如何冲刺都是有技巧可以遵循的。考试也是如此。如何读试题卷,如何填答题卡,如何审题,如何答题;哪些词语不能含糊,哪些数字必须准确,哪些文字不能删除,哪些材料不能迁移;还有时间分配、难易把握等等,这些都有规律可循。只要你稍加留心,你会发现,写文章得有章法,做数学得有步骤,读材料得看中心。抓住技巧,你准备好了吗?

最后,请做好问题准备。有同学会说,考试要提高的是能力,怎么会准备问题呢?是的,要准备问题。仅就高中而言,我们参加过的考试已为数不少。把你每一次考试出现的问题都找出来,给它们归类,然后分析哪些问题可以避免,哪些问题可以避开,哪些问题已不存在;如果失分了,哪些是知识储备不足造成的,哪些是答题技巧欠缺造成的,哪些是外界因素干扰造成的。有了问题,我们不愁找不到答案。知道自己的短处在哪儿,复习时可以补短,考试时可以避短。寻找问题,你准备好了吗?

同学们,改变我们能改变的,适应我们不能改变的。当我们别无选择必须面对的时候,请拿出革命者的气概,发扬革命者的精神,尽最大的努力,做最好的准备,坚持付出,积极应战,为自己、为班级、为父母交一份优异的成绩单。

在这里,我还想特别告诉那些目前在学习上还依然处于困境中的同学们,"东隅已逝,桑榆非晚",觉得为时已晚的时候,恰恰是最早的时候。请从现在做起,从每一道题目、每一首诗歌、每一个单词做起,在老师的帮助下你一定也可以做最棒的自己!

最后,请允许我代表所有的老师,预祝各位同学复习顺利、考试成功!

2010 年 4 月

# 锤炼意志　养成习惯
## ——给 2010 级保送班同学的一封信

亲爱的同学们：

　　当你接到这本日记的时候，你便接到了一份责任。今天，你值日！把这个班交给你，我放心！我相信你已经长大了，而且具有管理一个班的能力！也许你面对同学还不敢大声说话，也许你从没有站在这个讲台上要求过别人什么，那么我告诉你，今天，你可以！要相信自己，相信我们的同学。相信自己有能力把今天的工作做好，相信我们的同学愿意陪着你走好这一天。其实做值日很简单，只要你声音大一点，热情高一点，态度好一点，来得早一点，工作努力点，学习勤奋点，一天就会在不知不觉中从你的身边滑过。人生的路再长，都是由一天一天构成的。只要走好了每一天，我们就会迎来一个美好的明天。

　　我知道刚刚进入高一，你还有些茫然。这么短时间，该如何作息；这么多课程，该如何学习；习惯如何培养，理想如何实现，走进保送班，能否顺利考上重点；三年高中生活，能否得偿所愿……

　　请别担心吧。走进了一班，一班就是你的家；走进了一班，一班就是你最大的靠山。这里有可亲可敬的老师，这里有可亲可爱的同学；当你遭遇挫折的时候，请告诉老师，老师会帮你排忧解难；当你心情不畅的时候，请告诉同学，同学会与你共同分担。为了你更好的发展，我想请你做到以下两点。

　　第一，锤炼坚强的意志。"古之成大事者，不惟有超世之才，亦必有坚忍不拔之志。"这句话告诉我们要想成为一个优秀的人，仅靠聪明是不够的，你必须拥有坚毅的品质。富兰克林年轻的时候曾给自己提过十三条要求，我摘录几条，供你参考：一、沉默寡言。言则于人于己有益，不作无益闲聊。二、生活有秩序。各样东西放在一定地方；各项日常事务应有一定的处理时间。三、决断。事情当做必做；既做则坚持到底。四、勤劳。不浪费时间；不去关注那些无聊的言论,每时每刻做有用之事,戒除一切不必要的行动。五、诚恳。不欺骗人;思想纯洁公正;说话也应诚实。六、正直。不做不利他人之事,切勿忘记履行对人有益的义务而伤害他人。七、中庸。勿走极端;受到应有的处罚,应当加以容忍。八、宁静。勿因琐事或普通而不可避免的事件而烦恼。九、谦虚。谦逊,不要傲慢。这些都是助你成功的法宝,只要你照着去做,学会自律,学会面对,学会承受,学会改变,学会认真,学会坚持,你的理想就一定能实现。

第二,养成学习的习惯。首先要学会预习,养成"不动笔墨不读书"的习惯。对课文中的重点、难点、易混点可圈画可点批,可做笔记,这不但能帮你加深学习的印象,而且能为你以后的学习积累资料,极大地提高学习效率。预习的时间和科目可根据当天的学习情况灵活安排,基础薄弱的学科应坚持课前预习,这样,在听课时才可以做到有的放矢,获得学习的主动权。其次要学会听课。课堂是获取知识的主渠道,听课效率高,当堂掌握的知识与方法就多,就能按时完成学习任务,做练习时也能获得一种愉快、成功的体验,进一步激发学习欲望,提高学习成绩。听课时要避免一些不良倾向:一是自以为弄懂了,分神;二是遇到难点一听不懂,就情绪紧张、烦躁不安;三是不注意听老师的分析,只顾埋头记笔记。同学们应做到上课保持注意力集中,与老师一同思考,和老师交流、探讨、解决问题,适当地对一些重点内容做些简要笔记,课后再整理,形成自己的知识,学习效果会大大提高。最后要学会复习。复习的途径和方法有很多,整理课堂笔记,阅读教材,背诵重要内容,做练习,与老师、同学相互讨论某些问题,归纳知识体系,重点突破某个知识点等都是复习的形式。同学们可结合自己的实际进行科学系统的复习。科学的学习习惯在于培养、在于坚持;科学的学习方法在于探索、在于总结。有了这两种品质,你就能不断前进。

高中阶段是人生中的一个重要阶段,高一是这个阶段中重要的一环。规划好自己的高一生活,让它充盈着青春的活力与生命的华彩吧。同学们,只要我们携起手来,就一定能开创出属于我们自己的时代!加油!

我自信,我能行;我努力,我成功!

2010 年 6 月

# 坚持到底　超越自己
## ——2011年期末考试动员讲话

各位老师、同学们：

大家早上好！今天我演讲的题目是"坚持到底，超越自己"。

今年期末是一个辛苦的期末。在这长达40天的复习时间里，我们不仅做了大量的习题，还承受了高温的考验。刚开始的时候，同学们都信心百倍，而现在，在复习进入攻坚段的时候，有的同学精神开始懈怠，行动开始迟缓。早上有人晚到，上课有人睡觉，自习有人在教室里乱走乱跑。考试因为离得远而变得让人不再敏感。

同学们，我想告诉你，当你感到疲倦或者迷茫的时候，请坚持到底。做事情仅有激情是不够的，要有坚韧的毅力。不能一味地放纵自己。即使你没有昨天那样昂扬的斗志，也要继续如昨天那般踏实努力。随着你辛勤的积累，当你再一次感到振奋而充满希望的时候，我相信你就走向了成功，你就超越了自己！

本周是考试周，考试是我们无法回避也没有必要回避的事情，怎样考试是我们每一次考前都要谈到的话题。今天我还想就考试的有关事宜跟同学们谈以下几点建议。

一、拥有一颗恒心。不管天气有多炎热，不管考试战线拉得有多长，你都要做好充分的思想准备。在这个时候，谁能坐下来、钻进去，谁就拥有了决胜期末的功底。考前不要慌，考中不要急，考后不要乱，始终如一，守住自己，胜利就会向你展开笑颜。

二、保持一颗平常心。不要太激动，也不用太消极。考试不会因为你的情绪变化而有所改变。未雨绸缪，把考试当中会遇到的问题都考虑周全，然后一科一科考下去，直到最后一场考试结束。不以物喜，不以己悲，不因题难而垂头丧气，不因题易而妄自得意。

三、做到一个细心。天下大事,必作于细。期末考试题难度系数一般不高,谁能细心作答,谁就能赢得天下。不能眼高手低,有时候看着容易下手难;不能马虎大意,做过的题也要审仔细。不能答错位置,不能漏选选项,不能看错题目要求。

四、给自己一个支点。这个支点具体到考试中就是考试技巧。要养成做题先易后难的习惯,扬长避短;要学会用本学科术语解答问题的技巧,科学答题;要合理安排各科的考试时间,利用好卷子发到手的每一分每一秒;要学会答题分步分点分条,书写规范;要会借题解题扣题答题,很多时候,读懂题就能读出答案。

目前我们复习当中遇到的最大问题不是难题不会做,而是会做的题常出错,要么审题错误,要么运算错误,要么书写错误,要么答题不得法。针对这种情况,我希望同学们根据自己的实际,找到制胜的法宝,哪怕还有一天,你也可以解决这些问题。因为这些都是你已经掌握的东西。

五、强调几个注意事项

1. 期末考试试卷由第一卷(客观题卷)和第二卷(主观题卷)两部分组成,客观题用真的2B铅笔将答案涂在机读卡上;主观题用0.5毫米黑色签字笔将答案按照指定区域答在答题卷上(在试卷上答题无效;在答题卷指定区域外答题无效),尤其是选做题,一定要选,选了一定要在所选题答题位置作答。

2. 考试时必须按要求答题,严格遵守考场纪律,不得携带书本、资料、计算器、手机、电子笔记本等电子通信设备进场。本次考试实行视频监控,同学们在考场上的一言一行全在监控范围之中。

3. 关于考生违纪作弊表现及处理办法,相关内容已张贴到校园,请大家认真查看。

同学们,六月,高三的同学们用优异的高考成绩,给自己、给父母、给学校、给社会交了一份令人满意的答卷;七月,我希望一二年级的同学们在考试中沉着、认着、细心、守纪,希望大家带着恒心、平常心去迎战期末统考,衷心祝愿同学们考试顺利,成绩优异!

2011 年 7 月

# 嵩阳高中　人生一个成功的选择
## ——在 2011 级新生开学典礼上的演讲

亲爱的各位同学、各位老师,大家好:

今天,我们在这里隆重举行 2011 级新生开学典礼。请允许我代表全校师生员工,向各位新同学表示最诚挚的祝贺和最热烈的欢迎! 三年后,你们要步入理想的大学;十年后,你们要成为国家的栋梁;我坚信,若干年后,你们当中,一定会出现许多让嵩阳高中这座年轻的学校更加骄傲和自豪的精英!

为了让同学们实现这一美好的理想,顺利走完高中三年的路程,我今天同大家谈一个问题,提三点希望。

一个问题:嵩阳高中是一所什么样的学校

大家来之前,肯定听到了各种各样的评价,社会上传言:实验是人间,一中是天堂,我们学校呢,是地狱。同学们抬头看一看:有这样美丽的地狱吗?地狱里会有这样清秀的山、这样湛蓝的天、这样精神的人吗?

针对这样的传闻,我想带着大家回顾一下嵩阳高中简短的历史。

2003 年 6 月,嵩阳高中刚刚成立的时候,除了政府机关和教育圈内人士外,社会对嵩阳高中几乎一无所知。我们第一年招生,从老百姓嘴里听到最多的问题是:你们是不是私立学校,你们是不是五中搬过去的? 每次遇到这样的问题,我校的老师和领导都会耐心地告诉他们:我们不是私立学校,也不是登封五中,我们是登封市政府新办的一所普通重点高中,我们的名字叫嵩阳高中。

2004 年,登封市教育局四风建设现场会在嵩阳高中召开;2005 年,登封市教育教学常规管理现场会在嵩阳高中召开;2006 年,嵩阳高中一次性通过郑州市标准化高中验收;2007 年,嵩阳高中一次性通过郑州市示范性高中验收;2008 年,登封市教体局把嵩阳高中连年高比例完成教体局下达的目标任务这种现象称为嵩阳高中现象;2009 年,第一届保送生冯梦柯从嵩阳高中走向北大;2010 年,段亦轩同学被提前保送到武汉大学;2011 年,高考以 104% 的完成率雄居登封市示范性高中第一名。

**当你听到这儿的时候,大家说,嵩阳高中是一所什么样的学校!**

有人说,嵩阳高中教学设施不好;有人说,嵩阳高中硬件建设不好;同学们,你们知道吗? 嵩阳高中是一所年轻的学校,可是它的校舍却并不年轻。2003 年刚建校的时候,校舍陈旧,外面下大雨,教室里面下小雨;电路老化,今天这儿停电,明天那儿跳闸;器材需要更新,图书需要购置,桌凳需要更换,墙壁需要粉刷;一上操,尘土飞扬;一走路,坑坑洼洼;可以这样说,除了人,一切都是旧的。再看看现在我们的学校:新建的标准 400 米塑胶田径运动场、人工草坪足球场和 11 个聚丙烯篮、排球场符合国际标准;新装的多网合一教室网络系统具有的多媒体多样化教学、电子考场、网络监控、网络视频会议等功能全国一流;新上的理化生数字化探究实验室国内少有满足了同学们对科学探究的愿望;本周就开始施工的自动跟踪教室录播系统现代化水平极高;新漆的墙壁、新粉的教室、新铺的地砖、新栽的花木……嵩阳高中到处是生机,遍地是活力! 你可能会说,吹大话谁不会,我说的是实话,大家想想,中招理化生实验为什么在我们学校考试,全市青少年运动会为什么在我们学校举行? 很简单,因为我们最先进,因为我们最优秀!

我们有一流的师资队伍,我们有一流的教学成绩,我们有一流的升学率。从有毕业生的 2006 年,我校高考普通类本科上线 19 人,到 2007 年上线 129 人,2008 年上线 252 人,2009 年上线 376 人,2010 年上线 576 人,一路攀升到今年的 627 人。这一连串的数字只能说明两个字——奇迹! 大家只知道兄弟学校考上大学的总数比我们多,你可曾知道我们的应届生考上大学的人数比他们多,你是想读三年高中上大学呢,还是想读四年高中上大学? 这个问题的答案再清楚不过,谁都不想重读高三。所以我想对大家说,恭喜你们来到了嵩阳高中,因为选择嵩阳高中就是选择成功!

从升学层次和升学途径上看,撇开冯梦柯同学,我们还培养了一大批优秀学子。2009 年,周春宇同学以全国数学奥赛河南省一等奖被提前保送到同济大学(本硕连读);2010 年,段亦轩同学被提前保送到武汉大学;2011 年,弋鹏玮、庞明露等百余名学生被华中科技大学、中国青年政治学院等全国著名大学录取。从学生素能发展看,2009 年至 2011 年连续三年,在河南省第十至十二届电脑制作活动竞赛中,我校机器人足球队连续三年荣获省高中组桂冠,并三次代表河南省参加全国机器人足球决赛;在今年登封市第二届全运上,我校运动员一路"过关斩将",再次勇创佳绩,田径队夺得青少年高中组团体第一名,女子篮球队、男子篮球队分别夺得全市青少年高中组第二名。近三年暑期,荣获"美国总统奖"的中学生访华代表团两次到我校参观,在交流活动中,我校学生表现不俗,令美国朋友赞叹不已;郑州十一中、郑州大学一附中等中原名校先后与我校结成联谊学校。以上这些成绩有力地证明了嵩阳高中在步步变强变大,充分地说明了我校"严管真爱"八年实践的巨大成功。

有人可能会说,学校管得严,不让我们玩。严师出高徒,严校出名人。美国科学家、政治家、文学家富兰克林就是在"严管真爱"下成长起来的,更何况,我们的"严",是一种治学精神,是一种管理理念。它重视的是过程和细节,体现的一种严格、严密、严谨的科学态度。与"严"相伴的还有一个"爱",这种爱是真爱,是以心育人,把人的发展放到至高无上的地位,引导我们去追求真善美的理想境界。大家可以问问从嵩高毕业的每一个优秀学子,哪一个不感谢嵩高的"严管真爱"!走进华中科技大学的张彩丽来信说:"大爱无声,而严管就是一种无声的爱。这种爱严而不宠,威而不溺;这种爱让我们不敢懈怠。只有这样,今天的小树才能被浇灌成明天的参天大树;只有这样,今日柔弱的肩膀才能挺起未来民族的脊梁!"考上吉林大学的文晓哲说:"花园因为园艺师的管理更加绚丽迷人,企业因为主管部门的管理更加繁荣发展,社会因为法律和道德约束才能和谐昌盛。由此可见,管理是何等重要啊!无规矩不成方圆,我们处于青春期,莽撞好胜的时期,更需要被管理、规范和约束,感谢母校,给了我们成长的动力!"就是我们,虽然来校还不到一周,大家也应该感受到"严"和"爱"在我们班主任身上的和谐统一。训练时,班主任陪着;生病了,班主任护着;脚扭了,班主任按摩;中暑了,班主任送药。8月24日,班主任赵海丽老师从寝室到教室一个人开始给她的保送班忙活;8月26日,保送班的学生自觉当起了志愿者;8月27日早上5:20分,班主任刘军雷老师带着二班的学生告诉他们什么叫刻苦;8月29日晚上10:15分,班主任张研老师带着一个女生陪她去看病;8月31日下午,班主任荆锦鹏老师陪着学生练格斗……太多了,同学们,短短五天时间,有多少个平凡而又伟大的故事;短短五天时间,有多少个感动人心的场面。从开学报到的第一天起,我们所有的班主任和校领导都在用自己的言行给我们讲述着什么叫"严管",什么叫

"真爱"！大家说,这样的学校你来了还后悔吗？大家说,这样的学校你不来是不是一种错？

同学们,嵩阳高中是一个什么样的学校？

嵩阳高中是郑州市文明标兵学校、郑州市普通高中教育教学先进学校、郑州市师德先进学校、郑州市普通高中学科竞赛先进学校、郑州市依法治校示范学校、郑州市语言文字规范示范校、郑州市人民满意学校;嵩阳高中是河南省"绿色学校"、河南省文明学校、河南省安全校园展示活动优秀学校、河南最具变革价值的榜样学校!

八年来,嵩阳高中形成了一套完整科学的管理体系,建构了一系列适合师生成长的管理模式。2007年,市局党委做出决定,从春季开始,半年时间内全市中学校长分期分批到我校挂职学习半个月,推广借鉴我校的管理经验。这在登封教育史上是唯一的一家也是唯一的一次,与我们有关的有德育工作模式,即我校的德育工作二十四字方针:思想教育领先,行为管理有力,工作出勤到位,校风校纪良好。与教学有关的"三段式"校本教研和"三阶段"课堂教学模式,即三段式教研,把说课、讲课、评课紧密地联系在一起,使教与学形成一个不可分割的整体,"三阶段"教学模式,用"自主学习、合作探究、巩固延伸"三个环节把整个课堂有机地连接起来,既有利于知识的系统掌握,又有利于同学的全面吸收的严格管理优良校风密不可分。

八年来,我们不仅在登封站稳了脚跟,与一中、实验呈鼎立之势,而且走出郑州,享誉河南!八年来,嵩阳高中坚持着一个理念——"严管真爱",牢记着一个宗旨——"为学生服务,让学生满意",践行着一个承诺——"关怀你成长,帮助你成功"。同学们,现在如果有人问你,你在哪个学校上学?你怎么回答?我想你可以骄傲地、理直气壮地、豪情满怀地说出金光闪闪的四个大字——嵩阳高中。

这是我讲的第一个问题,接下来,我要向同学们提三个希望。

第一,希望同学们把学习知识和提高品质紧密结合起来。同学们风华正茂、朝气蓬勃,善于接受新事物,正处于学习的黄金时期,进入高一,要不比吃穿比学习,不比休息比努力,不比基础比成绩。要珍惜美好的青春年华,以只争朝夕的精神,刻苦学习各科知识,积极吸收先进经验,争取赢在起跑线上。同时,要积极加强自身品质修养,要立大志,成大器,求一等人品,做一等学问,成一等事业。

第二,希望同学们把习惯养成和提高成绩紧密结合起来。不能养成一个好习惯,难以有所建树;不能抛弃一个坏习惯,难以有所作为。进入高中,就进入了人生成长的关键期。靠小聪明拿不到高分了,靠老师管考不了好成绩了。我们一开始就要迫使自己养成一个好习惯,生活的习惯、学习的习惯、思考的习惯、负责任的习惯甚至优秀的习惯。万事开头难,只要大家一点儿一点儿地坚持下去,我相信,我们很快就会脱去初中的幼稚,走向高中的自立。一旦你养成了良好的习惯,提高成绩将是一件很容易的事情。

第三,希望同学们把全面发展和个性发展紧密结合起来。大家都是"90"后,有思想,有个性,这是好事,我们会鼓励。可是大家也要知道,在学校,在班级,我们是一个集体。每个人的个性发展都必须建立在班级的利益之内。有利于大家的,我们要学会尊重和服从;需要展示个性的,我们要勇敢和主动。让全面发展与个性发展相得益彰,相辅相成。

老师们,同学们,人生路很长,但关键时只有几步。进入高中,我们要以满腔的热情投入到新学年的学习中去,走好第一步,用自己的勤奋与智慧向父母、向学校、向社会交上一份满意的答卷。同学们,高中三年是绝对值得付出的三年,努力拼搏吧!最后,祝老师们身体健康,工作顺利!祝同学们开学快乐,成绩优异!

谢谢大家!

2011 年 8 月

# 做人要学会感恩

各位老师、同学们：

大家早上好！今天我演讲的题目是"做人要学会感恩"。

5月16日，嵩山文化学者张国臣教授把自己的10本专著赠给登封市260多所中小学，把他和妻子王素珍、女儿张小羽的数千册藏书捐给"嵩阳高中国臣图书馆"；8月23日，张国臣教授，捐款50 000元现金，资助我校10名即将上大学的优秀贫困生，两次善举映射出一种品质——感恩。做人要学会感恩，这是张国臣教授教给我们的。

9月2日，经历了为期一周军训的一年级二班的新生回家带了一份特殊的家庭作业——给父母洗一次脚。当晚就有家长给班主任刘军雷老师发短信，其中一条这样写道：刘老师你好！在我没回复这条短信之前，我代表秦宏博全家向你表示衷心的感谢！因为在儿子刚步入人生的又一个转折点，你就教他如何感恩父母，启发他怎样开始做人，这使我这个做父亲的第一次尝到了回报的味道，同时也看到了从现在开始，一个什么都不懂的孩子将在你的教诲中成长！还有一条是这样：刘老师你好！我的女儿是最棒的，今天是我最高兴的一天，享受到我女儿第一次给我洗脚的感觉，非常满意，谢谢你！念着短信，刘老师说了这样一句话：孩子从小就得让他学会感恩。不懂感恩的孩子学习成绩再好对社会都是没有用的！这次作业体现着一种良知——感恩。做人要学会感恩，这是刘军雷老师教给他的学生也是教给我们的。

法国作家卢梭说："没有感恩就没有真正的美德。"同学们，做人首先要学会感恩。感恩父母赐予我们生命，感恩老师教育我们成长，感恩朋友给予我们力量，感恩对手帮助我们强壮。

学会感恩，从一言一行做起。打扫卫生时，多扫一次地；上课听讲时，多发一次言；吃饭接水时，多让一次小；出外活动时，多扶一次老；晚上睡觉，少说一句话；平时自习，少聊一次天；周日回家，少闹一次事；同学相处，少骂一次人。不让家长费心，不让老师操心，这就是感恩！

学会感恩，从一点一滴做起。给父母洗一次脚，给老师倒一杯水，给朋友一句安慰，给陌生人一个微笑。没有人要求得到更多的回报，只要你一颗心。就像对妈妈，无论你走多远，不管你官多大，出门在外只要不忘记她，她就觉得心满意足了；就像对老师，无需常去探望，不用出力花钱，偶然见面只要一声招呼，他就幸福无边了！

学会感恩，从一生一世做起：喝水的时候，不忘挖井人；吃饭的时候，不忘种粮人；感恩学校，给你的成长搭建了平台；感恩祖国，给你的发展创造了机遇；感恩社会，让你的人生有了用武之地。

一个懂得感恩并知恩图报的人，才是天底下最富有的人。同学们，学会感恩吧！恩情不断，爱心传递，这世界会变得更加美丽！

"感恩的心，感谢有你，伴我一生让我有勇气做我自己。感恩的心，感谢命运，花开花落我一样会珍惜。"

再有3天时间，我们将迎来第27个教师节，在此，请让我们怀一颗感恩的心祝全体教职员工节日快乐，身体健康，阖家幸福！

2011 年 9 月

# 踮起脚尖　目标触手可及
## ——在一、二年级踩线生会议上的讲话

同学们好！

今天晚上我想对大家讲三句话。

**第一句：能坐在这里的人是幸福的。**

原因有三个：一是，你比别人多获得了一次成功的机会，也许今天晚上我和冯主任的讲话有90%对你来说都是没用的，但因为你记住了10%，并且用心地照着去做了，那么你的人生篇章便可能因为今晚而改写。二十年后，你会回想起这个夜晚，是这个夜晚改变了你。二是，你比别人多了一次人生的体验。不管你是怀着认真的心态坐在这里，还是怀着无所谓的心态坐在这里，今晚你都有了一次在你的人生中并不多的经历。因为你被定义为了此次期中考试的踩线生，进一步，你就走到了门里；退一步，你就来到了门外；换句话说就是：进一步，海阔天空；退一步，前景黯淡。三是，你比别人多得了一份学校的重视。一个人被人需要是件幸福的事情，被学校需要则是件荣耀的事情。我们都知道，每个人都是一个符号：回家了，我们是父母的孩子；到校了，我们是老师的学生；进入社会，我们是一个公民；出国了，我们是中国人。你叫什么、你是谁在某些时候并不重要，因为很多时候，我们不代表个人，我们代表着家庭、代表着学校、代表着国家。你表现不好，别人说你家教不好；你成绩不好，别人说你学校不好；你素质不高，别人说你国家不好。因此我想通过这个会议，让你受到启迪，从此开始崛起。说到这儿，大家是不是也感觉到我们真是幸福的呢！

**第二句：要像树一样活着。**

新东方创始人俞敏洪在《赢在中国》演讲时这样说道："人的生活方式有两种，第一种是像草一样活着，你尽管活着，每年还在成长，但你毕竟是一棵草，你吸收雨露阳光，但你长不大，人们可以踩过你，但是人们不会因为你的

痛苦,而产生痛苦;人们不会因为你被踩了,而来怜悯你,因为人们本身就没有看到你。所以我们每一个人,都应该像树一样的成长,即使我们现在什么都不是,但是只要你有树的种子,即使你被踩到泥土中间,你依然能够吸收泥土的养分,自己成长起来。当你长成参天大树以后,遥远的地方,人们就能看到你;走近你,你能给人一片绿色。活着是美丽的风景,死了依然是栋梁之材。这就是我们每一个同学做人的标准和成长的标准。"我把这段话送给同学们,是因为我看到,就是我们在座的各位,其中有一部分同学像草一样活着而不自觉。

前天我去一个班听课,遇到一个同学上课的时候看手机,我走过去把手机拿了过来,下课后他过来问我要。我当时问他:刚开完家长会,会上对家长说学校严禁学生带手机,为什么开了家长会之后,你还把手机带到学校、带到教室,带到教室还不关机? 他说:手机是妈妈给他买的,因为离家较远,为了联系方便。我问:为什么让妈妈买手机,你们家很有钱吗? 他说:妈妈要给他买的,买了就带学校来了。我又问他期中考试的名次和分数,他说了一下,大概在中等。看他的样子,好像觉得自己成绩还不错。我当时就想,一个以中等成绩为自豪的人,将来会有多大的出息呢? 这个学生虽称不上优秀,但也差不到哪里去。我看他还是一个可造之才。可是如果他不自觉,依然这样地生活下去的话,那他永远也做不成一棵树了。

以前有个高一的学生说过这样一句话:进入高中,就进入了思维的殿堂。我很欣赏这句话,所以一直记着。因为我看到很多学生,上高中,也就是名字、身体和所学的知识进了高中,而个人的思想与认识还停留在初中甚至小学阶段。说话不文明,做事不思考,学习不动脑,不管什么都搞得很被动,甚至还有学生有这样的思想:上学是为父母,考试是为老师。他自己从来都没有认真思考过自己的行为到底是为了谁。大家想,这样不知道自己作为人应该做什么的学生,是不是像一棵草一样活着? 我希望大家长成一棵树,一棵有思想的参天大树,那样无论你立在哪儿,你都会是一道靓丽的风景!

**第三句:聪明就是先行一步。**

这是我做事的一个经验。很多事,你能做在前面,别人就觉得你聪明。很多事实也证明,一个人凡事先行一步,就会收到意想不到的效果。我们学校考上北大的冯梦柯,除了良好的学习习惯外,最重要的一点就是她总是走在别人前面。别人还没开始,她已经学到了一半了;等别人学完一本的时候,她已经学了两本了。若论智商,她也许不是最高,但她的先行一步帮了她很大的忙,不仅让她获得了更多的知识,也让她拥有了能力和智慧。

日前,高中生中存在一个怪现象,上高一的时候想着二年级分科时再努力;到了高二,想着上高三的时候才努力;到了高三,希望过了春节再努力。到最后,很多学生不得不重读高三。大家知道,每年光我们登封市复读生就有1 500多名,这其中绝大多数实际只用读3年,但正因为他们一直在等待着将来,结果被将来抛弃。等待是一个很可怕的词,同学们想一下,我们的生活和学习中有多少事正因为等而没有做成?

所以我对同学们讲,做事不要等。能用1分钟做的事不用2分钟,能今天做的事决不推到明天;凡事想前一步,早行一步,合理安排,有效计划,你就掌握了高中的制高点,现在不用怕,因为笑到最后的人才笑得最美!

同学们,我们是最有希望的一个群体,只要你踮起脚尖,目标触手可及!加油,相信你们,学期结束的时候,回报父母的不仅是优异的成绩,还有像树一样的伟岸和美丽!

2011 年 11 月

# 学会考试　谱写辉煌

## ——2011年上期末考试动员讲话

老师们、同学们：

学校少闲月，年底人倍忙。进入期末，各种考试接踵而至，先是二年级学业水平考试，再是三年级第一次质量预测，紧接着的就是从明天开始的为期4天的高一、高二郑州市期末统考。这是一个考试的季节，也是一个成功的季节。

回眸2011，教室里留下了我们团结奋斗、努力拼搏的身影，校园里洋溢着我们昂扬向上、不断进取的气息；展望2012，你用什么内容充实每一个值得珍惜的日子，你用什么方法赢得开年的第一次考试？

同学们，掌握知识会让你的人生富有意义，学会考试会为你的成功搭建阶梯。在这仅有的5天时间里，我想给一二年级的同学提以下建议。

一、请同学们规划时间。充分利用分分秒秒，学会排除各种干扰，与打闹再见，跟手机告别，把无聊的信息从你的大脑中删除，让烦琐的事情从你的生活中消失；让亲情激励自己，用知识慰藉心灵；先把朋友放在一边，真友谊经得起时间的考验；先把享受置之脑后，受过严冬洗礼的你更容易挥斥方遒！一心一意想学习，聚精会神求进步。读书声音要大一点，再大一点；做题用心要专一点，再专一点；考试心态要稳一点，再稳一点！

二、请同学们打好复习攻坚战。每年的期末考试战线拉得都很长，越是在这种时候，越是要坚持复习。每科考前都有大约两个小时的时间供你支配，这个时候你要学会找重点，看要点，复习几套模拟试卷，研究几个典型答案，做到融会贯通，学会举一反三。坐下来，钻进去，不聊天，不跑神，在考前短暂时间内，把自己的枪擦亮，把自己的笔磨尖，识记、分析、归纳、整理，扬长避短，让自己的考试顺利过关。

三、请同学们诚信考试，规范作答。考前准备好文具，主观题作答全用

0.5毫米黑色签字笔,客观题填涂要用合格的2B铅笔;从二年级学业水平考试我们知道,抄袭完全没有必要而且会对你造成一生的遗憾,所以请同学们进场不带与考试有关的资料与书籍,尤其是手机,带手机进场即判该科为0分;希望同学们考中严守考场纪律,文明做人,诚信考试;考后应交的卷子上交,不交的卷子带走;注意卫生,保持考场干干净净。

考试既是知识的检测,又是意志的磨炼。考试时要紧张但不能过于紧张,"三分放松,七分焦虑"是应试的最佳心态。要沉着冷静,临场不乱,不犯低级错误,切忌看错、写错;要对自己充满信心,认真审题,分步答题,先易后难;要学会充分利用考前5分钟,填涂信息,审查试卷;要注意把握时间,会题不错,生题敢做,难题能做,要做到基础题拿满分,中档题不失分,难题得点儿分;要重点检查,答案填涂是否有误,选择题,一卷做完就涂卡;要向前看,考完一科放下一科,目光紧盯下一科;要熟练掌握老师交给的应试技巧,工整作答,最大限度地向卷面要分数!

高三的同学们,刚刚经受一次大考的磨砺,要总结经验,汲取教训;认真分析试卷,细心查找问题,多思考,多提高,给一测画上句号,为二测积蓄力量! 要沉住气,考好了不骄傲,考砸了不气馁;要相信,每一份试卷都是催化剂,会帮你完成质的飞跃;每一个周考都是加油站,会助你扬起成功的风帆!

老师们,同学们,考试的号角已经吹响,我们的钢枪也已擦亮。行动起来吧,请带上最聪敏的头脑,握紧最有力的拳头,拿出你们的智慧和勇气,挑战期末考试,去谱写属于你们自己的辉煌吧! 谢谢!

2012 年 1 月

# 做学习的主人

各位老师、同学们：

大家早上好！今天我演讲的题目是"做学习的主人"。

一元复始，万象更新。新的一年我希望大家做学习的主人。

要做学习的主人，就要让违纪成为一种历史。请同学们闭起眼睛对过去做个清点：自来到这个学校，你有多少次违纪事件？进班迟到多少次、上课睡觉多少次、多少次没有完成老师布置的作业、多少次自习课上交头接耳、多少次语言不文明、多少次行为不规范，想好了吗？那就打包、清除，从此刻起，让违纪成为过去。从今天起，做一个守纪的学生，读书、做题，专心学习。

要做学习的主人，还要让勤奋成为一种习惯。天道酬勤，钱学森的勤奋换来了中国航天事业的腾飞，陈景润的勤奋换来了数学领域的桂冠。勤是所有成功人士背后的功臣。应该说我们中间不缺勤奋的人，我们看到每天早上灯不亮就有同学往教室飞奔，每天晚上夜已深，还有同学打着手电苦拼。可是我们缺少把勤奋当成习惯的人。一个人勤奋几天，很容易，勤奋几年，很困难。所以今天，我想呼吁同学们，把勤奋当成一种习惯。你拥有了这种习惯，你会像一块海绵，主动吸纳养分，丰富自己的学识，涵养自己的内心！你的人生将因勤奋变得异彩纷呈！

要做学习的主人，还要把学习当成一件快乐的事情。培根曾说过两句很有名的话，一句是"知识就是力量"，另一句是"读史使人明智，读诗使人聪慧，演算使人精密，哲理使人深刻，伦理学使人有修养，逻辑修辞使人善辩。总之，知识能塑造人的性格"。这两句至理名言充分说明学习的重要意义，同时也说明培根是一个追求知识、喜爱学习、在学习中享受快乐的人，正因为他对学习有这样深刻的认识，才会在许多领域都有不凡的建树。我们中间也有两种人，一种是主动的，一种是被动的。主动学习的人觉得很轻松，被动学习的人觉得很苦恼。其实想想这是何必呢？对于我们而言，不管愿意还是不愿意,我们都要学习,那为什么不把学习当成一件快乐的事情呢?孔子说,知之者不如好之者,好之者不如乐之者。只有真正把学习当成快乐的人,才有机会扣开成功的大门。

告别违纪,学会勤奋,爱上学习,你就成了真正意义上的学习主人!

2012 年 2 月

# 相信自己　成就人生

## ——2012 年高考动员讲话

各位老师、同学们,大家早上好!

今天我演讲的题目是"相信自己,成就人生"。

时间过得真快,一晃又是一年。不管你是嫌它快,还是嫌它慢,高考,这个也许决定你人生走向的考试将会如期而至。3 天后,高三的同学要奔赴考场,接受祖国严格的挑选;一月后,高二的同学将挺进高三,迎接人生最富激情的磨炼;高一的同学将升入高二,为两年后的高考克难攻艰。在流金似火的 6 月,摘取高考的桂冠,是我们共同的心愿。

亲爱的高三学子们,十年磨一剑,今朝试锋芒。让我们热情地说一声:高考,我们来了!

我们满怀信心走来,12 个春夏秋冬铸就我们坚毅的品质;12 年寒窗苦读练成我们坚强的意志。我们承受过失败的辛酸,我们分享过成功的甘露。高中三年,我们不怕风吹浪打,用智慧和实力一次一次显示我们的强大。我们的训练最扎实,我们的脚步最稳健!相信自己,我们会的,别人未必会;我们不会的,别人也不会。我们已经做好了一切准备!

我们面带微笑走来。喜看麦田千层浪,笑迎高考我最强。在即将踏上考场的日子里,我们要每临大事有静气,保持一颗平常心,开心生活,静心学习,安心休息,坦然面对高考,让复习更有效。每天起来给自己一个积极的心理暗示——今天是个好日子,又一轮太阳从东方升起;每节上课给自己一个愉快的心理调节——今天我能复习好,考试我能发挥好。告诉自己:人易我易我不大意,人难我难我不怕难。我们会笑着坚持到底!

我们胸有成竹走来,因为学有所成,所以志在必得。答题时所需要的技巧,解题时所需要的术语,做题时所需要的步骤,你都已经了如指掌;考试的每个环节,考题的每个类型,试卷的每个位置,你都已经了然于胸,解决问题,游刃有余，相信自己，成就人生。

不管你的基础是厚是薄，不管以前的成绩是高是低，现在你需要心态平和，情绪稳定，意志坚韧，处变不惊。不刻意改变自己的生活规律，不随便吃自己不适应的东西，不过分放松自己，不过高要求自己，不轻易接打电话，不随意转发信息，充分利用进场的每一分钟，把考试的每个环节想清楚，把需要的每个证件都带齐！认真进行模拟训练，仔细思考考试规范，把短处藏起来，把长处亮出来，这是考试成功的关键！

亲爱的同学们，高中三年美好的时光即将成为值得回忆的历史，熟悉的母校亦将成为你们心中固定的风景。今天，你们这一头连结的是老师，是同学；明天，你们那一端延伸的是希望，是理想。无论你们走到什么地方，嵩阳高中都是你们强大的后盾！我们永远都会祝福你们：祝你们成功！祝你们快乐！祝你们幸福！

"久有凌云志，今朝上青云"！我衷心地希望同学们考试时沉着、认真、细心、守纪，希望大家带着热情、带着微笑、带着自信去迎战高考，也衷心地祝愿你们马到成功、金榜题名！

2012 年 6 月

# 辉煌过去  自信未来

## ——在新学年第一次升旗仪式上的讲话

尊敬的各位老师、亲爱的同学们：

早上好！

今天我们在这里举行新学年的第一次升旗仪式！首先我代表学校，向辛勤耕耘的老师们表示衷心的感谢！向认真学习并取得优异成绩的同学们表示热烈的祝贺！同时也向刚刚走进嵩阳高中校园的新老师、一年级的新同学表示热烈的欢迎！今天我演讲的题目是"辉煌过去，自信未来"。

秋风送爽，让我们迎着朝阳重温一下 2012 学年我们摘取的累累硕果：

2012 年的高考成绩，再次以喜人的数字证明了嵩阳高中的实力。我校高考普通类本科上线 792 人，超市定目标 99 人，目标达成率 114.3%，列三所示范性高中第一名；较去年增长 165 人，超全市增加人数（全市增加 144 人）21 人；一本上线 82 人，超市定目标 29 人，完成率 154.72%，列示范性高中第一名；应届上线 538 人，上线人数以绝对优势位居示范性高中第一名；全市文理科前 10 名，嵩阳高中各占三位，实现了天下三分。

回溯到我校有毕业生的 2005 年，至今 7 年过去，嵩阳高中一步一个台阶，一年一个奇迹！高考本科上线数字是最有力的证据：2005 年，普通类本科线上 19 人；2006 年，上线 34 人；2007 年，上线 129 人；2008 年，上线 252 人；2009 年，上线 377 人；2010 年，上线 561 人；2011 年，上线 627 人。这种勇立潮头引领发展的精神，这种一直跨越不断前进的气魄，使我校迅速成长为登封教育的一面旗帜。

与高考成绩相辉映的还有一、二年级的学年末统考。我校二年级一本上线 105 人，三本上线 648 人，均居示范性高中第一名；一年级本科上线 633 人，居示范性高中第二名；同时我们在学科竞赛、体育竞赛方面也收获颇丰，在全市第二届运动会上，我校田径队取得青少年组第一名和男女篮分别夺得青少年组第二名的优异成绩,全市中小学春季田径运动会上,我校以148分的高分获得示范性高中第一名。

回顾我校九年来的教育教学工作,已初步形成了嵩阳高中的办学特色。

### 一是"严管真爱"办学理念

很多学生一听到这四个字,就产生抵触心理,那是因为他不理解这四个字的内涵:我们所谓的"严管"是指精致管理,重视过程和细节,体现的是一种严格、严密、严谨的科学态度;"真爱"是指以心育人,把人的发展放到至高无上的地位,去追求真善美的理想境界。在嵩阳高中,一届又一届的学生因为这4个字而受益终生,也许你现在还体会不到,但将来你们一定会明白。

### 二是应届生培养

从2009年开始,我校的应届生开始在登封市崭露头角。但那个时候还只是三分天下。现在不同了,今年我们彻底取胜,昂首挺胸走上登封应届生上本科线人数最多、完成比例最高的宝座。今年,我校保送生王旭东同学以630分的高考成绩,夺得全市理科第三名;择校生雷颖首同学,经过3年努力,以超越二本线20分的高考成绩为他的中学生活画了一个圆满的句号。如果你想上3年就考上理想大学,那就只能选择嵩阳高中。

### 三是实行了"教育教学及管理目标责任制"

学校各处室、年级、班级与备课组既各司其职,又相互配合;校长包年级、包班级、包学生,处室与年级协调管理,每位教职员工的工作都有细致的划分与规定,这些使我校的教育教学工作更加有的放矢、有条不紊。

### 四是形成了有特色的德育活动体系

班级、小组、个人量化考核给同学们提供了一个自主管理的平台,政教处、团委的各项系列活动会让同学们体会高中生活的精彩。

亲爱的同学们,当五星红旗在国歌声中冉冉升起,当新学年的铃声在你耳畔亲切响起,当墨香扑鼻的课本一页页翻开,你们是不是因为过去的一年取得了可喜的成绩而对学校充满了希望,那么,你做好迎接新学年的准备了吗?

在学校里除了学习这项首要任务之外,还有许多看似小事的大事。比如:弯腰捡起校园内的一张纸屑,听到铃声教室里立刻安静下来,整理好学习用品等,事情都很小,但却关系到同学们良好的行为习惯的养成,是大事。希望班主任、任课老师都能根据本班的特点,严格要求、督促学生,只有我们共同努力,才能使同学们真正在学习、行为习惯的养成上取得显著的进步。

站在新学年的起跑线上,我对同学们提四点要求:

## 一、要始终坚定必胜信念,做一个自信者

自信是成功的第一秘诀。一个没有自信心的人,很难想象他会有所作为。世上很多事,没有想不到,只有做不到。只要你坚信自己行,你就会获得最终的成功。希望同学们摆脱掉急功近利的不良心态,好好学习,天天向上,做一个沉着、理智的人,做一个内心强大的人。怀揣着信念,肩扛着责任,勇敢前进,胜利将永远属于你们。

## 二、要始终坚持高效学习,做一个主动者

"知之者不如好之者,好之者不如乐之者。"同学们要想成绩好,就要认真学习、主动思考。早读声音要大,晚修教室要静。上课要勇于发言,积极展示;课后要及时复习,温故知新。基础好的要学会帮助别人,给同学讲一遍胜过自己想三遍;基础差的要开口说话!只要你敢开口,就证明你在思考。在不断地思考的过程中,你的学习就会渐入佳境。

## 三、要始终坚持认真练习,做一个积极者

观千剑而后识器,操千曲而后晓声。要想巩固所学知识,必要的、优质的、大量的训练必不可少。奥运会上没有不练即胜的冠军,考场上也没有只看不写的状元。要想培养自己的能力,提升自己的素质,我们必须养成严谨的态度,接受规范的训练。

## 四、要始终坚持广泛阅读,做一个博学者

阅读是成长的需要,我校在一、二年级开设有阅读课,每天下午课外时间阅览室也是开放的。同学们在认真完成老师布置的任务后,要到阅览室去,用阅读来开拓自己的视野、宽阔自己的胸怀、坚定自己的意志,最终你的水平将高于你的同龄人。

九年的历程或许太短,九年的积淀或许太少,但嵩阳高中九年里所走过的每一个脚印都那么清晰,九年里所创造的每一项业绩都那么让人瞩目。同学们,新学年的大门已经开启,让我们坚持努力,相信,新的学年依然是辉煌的一年,我们一定能书写新的传奇!

我的演讲完毕,谢谢大家!

2012 年 8 月

# 今天我们该怎样爱国
## ——2012年"推普周"演讲

尊敬的各位老师,亲爱的同学们:

大家好!

每年9月的第三周都是全国推广普通话宣传周,而每年9月的第三周,又恰恰是"九一八"事变纪念周。今年推普周的主题是"大力推广和规范使用国家通用语言文字","九一八"的主题是"勿忘国耻,振兴中华"。我从这两个主题当中,提炼出一个关键词——爱国。所以,我演讲的题目是"今天,我们该怎样爱国"。

今天,我们该怎样爱国?

一说到"爱国",很多同学会条件反射地想到"钓鱼岛事件",想到"抵制日货",似乎谁不谈钓鱼岛,谁不抵制日货,谁就是不爱国。我不反对大家谈论此事,作为一个学生,我们就是要做到"风声雨声读书声,声声入耳;家事国事天下事,事事关心。"这样,我们才不愧为中国人。自小我们就知道:国家兴亡,匹夫有责。面对日本的侵权行径,如果我们无动于衷,那才真是国家的不幸!

可是,爱国不是想想说说就可以的。俄国作家杜勃罗留波夫说过:"真正的爱国主义不应该表现在漂亮的言辞中,而应该表现在为祖国谋福利,为人民谋福利的行动上。"

那么我们,作为一个学生,如何为祖国、为人民谋福利,我们去呼吁吗?观点太幼稚,论证不严密,声音微弱,引不起别人的重视;我们去捍卫吗?我们的身材不够健壮,力量不够强大,出去了,只能让人瞧不起。我这样说,绝非否定我们的存在,恰恰是要肯定有我们在,因为有我们在就有希望在,因为我们的力量在未来!国家需要我们安心读书,那我们就必须苦练基本功,只有这样,将来才能做到真正为国家、为百姓!

爱国不仅是一种信念，更是一种行动。从每一个人做起，从点滴小事做起，这才是爱国的第一要义。

所以，我认为真正的爱国就是一枚螺丝钉就牢牢地拧紧机器运转的链条，是一块砖头就紧紧地撑起大厦的地基！真正的爱国就是：工人努力工作，创造财富，发挥自己的最大潜能；农民辛勤耕耘，生产粮食，充盈国家粮仓；老师用心教学，潜心育人，培育国家栋梁；学生努力读书，发奋图强，成为民族的脊梁。

那么，今天我们该怎样爱国？

大家还记得都德的《最后一课》吧，我相信每一个读过那篇文章的人都会因为阅历和年龄的增长而加深对它的理解。是的，我们就是要这样爱国。捍卫我们的主权，不仅仅是领土还有尊严，不仅仅是文字，还有语言。

所以，我今天希望同学们把"爱国"和"说普通话"联系起来。对我们而言，会说普通话，会写规范字，成为文明人，这就是爱国的最佳表现。因为，这些我们做到了，我们的素质就提高了；素质提高了，我们的国家就强大了；国家强大了，我们就可以雄踞于世界民族之林了！

"少年强则国强，少年独立则国独立，少年自由则国自由，少年进步则国进步，少年胜于欧洲，则国胜于欧洲，少年雄于地球，则国雄于地球。"

同学们，让我们从说话、写字、做人开始，发奋图强，成长为中华民族的脊梁吧！

演讲完毕，谢谢大家！

2012 年 9 月

# 誓作大鹏翔九天
## ——在一二年级尖子生会议上的讲话

同学们！

今天我讲话的题目是"誓作大鹏翔九天"。

有感于大家入场的表现，我先讲两个问题：一是位置问题。今天是二年级同学先来，一年级同学后到。二年级的同学已经坐好，一年级的同学进来后不是按要求在前排从中间往两边坐，而是直奔后排。这使我想起一个人，英国第一位女首相——撒切尔夫人。她在求学时代有个习惯——永远坐在最前排。我分析过前排有哪些好处：第一好处，离老师近。离老师近有什么好处？中国有句话：近水楼台先得月。离老师近可以分享老师的智慧，有资源优势；可以先获得机会，有高成功率；还有一个心理优势，我坐在第一排啊——主要人物都是坐第一排的。位置无好坏，人却是有优劣的。刚才一年级穿蓝衣服的那位男生，来就坐在第一排最靠里的位置，我觉得很好。把这边的位置让给后来人，这是一种很可贵的品质。二是习惯问题。请大家坐正坐直，好，这也是一种习惯。好习惯使人终身受益。可是部分同学来到这里却没有表现出好习惯。我觉得在很多时候，能用脑去做的事不用手，能用手做的事不用口。多想多做比光说要好得多。

下面介绍一下我今天的题目：誓作大鹏翔九天。庄子的《逍遥游》中写了两种鸟，其一是大鹏，"抟扶摇羊角而上者九万里"，其二是斥鷃，"抢榆枋而止"。斥鷃飞到房顶便觉得飞到极致，它是无论如何都看不到更精彩的天空的；而大鹏则飞到九万里高空，那会是什么样的视野啊。做人，就要做大鹏！很多男生名字里有"鹏"字，正是家长寄予你的厚望，他们希望你大展宏图，展翅九天！还有一个人就是陈胜，他有一句名言：燕雀安知鸿鹄之志哉！这看似狂妄的口气里，有着多大的志向啊！正是基于此，我才想到这个题目。这是我对大家的期望，也是对大家的祝福，我相信一年多后、两年多后，我们在座的同学当中一定有人像大鹏一样会飞到北京,进入清华、北大,飞往天(天津)南(南京)海(上海)北(北京),进入全国名校!甚至飞往哈佛、剑桥,成为中国脊梁!

我这样说,是有充分理由的。

【理由一】期中考试高分层次我们所占的人数:一年级,当初我们招保送生的时候,全市前100名无一人,可是再看看现在,这次期中考试,前50名,我们闯进了6位,前100名,我们闯进24位,其中许可畏同学,以908分的优异成绩进入全市第5名;二年级,当初我们的保送生,全市前100名,只有2人,而这次期中考试全市前30名,我们就闯进10位,全市前150名,我们占了50位;一年级文科稍弱一点,全市前20名,只有1位同学进入;二年级文科太弱了,只进去一位太少。希望今天在座的文科生要把进入全市前20名作为自己的责任,作为此段时间的"道义",我相信你们可以的!

【理由二】我们有敬业奉献的教师团队。我不知道大家看到天天守着我们的班主任会产生什么感觉,我是由衷的敬佩。正是由于他们雷打不动、日复一日地天天站在我们身边,才有了我们专心学习的良好环境;还有我们的各科老师,也许你曾经跟他有过节,但有哪一科老师不是为了我们好呢? 扪心自问一下,我们就知道,这样的老师天下难找,也许他们的水平不是最高,但他们的人格,绝大多数人都是最好的。大家记住,老师首先是人,金无足赤,人无完人。老师难免有瑕疵,但他们全都是为了我们好。

【理由三】我们有严格精细的管理。很多人都怕"严管",但很多人都需要"严管"。学校为什么要进行严格精细的管理? 一句话,为了同学们的健康成长;再往深一步说,这样的管理恰恰是我们长足发展的绝佳条件,而且我相信,大家在体会到"严"的同时,也应该体会到了蕴藏于老师内心深处的"爱"。

【理由四】我们有一群潜力无限的优秀学子,我说的这些人,就是在座的各位。成绩证明了我们的能力,未来会见证我们的潜力。每一个人就是一座丰富的矿藏,不要怕被开采完,人的能量是取之不尽用之不竭的。现在流行一个词——正能量。我说的潜力,就是一种正能量。你有了这种力量,你就会总觉得有用不完的劲儿,无论什么时候你总是比别人有力量。可能有同学怕脑细胞死亡,但有死亡就会有再生,而且再生的细胞从理论上讲要比原来的更优秀更聪明。有的同学会说,我不敢很努力,一努力就神经衰弱。依我的经验判断,神经衰弱的人有两个原因,一是不会用脑,一是紧张过度。用脑也要讲科学,我以我20年的教学经验告诉同学们,实践我的讲话内容的学生,无一不走向成功;把我的话当作空话、当作耳旁风的人,无一不走向失败。

有了这些充分的理由,再加上一些必要的条件,我们就会练就强劲的翅膀,翱翔于九天之上!

翱翔九天有哪些必要的条件?

## 一、有自信

自信是成功的第一秘诀。什么是自信?通俗地讲,自信就是自己相信自己。自信是人对自身力量的一种确信,深信自己一定能做成某件事,实现所追求的目标;自信是对自己充分肯定时的心理态度,是战胜困难取得成功的积极力量。居里夫人对友人说:"我们应该有恒心,尤其要有自信心!我们必须相信我们的天赋是用来做某种事情的,无论代价多大,这种事情必须做到。"她终于获得了成功。

我带班主任多年,无数个学生以生动的事例告诉我:人要自信,自信能帮助你成功。刚毕业的王旭东同学,今年以630分的优异成绩被哈尔滨工业大学录取,靠的就是自信。当然,自信源于实力,一个不学无术,游手好闲的学生,在考场上是永远不可能有自信的。今天参加会议的同学,虽然成绩都在年级前列,但我知道依然会有人对自己持怀疑态度,不相信自己有这个能力,不相信自己有这个实力。但是我相信,请大家相信我的相信。在学习这个舞台上,人有多大胆,地有多大产,不是空想而是现实。

## 二、有目标

高尔基说:"一个人追求的目标越高,他的才能就发展得越快,对社会就越有益,我确信这是一个真理。"因此,要想获得更大的成功,获得更多的人生价值,必须明确个人的愿景,为自己树立相对远大的目标。只有远大的目标,才会有崇高的意义,才能激起一个人心中的渴望。目标越远大,越能充分挖掘你的潜能,你取得的成就就越大。没有大目标的人,一生只会做别人的陪衬和附庸。

中国历史上有几个人很值得我们研究,从古至今第一个是孟子,他说过一句话"当今天下,舍我其谁";刘邦,他看到秦始皇的车驾后说了一句"大丈夫生当如此";还有周恩来总理,他说"为中华之崛起而读书"。这些人都以天下为己任,结果我发现他们都成了治天下的人。大家想想,他们若不是有远大的理想,怎会有恢宏的成就?我们综合楼里有两首诗,一首是毛泽东的,一首是周恩来的,希望大家抽空看一看,你会明白目标与个人成长的关系的。

在座的各位高一、高二都读了半个学期了。进入高中,有一个问题我们不能回避,那就是我们高考的目标和人生的目标。我们要上什么学校,北大清华、985高校,还是211院校?现在就要对自己提要求。想上清华北大,分数就要考到670分以上(这次,我们二年级的第一名就考了669分,只差一分,很容易超过去的。大家要有信心);想上复旦、浙大,分数就要考到660分左右;想上好的一本,名次就要稳定在年级前100名。目标必须是具体的你看得见的一个靶子,也许现在还没有达到这个水平,但你一步一个小目标,到了高考,大目标自然就会实现,一天增加一分吧,想想我们能考多少分,很可观吧!人生的目标与考学的目标有重复,但不全一样。有的学生以为上学就是为了学习,学习就是为了考试,考试就是为了考好成绩。如果你这样想的话,一出高中校门,你可能就完了。现在高校有些学生不上课、睡懒觉、沉迷游戏,主要原因就是人生目标缺失,没有了方向,人生还有意义吗?上学不只是为了学习,为了成绩,我们还有一个要学习的,那就是做人。做一个什么样的人,这就是我们的人生目标。现在我们是学生中的优秀者,将来我们是成人中的优秀者。一生与优秀为伍,与高尚为伴,你的人生将变得有意义而且有价值。所以,去做一个优秀的人吧,这将帮助你飞得更高更远。

### 三、有激情

有人曾经说过:想成功,先发疯。这话看似荒诞,仔细想想也不无道理。当然这种"发疯"不是让你变成呆子,它指的是一种状态,忘我、痴迷、执着的状态。激情是一种信念,也是一种动力,更重要的是,激情反映了你对学习的热爱。读书时你最有力,做题时你最专心,运动时你最投入,凡你所做的事,无一不精力充沛、表情生动,大脑活跃。那时候,你就是激情的。大家想想,你曾经有过激情澎湃、热血汹涌的时候吗,尤其是上课的时候?想不起来吧,好像在学习上从来都没有这种越学越想学的愿望啊。这没关系,从今天起你去培养这样的愿望。没有这样的激情,我们都考得这么好,如果再有点激情,那天下岂不是我们的?

去年毕业的王少辉同学,一年级在普通班,二年级还在普通班,但进入二年级后他开始第一时间到班早读,整栋楼都能听见他的声音。有人说他傻,有人说他是做给老师看的。他不为这些所动,依然激情如故。进入三年级,他分到了快班,而且很快成了快班的佼佼者,被同学们称为班级形象代言人。

现在三十班的张丽霞,两年多如一日,天天第一个奔跑进班,天天积极学习,现在她的成绩稳定在 620 多分,每次都在年级前 10 名。2010 年我带文科复习班。复习班的学生一般情况下是上课不说话,下课话不说,比较沉静,好像复习给了很多压力一样。我觉得这不行,这样下去,那成绩怎么突破啊,于是我给班里定了一个主题——激情。周周谈激情,以不同的方式,用不同的事例,每次班会都开得大家心潮起伏。这一年全班上线 55 人,要知道有很多是二三百分进来的学生啊。

所以我说要有激情,不信大家明天早上可以试一试。全校几千名学生都不出声读书,就咱们在场的 300 来人激情朗读,我相信在学校大门口都能听到大家的声音。因为生活的活力最具有感染力和穿透力,只要有生命在运动,人就会受到鼓舞和影响。

### 四、有方法

阿基米德说:给我一个支点,我就能撬起地球。有方法,就是希望大家找到学习、生活的这个支点。找到了这个支点,你就会茅塞顿开、豁然开朗,你就会举一反三,天天有进步,日日有成长,你就会给人“士别三日,当刮目相看”的感觉。大家都是聪明人,聪明人若有好方法,那肯定功力大增的。今天我们开的是尖子生会议,尖子生有成功的秘诀吗?

且听我告诉你。不过,大家要做好准备,我说出来大家可能会失望的。但请不要失望吧,很多所谓的秘诀恰恰就是最基本的东西。人人皆知,但人人做不到。若有一个人做到了,他就成功了。

第一,你得有时间观念,分秒必争。抓不住时间的人会被时间抛弃,就像一粒沙子,消失在茫茫戈壁。现在你是学生中的精英,但如果你忽略了时间,你将渐渐沦为学生中的末流,进而在学生精英中销声匿迹。

今年有个学生到我们学校高三就读,21 岁了,他没有读过一年级,也没有上过二年级,直接进入高三,以社会青年的身份报考。从他身上我看到,学习机会一旦错过,再想找回好难啊。但我们很多人体会不到,就像每位同学,处在上学阶段,可能很想飞出去,脱离学校,可是真的离开了,一辈子可能就再也回不来了。所以要珍惜机会,珍惜时间啊。

我们学校 2006 级间流传一句话“两眼一睁,开始竞争”。争什么?争谁起得快,争谁到班早。这一“快”一“早”看似跟学校无关,但却赢得了时间。有了时间,一切都来得及。你看天下闻名的衡水中学,他们的学生有个操前小读,每个人上操的时候都带一本书,来得早了早读,来得晚了晚读,都到齐了就拿着书跑操。这短短的两三分钟时间,实在不起眼,可是天天两三分钟是什么概念,大家可以算算这笔账。比如我们有的同学要背单词,能不能每天跑操的时候抄在手上五个,一天背五个,有多少单词背不完呢?争分夺秒,并不是一句空话,还有一点要合理分配时间。一年级九个学科,天天搞得焦头烂额,那不是很被动啊。九个学科对于在座的各位来说,不是难事。若能安排好,学习便小菜一碟儿。仔细分析一下自己,哪些学科不占用课外时间就能消化,哪些学科用多少时间进行掌握,找到了这个支点,九个学科便可高枕无忧了。

第二,要敢于提问。学问学问,学贵在问。课堂上勇于提问是优秀学生渴望和追求知识的表现,在学习的过程中,把没有弄懂的问题通过提问,达到深入研究,仔细体会的目的。今天我给大家出一道题,如果有哪位同学哪天经过思考,把自己思想当中的问题,有思路地问住了老师,你就可以来找我:刘老师,我今天把某某老师问倒了,证实后,我会奖励你的。我提倡大家问,因为问证明你有思考,思考对于学习来说是很重要的一环。通过问,大家会获得老师的资源,让自己变得更丰富更深刻。

第三,学会做笔记。做笔记是一门学问:一要记自己认为有用的,二要记大家认为有用的,三要记规定用到的。要学会总结,学会梳理,学会发现,通过记笔记找到学习的窍门儿,通过记笔记找到学习的关键。要记重点,记易混点,笔记做得好的话,你复习的时候连书都不用看,一本笔记就能解决所有问题。

有了这些,再加上同学们自身的优点,我觉得我们就可以练就一双强劲有力的翅膀,不仅翱翔在这片土地上,而且要飞向中国、飞向世界。如果有人能问鼎一下诺贝尔,我也是非常乐意听到或者看到的。

同学们,今年是 2012 年,明年是 2013 年。2013 年注定不寻常的一年,因为明年我校建校 10 周年。让我们共同努力,为自己、为父母、为学校交上一份满意的答卷吧!希望你们飞向自己的天空!

2012 年 11 月

# 不断超越　追求卓越

## ——2013年下学期第一周旗下演讲

尊敬的各位老师、亲爱的同学们：

早上好！今天我演讲的题目是"不断超越，追求卓越"。

站在新春的门槛上回望，2013年注定是我们的又一次辉煌。

有数字可以作证：2013年元月，郑州市第一次质量预测，我校高三年级一本上线116人，目标达成率130.3%，位居全市各高中第一名；三本上线771人，目标达成率101%，位居示范性高中第一名；高三应届，一本上线79人（一中上线78人，实验上线58人），绝对数位居示范性高中第一名。上学期郑州市期末统考，我校二年级一本上线104人（一中一本上线98人，实验一本上线98人），绝对数居示范性高中第一名；三本上线641人，目标达成率102%，居示范性高中第二名；一年级一本上线108人（一中上线97人，实验上线104人）目标完成率108%；三本上线722人，目标达成率105.2%，均居示范性高中第一名。在同学们当中，值得一提的是一年级的许可畏同学，以902分的优异成绩夺得了全市第一名，为我校的2013年又添一份大礼。

这一串骄人的数字使我想起一个故事：永远坐在前排。

20世纪30年代，英国有一个叫玛格丽特的小姑娘，自小就受到严格的家庭教育。父亲经常向她灌输这样的观点：无论做什么事情都要力争一流，永远走在别人前头，而不能落后于人。"即使是坐公共汽车，你也要永远坐在前排。"父亲从来不允许她说"我不能"或者"太难了"之类的话。

这种看似"残酷"教育，培育了玛格丽特积极向上的决心和信心。在以后的学习、生活或工作中，她时时牢记父亲的教导，总是抱着一往无前的精神和必胜的信念，尽自己最大努力克服一切困难，做好每一件事，以自己的行动实践着"永远坐在前排"的誓言。当年她所在学校的校长评价说："她无疑是我们建校以来最优秀的学生，她总是雄心勃勃，每件事情都做得很出色。"她就是英国第一位女首相,雄踞政坛长达 11 年之久,被誉为"铁娘子"的玛格丽特·撒切尔夫人。

思路决定出路,态度决定高度。有了"永远坐在前排"的理想,加上具体的行动,你就能真正坐在"前排",成为同行中的翘楚,同类中的佼佼者。学校是这样,学生也是这样。

那么,为了我们永远坐在前排,为了我们共同的理想,我希望我们不断超越,追求卓越。

思想上追求进步。乐观看待社会,积极面对同学,不管别人怎样,自己时刻要拥有"正能量"。有得失要理性看待,有情绪要正确化解,有问题要理智解决。在家里要通情达理,为父母分忧,做一个好孩子;在学校要勤奋学习,力争上游,做一个好学生。敢于抛弃恶习,敢于坚持真理,为自己、为班级、为父母、为学校、为国家永远都奋斗不息!

行为上追求规范。说话要文明,做事要谨慎。不冲动,不莽撞,不为小事失大体;不打架,不辱骂,不为小节失大义;不迟到,不早退;不自卑,不自私,自尊自爱,诚实守信,遵规守纪,严于律己。

学习上追求优秀。古希腊哲学家亚里士多德说:"我们每一个人都是由自己一再重复的行为所铸造的。因而优秀不是一种行为,而是一种习惯。"当你拥有了这种习惯你就会永远站在前排。它不需要你绞尽脑汁,也不需要你上下求索,只要你不断地重复正确的事情,认真上好每一个自习,认真上好每一节正课,认真做好每一道习题,你就是优秀的,你就是别人无法企及的。

生活上追求简朴。不管你是家财万贯,还是刚过温饱,学生时代比的不是谁吃得好,穿得时髦,戴得花哨;比的也不是宿舍里有没有电扇,教室里有没有空调。当你比这些的时候,你的学生时代就已经染了色,变得不纯洁了。你就不可能专注于学习,做一个有价值的人,有一个理想的人生。生活追求简朴,你收获的就不是简朴,你会成为知识殿堂的富翁;天天叫外卖,想着怎么吃;夜夜去上网,想着怎么玩,你收获的就是无聊,你就是精神上的乞丐。

不比吃穿比学习,不比基础比努力。同学们,只要我们抱着"永远坐在前排"的理念,有一必争,逢冠必夺,创新方法,科学实践,我们就可以不断超越,走向卓越!

这个春天注定是我们的,一年之计在于春,把握住了春天,就把握住了一年当中最美好的季节! 同学们,从今天起,做一个专注的人,读书、做题、反思自己;从今天起,关心成长和成绩,怀抱一个愿望,仰望星空,脚踏实地。那样,半年后,一年半后,两年半后,你的人生将会因为你的付出而异彩纷呈!

最后,预祝老师们身体健康,工作顺心;祝同学们学习进步,成绩优异!

2013 年 2 月

# 安静 是一种力量
## ——2013年高考动员讲话

尊敬的各位老师、同学们：

大家好！

举目前望，我们能看得见7号的身影；侧耳倾听，我们能听得到高考的足音。高三的学子们，时光流逝，沉淀的是青春的热血；高考临近，考验的是年轻的心智。在距离高考还有四天的日子，我想送大家三个关键词——安静、专注、坚持。

安静，是一种力量。当你走进教室的时候，当你回到宿舍的时候，当上课铃声响起的时候，请你安静下来。安静营造的是一种环境，涵养的是一种性情。只有安静下来，你才能认真思考；只有安静下来，你才能把自己的身心全部投入到学习当中。我曾不止一次地听到班长在教室里制止同学们说话的声音，也曾不止一次地看到同学们在教室里无所事事来回走动的情形，与其把时间浪费在说话、走动上，不如闭上嘴、停下来，给同学一个安静的空间，给自己一段安静的时间。高考离我们越近，你越需要安静。安静可以让你变得坚忍，身处闹境，心若平湖；面对低谷，处变不惊；安静可以让你变得从容，每次考试，游刃有余；各种方法，运用自如。只有安下心来，才能静入其中。

专注，是一种精神。早上读书，反复诵读却什么都记不住；动手做题，反复审查却找不到条件；进场考试，看了数遍仍不知所以然，这个时候，请告诉自己：我要专注。专心致志，全神贯注，是你走向成功的重要因素。一个专注的人，往往能把时间、精力和智慧凝聚到一件事情上，从而最大限度地释放自己的能量。在教室里、在学习的时候拿着手机玩游戏、聊天、看网页都是一种不专注的表现。请同学们记住，你越想放松可能越不能放松。给自己一个要求，让自己专注下来。只有专注，你才不会左顾右盼、坐立不安；只有专注，你才不会魂不守舍、心不在焉。专注会使你茅塞顿开，专注会让你豁然开朗。

只要专下心来，就能注入其中。

坚持，是一种意志。有了坚定的意志，才能把简单的事情做好；有了坚定的意志，才能把容易的事情做对。模拟考试，讲评分析，对我们来说都是再平常不过的事，可是有人不愿参加，有人不敢面对，甚至有人现在抱着考也无用的心态作无谓的等待。这便是不能坚持。逃避造就懦夫，放弃诞生庸人。谁在这个时候坚持不住，谁就会在终点上输给自己。其实坚持没有那么难，只要你认真做好每一道题，认真分析每一次失误，认真追求每一次进步，这一周走下来，你才能走出最美的风景。只有定下心来，才能持之以恒。

安静，帮你正确思考；专注，为你排除干扰；坚持，助你走到最好。有了它们，你便有了一颗平常心；有了它们，你便有了胜利的法宝。

也许你还斤斤计较于一次模拟成绩，也许你到现在还觉得自己没有准备好，也许你还在为一些生活中的小事无限烦恼，那就学会放下吧，现在，这些都不重要。因为高三一年，我们扎扎实实，历经磨炼，我们积累了丰富的经验，我们具备了所有的条件，只要安下心来，专注做题，坚持到底，就是胜利。

高三的同学们，一测、二测、三测我们都已成功走过，今年的高考考生人数减少，录取人数增多，加上你们的奋力拼搏，我们就拥有了天时、地利、人和。我坚信，在即将到来的高考中你们会有更加出色的表现；我坚信，2013年的夏天，你们会为自己、为父母、为学校写下最华美的诗篇！

高一、高二的同学们，让我们也秉承坚持的信念，安下心来，专注学习，为高考加油，为未来努力！

最后，祝同学们金榜题名！

2013 年 6 月

# 与时俱进　再创辉煌

## ——在新学年第一次升旗仪式上的讲话

尊敬的各位老师、亲爱的同学们：

大家早上好！

伴着金秋的脚步，怀着满腔的热情，新学年向我们款款走来。今天，我们在这里隆重举行第一次升旗仪式，首先请允许我代表学校向辛勤耕耘的老师们表示衷心的感谢，向认真学习并取得优异成绩的同学们表示诚挚的祝贺，同时也向刚刚走进嵩阳高中的新老师、一年级的新同学表示热烈的欢迎！

今年，是嵩阳高中建校 10 周年。今天，我将和大家一起翻阅我校 10 年的壮丽诗篇：

走过 10 年的峥嵘岁月，嵩阳高中已经从当年的幼苗成长为茁壮的大树。从校舍陈旧到硬件一流，从师资薄弱到力量雄厚，从名不见经传到令人刮目相看，从学生的无奈选择到家长的心甘情愿，嵩阳高中走过风雨，看到了彩虹。

10 年创业奋进，10 年不懈追求。嵩阳高中 10 年的历史，生动地记录着每一个扣人心弦的时刻：2004 年，登封市教育系统"四风"建设现场会在嵩阳高中召开。2005 年，嵩阳高中以优异的高考成绩和统考成绩引起社会各界关注。2006 年，嵩阳高中通过郑州市标准化高中验收。2007 年，建校不满 4 年的嵩阳高中一次性通过郑州市示范性高中验收，提前 1 年进入郑州市郊县（市）重点高中竞争序列。2008 年，登封市教育局把嵩阳高中历年高比例超额完成教育局下达目标任务且进步神速的现象称之为"嵩阳高中现象"。2009 年，从嵩阳高中走出了第一个北大学子——冯梦柯，第一个保送生——周春宇。示范性高中招生分段均衡分配。2010 年，嵩阳高中继连续 4 年获得郑州市普通高中教育教学先进单位的荣誉后又成为登封市唯一一所被评为郑州市普通高中竞赛先进单位的高中。2011 年，嵩阳高中声誉远播，省市领导分别来到嵩阳高中考察观摩。2012 年，嵩阳高中第一届分段式均分学生毕业，普通类本科上线538人,上线人数以绝对优势位居示范性高中第一名,创登封高中教育尤其是应届生教育的一个奇迹。2013年,嵩阳高中的一本、三本、应届上线数,完成率,上线率均拔得登封头筹。

10年无私奉献,10年捷报频传。从登封市期中统考到郑州市期末统考,从河南省学业水平测试到普通高招,超目标、高比例完成任务现象一直在延续,尤其是高考本科上线,更是一步一个台阶,一年一次飞跃。普通类本科上线,2005年,上线13人;2006年,上线39人;2007年,上线129人;2008年,上线252人;2009年,上线376人;2010年,上线567人;2011年,上线627人;2012年上线792人;2013年,全校一本上线152人,三本上线785人,应届一本上线105人,三本上线534人,各项指标均以绝对优势摘取登封桂冠。

10年滋兰树蕙,10年春风桃李。10年来,学校累计培养名牌院校本科生400多名,重点院校本科生1200多名,本科生3600多名。在这众多学子里,2009年我校冯梦柯同学以高考664分名列全市理科第一名的优异成绩被北大录取(本硕连读);2010年,段亦轩同学被提前保送到武汉大学;2011年,弋鹏玮、庞明露等百余名学生被华中科技大学、中国青年政治学院等全国著名大学录取;2012年,王旭东、赵帅博等三百多名学生被哈尔滨工业大学、中国政法大学等全国著名大学录取;2013年,赵帅龙、贾惠婷等四百多名学生被南开大学、华中科技大学等全国著名大学录取。

10年筚路蓝缕,10年弦歌雅颂。在正确的办学理念、先进的教学设施、不断提高的教学质量和颇具特色的学生培养管理机制下,学校呈现出前所未有的好局面,学校的美誉度和公信力不断提升。2006年12月18日《德育报》头版头条,以"铁的纪律 铁的课堂 铁的校园"为题,对嵩阳高中的"严管真爱"进行了专题报道;2007年,登封市教育体育局党委做出决定,从春季开始,半年时间内全市中学校长分期分批到嵩阳高中挂职学习半个月,推广借鉴嵩阳高中的管理经验;2007年5月25日《教育时报》第二版以"真爱的体现"为题对嵩阳高中的"严管真爱"做了深度诠释;2008年1月10日《登封教育通讯》以"'嵩阳高中现象'解读"为题,探究嵩阳高中异军突起的原因……从《登封教育通讯》到《登封时讯》,从《郑州晚报》到《河南日报》,从《教育时报》到《德育报》,嵩阳高中的影响日见其强。

10年栉风沐雨,10年春华秋实。10年,嵩阳高中这棵大树,在上级部门的正确领导下,在全市同仁的大力支持下,在全校师生的精心浇灌下,结出了累累硕果:学校先后被确立为国家诱思探究教学实验基地、北师大网络课程实验教学基地、国家教师科研基金"十一五"规划重点课题科研单位,并相继被评为河南省文明学校、河南教育变革榜样学校、河南省园林单位、河南省"绿色学校"、河南省安全校园展示活动优秀学校、河南省第八届中小学电脑制作活动最佳组织先进单位,并被教育部(厅)定为获得美国总统奖学生的实践接待单位,郑州市、登封市各项荣誉也尽收囊中。

　　10 年长歌浩荡,10 年岁月如流。春天来了又去,学生去了又来,嵩阳高中人的品格在一去一来中更加夺目光彩!我们坚守着"踏实肯干、任劳任怨、不计报酬、无私奉献"的精神,践行着"为学生服务、让学生满意""关怀你成长、帮助你成功"的承诺,肩负着把学生发展放到至高无上的地位,引导学生追求真善美的理想境界的崇高使命。我们始终在路上,从大冶到颍阳,从宣化到唐庄,足迹踏遍登封的每一个村庄,深入最偏远的学生家里,用"爱"告诉社会嵩阳高中的期望;我们始终在课堂,从晨读到晚练,从自修到上课,我们的身影总是在第一时间出现在学生面前,以"严"治校,用"严"带班;我们始终在坚守,炎炎烈日,中午的教学楼上行走着领导的身影;漫漫寒冬,清晨的宿舍楼里响彻着管理员的足音;从早操到晚寝,从周末到假期,只要学生在,老师就在,领导就在,服务就在。10 年,3 650 天,87 600 个小时,我们与学校同在,与学生同在,与时代同在,与梦想同在。

　　我们有幸目睹了嵩阳高中的成长,面对这些数字和成绩,我们应怀的心态除了敬畏就是景仰!因为每一个荣誉的背后都洒满了汗水,每一个数字的上面都写满了奉献。我们可以无愧地说:我们的领导做到了率先垂范,我们的老师做到了为人师表,我们的学生做到了刻苦勤奋。

　　今天,我们又一同站在了新的起跑线上,在此,我代表学校、代表老师向同学们提三点希望:

　　1. 坚守一个信念:严管就是真爱。每一个选择高中的学生,心中都藏着一个梦——名校梦、大学梦,而嵩阳高中是走向名校的通道。高考是实现梦想的天桥。我们要鱼跃龙门,就要严格、严密、严谨。大家不要怕管理严,不要怕学习苦,不要怕训练累,因为所有的付出都会是你人生当中最宝贵的财富。

　　2. 养成一个习惯:凡事都要争先。近水楼台先得月,向阳木花易为春。争先,你争到的不仅是第一,还有机会,还有成功。学习争先,你收获的是知识;思考争先,你提高的是能力;吃饭争先,你赢得的是时间;休息争先,你换来的是精神。凡事都要争先,就是希望你逢一必争,逢冠必夺,那样你将比别人更早步入理想的殿堂。

3.锤炼一种品质:坚忍不拔,勇往直前。高中生活在学习生涯当中最难熬也最充实,你的人生将由此奠基,你的梦想将从此起步。没有扎实的基础,我们可以一点一点积累;没有优异的成绩,我们可以一步一步努力;只要你心无旁骛,坚持到底,你就能取得胜利。

老师们,同学们,一万年太久,只争朝夕。新的学年,新的学期;新的起点,新的希冀。

在新的一年里,我们将坚持"严管真爱"管理理念,落实精致管理,深化课堂改革,加大训练力度;我们将坚持精心育人,实现因材施教,营造学习氛围,拓宽成长渠道,继续全面提高学校教育教学质量,使学校成为生命健康成长的一片沃土;我们将坚持努力拼搏,锐意进取,以更加昂扬的精神、更加努力的姿态走向明天、走向未来、走向梦想、走向辉煌!

我的演讲完毕,谢谢大家!

2013 年 8 月

# 严管的核心是真爱
## ——在 2013 级新生开学典礼上的演讲

尊敬的各位领导、各位老师,亲爱的同学们:

大家好!

今天,我们在这里隆重举行 2013 级新生开学典礼。值此盛会,我代表学校,向各位新同学表示最诚挚的祝贺和最热烈的欢迎!祝贺你们来到美丽的嵩阳高中校园,欢迎你们加入强大的嵩阳高中团队。在今后的 3 年里,我们共属一个大家庭,你们的履历上会永远写上"登封市嵩阳高中"。这几个字,会成为你们的自豪,成为你们的骄傲!

今年是嵩阳高中建校 10 周年。10 年,嵩阳高中从幼苗长成大树,由沙砾变为珍珠。这 10 年,我们抱着"关怀你成长,帮助你成功"的宗旨,送走了一届又一届学子;这 10 年,我们踏着"为学生服务,让学生满意"的节拍,迎来了一级又一级新生。

新生带来的是新的活力,注入的是新的血液。我看着你们阳光的面孔,听着你们生动的话语,我的内心充满了欣喜。为了你们的健康成长,为了你们的梦想天堂,今天,我想跟大家提一个要求,讲两个看法,谈三点希望。

**一个要求:**

请同学们坐好,认真听会!开学第一周升旗的时候,有很多同学把注意力放在了站军姿上,而忽视了旗下演讲;今天,我希望大家不要把重心放在"坐姿"上,而忘了聆听开学典礼上的内容。我负责任地告诉大家,只要你认真听、认真记并认真按我们所说的去行动,你的高中生活将顺利度过,你的名校之梦将成为现实。

**两个看法:**

一、严管的核心是真爱

提起嵩阳高中,很多人的第一反应是:这个学校管得太严了!还有部分初中毕业生因为"严"而不把我们学校作为读高中的首选。但是从嵩阳高中毕业的学生谈起自己的母校,说起更多的却是老师的关爱,同学的友爱,学校的真爱。

2009届毕业生郭亚丽在毕业时给她高中班主任的信中写道:

"老师,真的要离开您了,心里有无数的不舍呀!您妙趣横生的课堂如一缕微风轻轻吹开心扉,让我心底那颗美的种子又开始生长;接着是您正直无私的人格、认真诚恳的态度、坚忍宽容的品质都在我心内开出秀美的花。我卸下自己的盔甲,蹑手蹑脚地走进您用爱编织的世界里。"

2010届毕业生刘俊歌在网上发帖《好想念你,我亲爱的母校》。文中写道:

"现在我已经走进了大学的校门,但是嵩阳高中永远都是我心中最美丽的圣地。我在这里度过了我3年的高中生活,并且,因为高考成绩的不理想,我不得不选择复读,当时我毫不犹豫地再次选择了嵩阳高中,不仅仅因为那里有美丽的花草树木和一些让人羡慕的体育设施,更是因为我知道只有那里才是我真正能够学习的地方,才是成就我未来的舞台。"

关爱学生,成就学生,这就是真正的嵩阳高中!

嵩阳高中的管理严不严?严!但这种"严"表现为一种精致管理,体现为一种科学态度,它重视的是过程和细节,主张的是严格、严密和严谨。用我们吴校长的话说"严管的核心是真爱!"什么是"真爱"?我们的办学理念中这样表述:"真爱"就是以心育人,把人的发展放到至高无上的地位,去追求真善美的理想境界。

为了让学生体会这种爱,每年开学初,嵩阳高中都会在全校开展"严管就是最大的爱"征文、升旗演讲、主题班会、辩论赛、广播宣传等系列教育活动。2011届学生白银瑞在演讲时这样理解"严管真爱":

嵩高作为示范性高中,一年又一年辉煌的成绩书写着不败的神话。这与嵩高严格的管理制度是密不可分的。嵩高是片造就人才的沃土,他以父亲般的深沉,默默改变着每位踏上这片土地的学子的心灵;它以母亲般的细腻处处闪现着人性的光辉!用一万分努力,换取一份真心;用一万分付出,换取学子们的梦想成真!"严管真爱"是我们嵩高管理永恒的主题,严中有爱,爱中有严,严爱相系。这是多么理智的管理制度啊!同学们,不要再抱怨,不要再彷徨,嵩高不是地狱,嵩高是我们实现梦想的地方!

严管不仅成就了学生的梦想,还推动了老师的成长。刚才冯主任给我们介绍的所有老师,还有我们高二、高三的许多老师(如:康小铭、王海民、赵瑞丽、姚三丽、蔺亚莉、孙林源、许海敏、谷晓沛、秦小玲、付军伟、罗淑娟……)这些都是在学校严管下成长起来的老师,他们现在要么是年级主任、要么是学科组长、要么是教学能手、要么是青年新秀。

把学生送到名校,把老师育成名师的管理,不是真爱是什么呢?听完这些,我相信大家会认同我的观点——"严管的核心是真爱"。

二、嵩阳高中是你走向成功的舞台

我们有助你走向成功的优越条件。

一流的硬件:建校10年,学校累计投资2 000多万元,使办学硬件得到了不断改善。建成了全省一流的多媒体网络系统,实现了班班通及教师电子备课,为实施现代化管理和师生学习、了解最前沿信息提供了更好的平台;建成有400米塑胶跑道及人工草坪足球场的运动场、10个聚丙烯篮球场、一个PU排球场,乒乓球、羽毛球等其他体育设施一应俱全;建成了国内一流的理化生数字化探究实验室,为学生操作实验和演示实验提供了最便捷的理解通道;建成了省内一流、功能齐全的录播教室,为名师授课、网络直播提供了极好的学习平台;教学楼、办公楼、教研楼、综合楼、多媒体教室、微机室、舞蹈室、音乐室、图书阅览室等机构、设施齐全;教室内崭新整齐的课桌凳,学生宿舍更换一新的铁床,方便了同学们的学习和生活。校园内的一切建筑物和设施,到处彰显活力和生机,给学生家一样的感觉,春一样的温暖。

一流的师资:10年来,我校的优秀教师发展经历了一个从无到有、从有到优的过程。目前,学校高级教师31人,一级教师62人,学历达标率100%,其中研究生学历56人。除了新上岗老师外,几乎每个老师都获得过层次不同的荣誉。其中河南省学术技术带头人3人、骨干教师4人、优秀教师3人、文明教师2人;郑州市名师1人,郑州市学术带头人1人,郑州市优秀教师10人,郑州市优秀班主任10人,郑州市师德先进个人10人,郑州市骨干教师5人;登封名师2人,登封市教学标兵4人,登封市教坛能手23人,登封市优秀教师63人,登封市优秀班主任30人,登封市级骨干教师39人,登封市专业技术拔尖人才5人。

一流的校风:在我们学校,从领导到老师,从学校到班级,全方位、无盲区的管理给同学们创造了宜人的生活环境、和谐的学习环境、安静的课堂环境,它使我们想学习的人能够学好,不想学习的人不得不学。有个学生曾经写过这样一首诗来表达她的心声：

被宿里，冲破宿静的第一声呐喊，越来越早//我们相信，不久，它可以呼风唤雨//宿舍里，与黑暗抗争的灯光，越来越晚//我们相信，不久，它可以带来黎明//校园里，奔跑疾走的身影，越来越快//我们相信，不久，它可以走向辉煌……

所有年轻的战争//请抬起头，看看远方正在闪光的梦想//请静下心，用心完成每一次堪称完美的艺术作品//直到六月，在青春的战场//我们相信，这个夏天//樱桃会红，芭蕉会绿//我们的胜利，一定会到来。

**一流的精神：**大家刚来，可能不知道我们的学校精神。它一共有十六个字，即任劳任怨、踏实肯干、不计报酬、无私奉献。这种精神不是写在纸上，也不是挂在口上，而是实实在在地落实到了行动上。在登封，甚至在郑州，我想很少有学校的老师像我们学校的老师一样，走遍了生源遍布区的每一个村庄；没有一个学校的老师像我们学校的老师一样，把学生的成长时刻放在心上。平常你体会不到，可是关键时刻你就知道我们的老师总是想把心掏出来给你看的。开学报到的时候、上周军训的时候、本周上课的时候你都应该有切身的感受。

我们有走向成功的确凿事实。

学校的发展与成绩。学校 10 年，一年一个台阶。2004 年，登封市教育系统"四风"建设现场会在嵩阳高中召开。2005 年，嵩阳高中以优异的高考成绩和统考成绩引起社会各界关注。2006 年，嵩阳高中通过郑州市标准化高中验收。2007 年，建校不满 4 年的嵩阳高中一次性通过郑州市示范性高中验收，提前一年进入郑州市郊县（市）重点高中竞争序列。2008 年，登封市教育局局长李成林把嵩阳高中历年高比例超额完成教育局下达目标任务且进步神速的现象称之为"嵩阳高中现象"。2009 年，从嵩阳高中走出了第一个北大学子——冯梦柯，第一个保送生——周春宇。示范性高中招生分段均衡分配。2010 年，嵩阳高中继连续 4 年获得郑州市普通高中教育教学先进单位的荣誉后又成为登封市唯一一所被评为郑州市普通高中竞赛先进单位的高中。2011 年，嵩阳高中声誉远播，省市领导分别来到嵩阳高中考察观摩。2012 年，嵩阳高中第一届分段式均分学生毕业，普通类本科上线 538 人，上线人数以绝对优势位居示范性高中第一名,创登封高中教育尤其是应届生教育的一个奇迹。2013年,嵩阳高中的一本、三本、应届上线数、完成率、上线率均拔得登封头筹。

学生的成长与进步。2003年建校时,学校招生计划1 050人,结果只招收700名学生;2006年开始有保送生时,教体局分配招生计划120人,连续3年,市局几次扩大招生范围,才勉强完成,但质量却严重缩水。就是这样的生源质量,经过3年的培养,他们一个个都成了国家栋梁。建校10年,从这里走出名牌院校本科生400多名,重点院校本科生1 200多名,一般本科生3 600多名。在这众多学子里,2009年我校冯梦柯同学以高考664分名列全市理科第一名的优异成绩被北大录取(本硕连读);2010年,段亦轩同学被提前保送到武汉大学;2011年,弋鹏玮、庞明露等百余名学生被华中科技大学、中国青年政治学院等全国著名大学录取;2012年,王旭东、赵帅博等300多名学生被哈尔滨工业大学、中国政法大学等全国著名大学录取;2013年,赵帅龙、贾惠婷等400多名学生被南开大学、华中科技大学等全国著名大学录取。

铁一样的事实告诉我们,选择嵩阳高中就是选择成功。不管你是在保送班、实验班,还是在平行班、艺术班,只要你坚持不懈努力3年,3年后的今天,你一定能走进你理想的大学校园。

**三点希望:**

在开学第一周的升旗仪式上,我曾给大家提出要求,坚守严管就是真爱的信念,养成凡事争先的习惯,锤炼坚忍不拔、勇往直前的品质。今天,我还要给大家提出三点希望:

一是希望同学们常怀敬畏之心。敬畏,就是既敬重又畏惧。我们要敬畏什么呢?德国哲学家康德说过:在这个世上,有两样东西值得我们敬畏——我们头上的星空,我们心中的道德法则。我们头上的星空,就是自然,是生命。我们要敬畏自然,敬畏生命。我们心中的道德法则,就是我们做人的底线。我们要敬畏制度、敬畏规范。今年,我们在编印《嵩阳高中新生入学手册》时,专门把《中学生守则》和《中学生日常行为规范》收入,旨在让同学们明白怎样做才是一个合格的中学生。但据调查,有许多同学,对我们这本小册子,不重视、不学习,漠视规范与纪律,这就是缺乏敬畏之心的表现。上周五我们一年级部分班级学生领书时在路上大声喧哗;本周阅读课,部分班级学生不按时到达、到达后长时间安静不下来;许多同学吃完饭不进班在教室外打闹、进班后不翻书无所事事,这些都是因为我们缺少一颗敬畏之心。听课的时候,没有对老师的敬畏,你就会打瞌睡;做题的时候,没有对知识的敬畏,你就会犯错误。所以,我希望同学们常怀敬畏之心。一个常怀敬畏之心的人,必定是一个同类中勤于学习、努力拼搏、谦虚谨慎、积极进取的佼佼者。

二是希望同学们常想人生之志。我们当中有很多学生,上学的年级越高,志向越小。曾经立志上清华北大的,到了高中变成了普通的一本、二本、甚至三本。是什么导致我们的志向缩了水?是习惯、是行动、是成绩。我们不断地迁就自己,不断地给自己的坏习惯和懒惰寻找各种借口,导致成绩下滑,学习退步,最终不得不把自己的志向变小。我今天讲同学们常想人生之志,就是希望同学们在想偷懒的时候、颓废的时候、懈怠的时候,把志向记在心头。有志向的人是睡不着觉的,同学们用自己的行动证明了这一点。每天早上,起得最早的是我们一年级,到班最早的也是我们一年级(这种精神值得表扬,但这种行为有待改进。我希望休息时间,大家睡足睡够;学习时间,大家学深学透。教室里早上5:20有电,同学们5点起床就可以)。有志向的人,会有无穷无尽的力量。只要你怀揣梦想,坚持奋斗,不管你的志向有多大,最终都会成为现实。

三是希望同学们常念父母师恩。父母给了我们生命,使我们以"人"的形象成为这个星球上一个有思想的存在,我们要感谢他们。感谢他们在赋予我们生命的同时,又为我们的成长营造了一个适宜的环境。也许父母太过啰嗦,也许父母太过繁忙,也许父母不够理解我们,这些都不足以成为我们不爱父母的理由。我们不能把父母对我们的付出看成理所当然,不能对父母的教诲置若罔闻,不能让父母的期望付之东流。老师教给我们知识,使我们从无知到有知,从幼稚到成熟,我们要感谢他们。感谢他们在教给我们知识的同时,教会了我们做人,也许他们太过严格,太过苛刻,也许他们不近人情,这些都不足以成为我们憎恨老师的理由。我们不能把老师对我们的奉献看成他们本来就该,不能对老师的指导不理不睬,不能让老师的心血化为感慨。我们感恩父母,感恩老师,做一个会感恩的人,你的世界会变得多姿多彩。

最后,祝老师们身体健康,工作顺利!祝同学们开学快乐,学习进步,成绩突出!

谢谢大家!

2013 年 9 月

# 我们还有三天时间
## ——期中考前动员

同学们！

晚上好！我是刘秋珍,现在,我通过广播的形式和大家谈谈期中考试。今天是 4 月 13 号,离期中考试还有三天。三天,它不漫长,一转眼就会消失;但它也不短暂,只要你想,你就可以用三天的时间完成你当前最大的心愿,为你的人生做一个坚实的铺垫。

我相信大家都读过海伦·凯勒的一本书——《假如给我三天光明》。书中写道,第一天,将会是忙碌的一天,她把它奉献给有生命和无生命的朋友;第二天,她将向现在、向过去、向世界匆忙瞥一眼,将通过艺术来搜寻人类的灵魂;第三天,她要再次去迎接黎明,去寻找新的喜悦,因为她没有时间花费在遗憾和热望中。作为一个盲人,她给自己了一个大胆的假设,虚构了三天的光明来完美她的人生。

那么,作为健康人,我们有明亮的双眸,我们有动听的声音,我们将如何使用这三天的光阴?

这正是我今天最想告诉你们的。

现在,请你们坐好,把脊背挺直,把双手放在桌子上,如果我的某句话触动了你或者你觉得它特别适合你,还请你把它记下来。

我天天都要上教学楼,当我看到你早晨进教室的第一件事情不是读书、上课铃响之后你的第一个动作与学习无关,我想告诉你,同学们,把可说可不说的话收回去,把可做可不做的事放下来,你还有三天,我希望你利用这三天重新定义青春的概念。

第一天,你应该是忙碌的,当然不是忙乱。你应该把近段老师带着你复习的内容重新做个梳理,把自己容易搞错的、容易弄混的、容易忘记的知识点进行简单的笔记,别眼高手低,那种一看就会一写就错的低级错误绝不能出现在关键时刻。

第二天,你应该是充实的,当然不是充数。在第一天的基础上,针对自己的弱势学科做一个大胆取舍——放弃怎么想也想不通、怎么做也做不对、怎么学也学不会的题,把能掌握的、能看懂的、能做对的再巩固一遍。要学会充分利用各个学科编印的知识小册子,把眼睛变成一架摄像机,你会发现自己也有超人的记忆力。

第三天,你应该是聪明的,当然不是小聪明。这一天,你把各科的做题方法和答题技巧再重新整理一遍,利用课外时间给自己做一个考试处方,答题规范、学科术语再记得清楚一点;做题方法、考试技巧再认真回想一遍。发挥自己的长处,避开自己的短板,那样你才能轻松作战。

你还有三天,所以你不能迟到、不能偷懒,不能违纪、不能生病,不利于现阶段的一切你都不能。你要让自己健康、充实、快乐、幸福地度过考前这三天。你想象这样度过的美好,你就会得到有意义的三天。

我知道,现在还有人沉浸在下午休息的状态里,一部电视、一个游戏、一餐美味、一场聚会、一本小说、一次聊天儿都会导致你分神,更会影响你前进。所以,我告诉你:把不良情绪打包、删除,把进取的精神复制、粘贴。抖掉思想上的灰尘,抖起一股浩然正气,这样才不负你们现在的人生阶段——青春!

这些,正是我今天想告诉你们的。

我希望你们:

从现在起,做一个勤奋的人。入班即静,入座即学,见书就读,遇题就做,不遗漏重要知识点,不放过关键环节。

从现在起,做一个认真的人。摒弃无所谓的思想,抛开常马虎的毛病,字一笔一画地写清楚,题一步一步地推出来。每个文字都可能是信息,每个数字都可能是条件。

从现在起,做一个有智慧的人。用方法做题,找到撬动地球的支点;用智慧取胜,发现问题的关键。不要因为一件小事而赌气,也不要因为一个失误而伤心。把胸怀放大,把心思放细,高一层着眼,深一层存心。

这3天很关键,不管以前你落下了多少功课,抓住了这3天,利用好这3天,你就会取得一个理想的结果;这3天很重要,只要你不开小差,不贪玩儿,按照老师给你的指点,你就会顺利到达成功的彼岸。

我还想告诉大家的是规范考试、诚信考试。这次期中考试,虽然只是高中三年里最平常不过的一次,却是要求最严格的一次。对于在考试当中出现的一切违纪行为,学校都会给予严厉地惩处。我们都痛恨偷东西的人,考场作弊从某种意义上也是偷了人家的东西。大家要清醒地认识到,考试作弊影响的不仅是分数,更重要的是人品。上学期期末考试,已经有个别学生因为夹带被扣分,因为带手机进场被取消考试资格扣除所有分数,这次考试我不希望有任何人因为作弊而受到批评或处分。

最后,祝同学们在这次期中考试中取得优异成绩,向自己、向父母、向老师、向学校交一份满意的答卷。

2014 年 4 月

# 人因为梦想而伟大
## ——在新学年第一次升旗仪式上的讲话

尊敬的各位老师、亲爱的同学们：

大家早上好！今天我们在这里隆重举行第一次升旗仪式，请允许我代表学校向辛勤耕耘的老师们表示衷心的感谢！向认真学习并取得优异成绩的同学们表示诚挚的祝贺！同时也向刚刚走进嵩阳高中的新老师、一年级的新同学表示热烈的欢迎！

此时此刻，我最想跟大家说的两个字是"梦想"。2003年，嵩阳高中初建，没有优质生源，没有优厚条件，学校正常维持都很艰难，更别说强势发展。面对这种境况，学校提出了"半年时间，角色到位；一年时间，正常运转；二年时间，社会认可；三年时间，小有成效；四年时间，立足登封；五年时间，跻身郑州"的梦想。在杨万林书记和吴颖超校长的带领下，一群热血青年开始了追梦之旅。我们崇尚严格、严密、严谨的科学管理，我们追求至真、至善、至美的育人境界，梦想开始向我们招手：2004年，登封市教育系统"四风"建设现场会在嵩阳高中召开；2005年，嵩阳高中以优异的高考成绩和统考成绩引起社会关注；2006年，嵩阳高中通过郑州市标准化高中验收；2007年，建校不满四年的嵩阳高中一次性通过郑州市示范性高中验收，提前一年进入郑州市郊县（市）重点高中竞争序列；2008年，登封市教育局把我校历年都高比例超额完成目标任务且进步神速的现象称为"嵩阳高中现象"。短短五年，我们不仅实现了梦想，而且超越了梦想。

旧的梦想实现了，新的梦想产生了。接下来，学校又提出了办名校、出名师、育名人的梦想。我们牢记着"为学生服务，让学生满意"的宗旨，凭借着"踏实肯干、任劳任怨、不计报酬、无私奉献"的精神，秉承着"严管真爱"的办学理念，踏上了新的行程。

这期间，我们的生源质量发生了两次质的飞跃：第一次是2006年，嵩阳高中建校 3 年,迎来了学校历史上第一届保送生。第二次是 2009 年,嵩阳高中建校 6 年,迎来了登封历史上首届分段式均分生源。从只能招收登封市三流学生到分段式均分生源,越来越多的有识之士开始看好嵩阳高中、选择嵩阳高中。

这期间,我们的应届普通类本科上线人数年年递增,步步攀升:2012 年,嵩阳高中第一届分段式均分学生毕业,应届生一本上线 58 人,普通类本科上线 538 人,上线人数以绝对优势位居示范性高中第一名,创登封高中应届生教育的一个奇迹;2013 年,应届生一本上线 105 人,普通类本科上线 534 人,两项指标均以绝对优势名列全市各高中第一名;2014 年,应届生一本上线 133 人,比 2013 增加 28 人;本科上线 573 人,较 2013 年增加 39 人,目标达成率名列全市各高中第一名。

这期间,我们的优秀学子成绩突出、升学层次不断提高:2009 年我校冯梦柯同学以高考 664 分名列全市理科第一名的优异成绩被北大录取(本硕连读);2010 年,段亦轩同学被提前保送到武汉大学;2011 年,弋鹏玮、庞明露等百余名学生被华中科技大学、中国青年政治学院等全国著名大学录取;2012 年,王旭东、赵帅博、郭亚周等三百多名学生被哈尔滨工业大学、中国政法大学等全国著名大学录取;2013 年,赵帅龙、贾惠婷、李凯艳等四百多名学生被南开大学、华中科技大学、吉林大学等全国著名大学录取;2014 年,王宁、宋佳好、栗世豪、李洁琼等五百多名学生被华中科技大学、武汉大学、重庆大学、四川大学等全国知名大学录取。

这期间,我们的优秀教师不断增加、不断成名,目前我校拥有河南省骨干教师、河南省优秀教师、河南省优质课教师、河南省学术技术带头人、郑州市名师、郑州市骨干教师、郑州市优秀教师、郑州市优秀班主任、郑州市优质课教师、登封市名师、登封市优秀教师、登封市骨干教师、登封市优秀班主任、登封市优质课教师 100 余人,他们是发展学校的栋梁,培育学生的精英。

因为坚持梦想,才有我们今日的辉煌。学校如此,人又何尝不是这样!

很多人都读过三个工人砌墙的故事:有个人经过建筑工地,问那里的建筑工人们在干什么?第一个工人回答:"我正在砌一堵墙。"第二个工人回答:"我正在盖一座大楼。"第三个工人回答:"我正在建一座城市。"10 年以后,第一个工人还在砌墙,第二个工人成了建筑工地的管理者,第三个工人则成了这个城市的领导者。可见,梦想有多高,人才有可能攀登到多高;梦想有多远,人才能走多远。在同一条起跑线上,你的梦想决定着你能达到的高度。

为了实现梦想,学校要坚持严管真爱,坚持精致管理,坚持落实常规,坚持深化课改,坚持周练周测,坚持量化考核;为了实现梦想,老师要坚持守住学校、坚持守住岗位、坚持守住学生。同学们,你们呢?进入高一、升到高二、面临高考,你的梦想是什么?你将怎样实现你的梦想?阿里巴巴创始人马云曾说,成功的原因有两个:一是梦想,二是坚持梦想。梦想是人一辈子的原动力,不管是林肯,还是毛泽东,他们之所以青史留名,源于他们有一个个伟大的梦想。就在我们身边也有这样的模范,那就是高三(9)班。他们激情澎湃,写目标比行动,只为了圆梦高三。

其实,每个人的心里都住着自己的梦想,我的梦想就是成就大家的梦想。为此,我向同学们提三点希望:

一、结交两个朋友,一个是书籍,一个是时间。书籍是人类的营养品。阅读它不仅会拓展你的视野,更会陶冶你的性情、提升你的品位。时间是成功的金钥匙。人生没有第二个高中阶段,珍惜时间,合理利用时间会让你的青春更加绚烂。别怕吃亏,学会吃苦,你的人生会比别人更加幸福。

二、养成一个习惯:凡事都要争先。近水楼台先得月,向阳木花易为春。争先,你争到的不仅是第一,还有机会,还有成功。学习争先,你收获的是知识;思考争先,你提高的是能力;吃饭争先,你赢得的是时间;休息争先,你换来的是精神。凡事都要争先,就是希望你逢一必争,逢冠必夺,那样你将比别人更早步入梦想的殿堂。

三、锤炼一种品质:坚忍不拔,勇往直前。高中生活在学习生涯当中最难熬也最充实,你的人生将由此奠基,你的梦想将从此起步。没有扎实的基础,我们可以一点一点积累;没有优异的成绩,我们可以一步一步努力;只要你心无旁骛,坚持到底,你就能取得胜利。

同学们,"自信人生二百年,会当击水三千里。"没有梦想的人无异于行尸走肉。我们要敢有"方今之世,舍我其谁"的气概,我们要敢创"前无古人后无来者"的伟业,我们要敢成齐家治国平天下的栋梁!去拥有梦想吧,去坚持梦想吧!那样,你将因为梦想而伟大!

2014 年 8 月

# 以苦为乐 甘之如饴
## ——2014年12月1日旗下演讲

尊敬的各位老师、亲爱的同学们：

大家早上好！今天我演讲的题目是"以苦为乐，甘之如饴"。佛说，人生有八苦，生、老、病、死、怨长久、爱别离、求不得、放不下。我们未曾品尝这八种苦味，所以觉得读书是苦、做题是苦、考试是苦。可是这些真的是苦吗？

说起苦，我的脑海里浮现几个人名。

任少帅，我校2003级学生。时隔十余年，我还能叫出他的名字，想起他的样子，不仅因为他当年曾取得优异的成绩，还缘于一件事情——每次上完早读，别的同学都是飞奔离开教室，抢着去提水打饭，只有他坐在凳子上纹丝不动地看书或者做题。可是吃完饭进班，他又从不迟到且还是到得较早的一批。我很纳闷，难道他就不用热水不吃早饭吗？在一次学习经验介绍会上，他自己说出了谜底。他说，同学们可能都想知道我是怎么利用时间的吧，我的时间精细到了每一分钟，我估算过，学校开饭高峰时间大约10分钟，打水时间大约15分钟。我在下课10分钟后去吃饭，省去了排队的时间；吃完饭去打水，打水的人已经很少，而且为了提高吃饭速度，我早上常常吃一个馍夹菜，边走边吃，一点儿都不耽误事。这样，一顿饭我就比别人平均多出10～12分钟时间，一天我就有比别人多一节课的时间来读书、做题。我后来观察他，他是这样说的，也是这样做的，而且一做就是三年。2006年高考，他上了二本，读了园林专业（现在是一名城市园林设计师）。当时我校未实行均分生源，以他的中招成绩看（当年我校的录取线是424分），三年高中能上二本已经难能可贵！

孟静云，我校2006级第一届保送生。她现在已经大学毕业，在新疆库尔勒工作。记起她，是因为她一进班就给我很"穷"的感觉。一身朴素得不能再朴素的衣服，一双很多学生都不愿穿的家做的方口步鞋。她的入班成绩并不突出,可是进班之后,我对她特别关注了一下并稍作鼓励。这个学生很让人感动,在短短的两个月内,她一跃考了年级第一名。我惊异于她的进步,问她为什么能考这么好?她说,老师,我家很穷,我要改变这个现状,我知道咱班好多学生都比我基础好,可是我不怕,我上课听课,下课做题;中午同学们都午睡,但我从不休息,我要利用这点时间超越自己!她是一个有着顽强毅力的女孩子,三年后,她以应届生的身份考上了一本!要知道,虽说她是我们的保送生,可是当时我们的保送生,说是全市前 600 名,其实到了前 800 名;而2009 年高考登封全市上一本的人数也不过 300 人。

贾惠婷,我校第四届保送生。她现在就读于华中科技大学。记起她,是因为她是我心目中好学生的典范。她不爱说话,从高一到高三,能从她脸上看到就是"微笑"。她读书比别人专心,做题比别人认真;面对越来越多的训练,她从不抱怨;面对越来越大的压力,她从不气馁。她的座右铭就是"乐观自信能帮助你走出困境"。正是这样的心境,她开始出类拔萃,成为同学中的佼佼者。

像任少帅、孟静云、贾惠婷这样的学生,我们学校比比皆是。我从他们身上看到的不是读书苦、做题苦、考试苦,而是面对这些我们所谓的苦,以之为乐,甘之如饴。

可是与他们相比,我们身边也有这样的人:一下课就以最快的速度冲刺般来到小卖铺,然后带上各式各样的零食去教室一面上课一面自顾自地吃;也有这样的人,下课时在教室外面不回去,上课后回到教室要么拿着魔方,要么偷玩手机,实在无聊就把笔捏在手里转来转去;也有这样的人,不顾家里经济允许不允许,水果、牛奶往学校里拿,只顾着给身体补充能量,却从不给精神加点营养。在他们的字典里,读书、做题、写作业是苦差,且苦不堪言;吃、喝、玩、打扮是乐事,成了学校生活的主旋律。

两相对比,什么是苦,什么是乐?聪明人不难分辨。就人生而言,总是在平坦中获得的教益少,从磨难中获得的教益多。若想做一个平凡的人,则是磨难少一些更好;若想做一个出类拔萃的人,则不妨多吃些苦,多经历些磨难。华罗庚说:"勤能补拙是良训,一分辛劳一分才。"一个人要想追求真正的成功,就要立足长远,保持下苦功的底气和精神,以苦明志,以苦砺才,以苦养德,一点一滴地累积,一步一个脚印地前进,那么定会苦尽甘来。有一副对联说得好:"吃苦是良图,做苦事,用苦心,费苦劲,苦境终成乐境;偷闲非善策,说闲话,好闲游,做闲事,闲人就是废人。"古人又说"苦心人,天不负",相信只要我们学会吃苦,乐于吃苦,我们必将是一个能成功、有成就的人!

最后,希望同学们发扬吃苦精神,精进学业,不负青春!

2014 年 12 月

# 唤醒心中梦想 坚持创造辉煌

## ——在新学期第一次升旗仪式上的讲话

尊敬的各位老师、亲爱的同学们:

大家早上好! 今天我发言的题目是"唤醒心中梦想,坚持创造辉煌"。

同学们,也许你还陶醉在父母的关怀里,也许你还沉浸在家庭的温暖中,那么今天,请让我来唤醒你。唤醒你慵懒的情绪,唤醒你怠惰的灵魂,唤醒你心中的巨人!

就像一粒种子一定要伸出地面寻找阳光,经过一个春节的滋养我们也要张开双臂放飞梦想;就像一星火种一定会产生燃烧的欲望,我们也要想尽办法成就人生的辉煌!

所以,今天我要唤醒你的梦想。阿里巴巴总裁马云说:成功的路有两条,第一,有梦想。第二,坚持自己的梦想。成功者之所以成功,并不是只因为他们聪明,还是因为他们会坚持。有时候傻坚持比不坚持要好得多。

为了我们共同的梦想,新的学期我们要坚持做好以下几件事情。

### 一、坚持做好教学常规管理,使学校管理趋于精致

常规管理主要包含五个"一",即每天对贯穿教学过程的六个环节进行一次常规检查;每天对师生课前3分钟进班情况进行一次公布;每天对课堂学生表现进行一次通报;每周对教学过程中的问题进行一次分析;每月对教学的各种情况进行一次考核。

### 二、坚持做好年级管理,使年级工作顺利开展

首先成立由包级校领导、年级主任、年级助理、教导员、政教员组成的年级管理团队,强化常规教学的日常检查与督促,确保过程管理无失误。其次抓住班主任和备课组长两个人。班主任把好思想关、纪律关,做好学生的指导与教育工作;备课组长把好备课关、出题关、评价关,做好备、讲、考、辅、练、评工作。

### 三、坚持做好学生管理,使班级管理更加规范

班级管理重点开好3个会:即每周围绕学习纪律、学习目标、学习态度、学

习习惯、学习方法等内容进行一次主题班会；每两周针对优生成长情况进行一次座谈会；每月对班干部、课代表、小组长进行一次问卷调查会。

### 四、坚持搞好课堂教学，向40分钟要效益

为此，我们将做到四点：①备课模式化。加强集体备课，充分发挥备课组长和经验丰富的老师的作用，落实首席集备制度。备课组长对教师备课的教案进行审查，合格后签字。教师拥有组长签字后的教案方能上课。②授课个性化。在集体备课的基础上，结合学情进行授课，精心设计，凸显个性。课堂要求做到连续讲课不超过5分钟，课上要给学生提5个有价值的问题，课堂最后5分钟要进行围绕目标的课堂检测。③作业试卷化。把学校发的作业本变成错题本(好题本、知识本、积累本)，逐步实现作业试卷化。④自习考试化。没有特殊情况，自习课(午自习和晚自习)不得讲课。课前3分钟教师把准备好的限时训练或者学案发给学生，在黑板上写明要求，下课后收上来进行批阅。

### 五、坚持做好考试训练，让分层教学落到实处

我们坚持精选试题，不给同学们发错题、废题，不乱发题。讲评要实，有针对性，不面面俱到。

### 六、坚持做好培优补差，实现优生良性发展

新学期，我们要把培优做成与语文、数学、英语一样并列的课程。把下午第五节或者晚上第一节设为培优补差课，依据学科状况、学生情况，进行分类补差。推行联班教学，针对学生的弱项，请年级或学校优秀教师主讲，做出计划，排成课表，确保优生发展良好。

这些事情我们做好了，我们就能成功！为了把这些事情做好，今天我要唤醒你的梦想！

著名作家王蒙说："学习是一个人的真正看家本领，是人的第一特点，第一长处，第一智慧，第一本源，其他一切都是学习的结果，学习的恩泽。"要想实现梦想，我们就必须练好"学习"这个真正的看家本领！因为只有学习，才是成就梦想的原动力！

同学们，为了心中的梦想，让我们坚持努力、坚持勤奋、坚持学习！我们坚信：只要坚持到底，就能创造奇迹！

最后，祝同学们新春有梦想，马年创辉煌！谢谢大家！

2015年2月

# 内心强大　才能人生出彩

## ——2015届高考动员讲话

尊敬的各位老师,亲爱的同学们:

你们好! 今天我演讲的题目是"内心强大,才能人生出彩"。

众所周知,本周有一个人生当中最重要的考试——高考。每年的这个时刻,我都会站在这里为考生加油! 今年,我又站在了这里。

回眸学校生源的变化,感慨良多:2003年,学校迎来了第一届学生;2006年,学校迎来了第一届保送生;2009年,学校迎来了第一届分段式均分生源的学生;今年,登封市取消了保送生制度,所有九年级学生一律参加中考,我们将迎来第一届纯粹的均分生源的学生。三年一小步,六年一大步,嵩阳高中迈着矫健的步伐走出了自己的速度。此刻,面对所有的老师和同学,我想说一句感谢! 感谢你们为学校发展付出的汗水,感谢你们为学校进步做出的努力! 尤其要感谢2015届——现在的高三同学们!

回想三年前军训时你们飒爽的英姿,回想二月份百日誓师时你们豪迈的气概,回想郑州一测、二测、三测你们考出的成绩,我不仅心潮澎湃! 是你们用自己的实力向全市人民展现了我们嵩高的魅力! 是你们用自己的行动为高一、高二的学弟学妹们树立了成长的标杆! 是你们让嵩阳高中一次又一次赢得人们的喝彩!

我相信,面对即将到来的高考,你们会凭借因实力雄厚而练就的强大内心让自己的人生出彩!

因为内心足够强大,你会在接下来的6天备考时间里,按部就班,有条不紊。从早上进班读书,到晚上回宿舍就寝,一切都不紧不慢,大度而从容;不会让热水、热饭烫着身体,不会让凉菜、凉水冰坏肚子。从复习备考,到模拟热身,一切都井然有序,豁达而自信;不会因上火头晕感冒,不会因心急鼻血直流。我相信,你不会在复习时心猿意马,你不会在听讲时心不在焉,你不会在考试时敷衍了事;你不会课没上完就想着怎么卖书,你不会题没做完就想着怎么离校,你不会夜深了还在给同学发着短信。

因为内心足够强大,你会在 7 号、8 号两天的高考时间里,沉着应战,连创佳绩。两天时间,一共 4 场考试,很紧张,也很轻松。那时候,一切都在为你让路:公安部门会为你们清理外部环境,教育部门会为你们准备考试文具;考场上,有 3 名老师为你服务;考场外,有学校和年级做你的后盾;所有考点,都会为了你们把无关人员和干扰信息全部屏蔽。你只需安排好时间,掌握好技巧,按顺序、分步骤、用术语把会做的题全部做对,把难做的题做对一点,就可以顺利通关。

因为内心足够强大,你会接受这 8 天时间里可能发生的所有不愉快的事情。无论刮风还是下雨,无论生病还是失眠,都不会影响到你! 不管是身体还是心理,不管是物质还是精神,要记住,谁也不能阻挡我们成功的脚步。相信人的潜能,相信人的毅力! 4 科考试,只要有 3 科正常,你就会超常发挥,考出最佳成绩。相信我,相信学校,我们会和你们一起坚持到底,战斗到最后一秒!

高一、高二的同学们,在 4 月进行的期中考试中,你们也取得了优异成绩,谢谢你们。很快,期末考试在即,大家要静下心来,认真复习! 不管高考这段时间,你是在家里还是在学校,不要让老师和父母为了让你做作业一遍一遍地强调,不要让时间一分一秒白白地从你的身边溜走。从今天起,做个懂事的孩子,听话、努力;做个文明的学生,勤奋、执着;耐得住寂寞,守得住燥热,明年、后年的高考,你就会获得最大的成功!

高三的同学们,又吵又闹的同学,可能会变成你一生的知音;又爱又恨的班主任,可能是你这辈子的导师;这个有优点又有缺点的学校,也将会成为你人生最美好的回忆。让我们珍惜这短暂的时光,好好相处,好好学习,好好考试。相信你们会凭借雄厚的实力、强大的内心给自己、给父母、给学校一个满意的成绩!

谢谢你们! 祝福你们! 我的演讲完毕,祝大家节日快乐,高考快乐,永远快乐! 谢谢大家!

2015 年 6 月

# 有信仰就会有力量
## ——在新学年第一次升旗仪式上的讲话

尊敬的各位老师、亲爱的同学们：

大家早上好！今天我们在这里隆重举行第一次升旗仪式，请允许我代表学校向辛勤耕耘的老师们表示衷心的感谢！向认真学习并取得优异成绩的同学们表示诚挚的祝贺！同时也向刚刚走进嵩阳高中的新老师、一年级的新同学表示热烈的欢迎！

此时此刻，我想跟大家谈谈信仰。2012 年，一个叫刘玉洁的女生在一节语文课后，追着我问什么是信仰。我对她说，信就是相信，仰就是依靠。我们相信并靠它生存的东西就是信仰。她对我的回答似懂非懂，又追着问我的信仰是什么。我对她说，我的信仰是教育，我相信教育可以唤醒人、感化人、激励人、培养人，所以我就想尽一切办法、通过各种途径去做这样的事情。

今天，我又特意从网上搜索了一下，百度给出这样定义：信仰指对某种主张、主义、宗教或某人极度相信和尊敬，并把它奉为自己的行为准则。对照这个定义，我觉得我对教育的理解更深了一层。只有把教育当作信仰的人，他才会把教育做得更好。

推及学校，我觉得我们学校的信仰就是"严管真爱"，不管是作为一种办学思想还是一种教育理念，它都称得上我们的行动指南。

我们严密规划，在短暂的 12 年里，对学校做了 3 次顶层设计。建校之初，我们定下这样的目标：半年完成角色转换，1 年实现正常运转；2 年得到社会认可；3 年初见成效；4 年立足登封；5 年进入郑州郊县（市）重点高中竞争序列。2007 年，目标提前实现，学校又把目光放远，提出办名校、育名师、出名人的工作思路。我们以精致管理为底线，聚焦课堂、狠抓训练，把学校的声誉从中岳推至中原。今年，我们的视野更广远，盘踞河南，放眼中国，办有特色的名校，出有风格的名师，育高层次的名人。

我们严格管理,在短暂的 12 年里写下一个又一个奇迹。2004 年,登封市教育系统"四风"建设现场会在我校召开。2005 年,我校以优异的高考成绩和统考成绩引起社会各界关注。2006 年,我校通过郑州市标准化高中验收。2007 年,建校不满 4 年的我校一次性通过郑州市示范性高中验收,提前 1 年进入郑州市郊县(市)重点高中竞争序列。2008 年,登封市教体局把我校历年高比例超额完成教育局下达目标任务且进步神速的现象称之为"嵩阳高中现象"。2009 年,示范性高中招生分段均衡分配。2010 年,我校继连续 4 年获得郑州市普通高中教育教学先进单位的荣誉后又成为登封市唯一一所被评为郑州市普通高中竞赛先进单位的高中。2011 年,我校声誉远播,省市领导分别来到我校考察观摩。2012 年,我校第一届分段式均分学生毕业,应届一本上线 58 人,普通类本科上线 538 人,上线人数以绝对优势位居示范性高中第一名,创登封高中应届生教育的一个奇迹;2013 年,应届一本上线 105 人,普通类本科上线 534 人,两项指标均以绝对优势名列全市各高中第一名;2014 年,应届一本上线 133 人,普通类本科上线 573 人,目标达成率名列全市各高中第一名。2015 年,应届一本上线 153 人,超越兄弟学校所有一本上线数;普通类本科上线 630 人,完成率与绝对数均名列全市示范性高中第一名。应届生梁慧乐以 574 分的优异成绩夺取全市文科状元,冯文静以 567 分的优异成绩夺取全市文科第二名;应届生韩艺斐、李艺辉、许可畏分别以 643 分、639 分、638 分的优异成绩名列全市理科第三名、第六名、第七名。更为可喜的是,今年我们迎来了又一个生源变化:取消保送生,正取生完全均分。

我们严谨治学,在短暂的 12 年圆了出名师、育名人的梦想。在我校 172 位专任教师中,硕士研究生 51 人,为各高中之最,本科学历达标率为 100%。为进一步促进教师专业成长,我校坚持落实教育理论学习制度,坚持暑假教师集中培训、签订"师徒协议"、落实教师随高三质量预测"跟随考试"制度,坚持推行"五年高考 三年模拟"教师作业,与郑州一中建立教学共同体,实施教师培训"八个一"工程,构建起了符合校情的校本培训体系,有力地促进了教师学科能力的提高。目前我校拥有河南省骨干教师、河南省优秀教师、河南省优质课教师、河南省学术技术带头人,郑州市名师、郑州市骨干教师、郑州市优秀教师、郑州市优秀班主任、郑州市优质课教师、登封市名师、登封市优秀教师、登封市骨干教师、登封市优秀班主任、登封市优质课教师 100 余人,他们是发展学校的栋梁,培育学生的精英。

同时,一届届优秀学子也脱颖而出:2009 年我校冯梦柯同学以高考 664 分名列全市理科第一名的优异成绩被北大录取(本硕连读);2010 年,段亦轩同学被提前保送到武汉大学;2011 年,弋鹏玮、庞明露等百余名学生被华中科技大学、中国青年政治学院等全国著名大学录取;2012 年,王旭东、赵帅博、郭亚周等 300 多名学生被哈尔滨工业大学、中国政法大学等全国著名大学录取;2013 年,赵帅龙、贾惠婷、李凯艳等 400 多名学生被南开大学、华中科技大学、吉林大学等全国著名大学录取;2014 年,王宁、宋佳好、栗世豪、李洁琼等 500 多名学生被华中科技大学、武汉大学、重庆大学、四川大学等全国知名大学录取。2015 年,韩艺斐、李艺辉、许可畏、梁慧乐等 600 多名学生被中山大学、武汉大学、哈尔滨工业大学、山东大学等全国知名大学录取。

什么是严管?"严管"就是精致管理,重视过程和细节,体现一种严格、严密、严谨的科学态度;什么是真爱?"真爱"就是以心育人,把人的发展放到至高无上的地位,去追求真善美的理想境界。这就是我们嵩阳高中人的信仰。

说起信仰,我又想起昨天晚上 6:10 我在教学楼看到的景象:我看到三年级的同学刚刚返校就无所事事、废话不断;我看到二年级的同学一进教室就坐卧不宁、胡乱走动;我听到开学第一天高一新生就无所顾忌、口吐脏话。看着眼前文明、有序、大方、有礼的同学们,我不敢把你们与我昨天晚上看到的人相提并论。这不可能是你们,可又分明是你们!我苦思冥想,找到了同学们在无人监督的时候有这样不文明的言谈举止的理由,那就是缺乏信仰!一个不知自律的人是没有信仰的人,一个不想努力的人是没有信仰的人,一个不懂敬畏的人是没有信仰的人。

我知道高中是人生学习生涯中最苦的一段日子:你不能随心所欲想学什么就学什么,因为你要各科兼顾、均衡发展;你不能恣意任性想干什么就干什么,因为你要遵规守纪、修身养性;你不能想考就考想不考就不考,因为你奋斗的最终结果要靠分数来呈现。正是因为苦,我们才要有信仰。因为信仰不仅是你的信任所在,还是你的价值所在。

学校的信仰是严管真爱,老师的信仰是教书育人。因为有信仰,学校坚持精致管理,落实常规,深化课改,周练周测,量化考核;因为有信仰,老师坚持守住学校、守住岗位、守住学生。

信仰很大,关乎国家;信仰也很小,关乎我们每一个人。进入高一、升到高二、面临高考,信仰将是我们实现梦想的力量,请拥有信仰吧!

因为有信仰,你将会养成一个习惯:守时守纪,专心学习,心无旁骛,竭尽全力。因为有信仰,你将会明确人生方向:扎根嵩山之阳,咬定名校金榜,练就深厚功夫,创造人生辉煌;因为有信仰,你将会永不放弃行动:落实目标,持之以恒,坚忍不拔,直至成功。

同学们,去拥有信仰吧!你将因为信仰而伟大!

2015 年 8 月

# 说普通话 做好学生
## ——2015年"推普周"旗下演讲

尊敬的老师、亲爱的同学们：

大家好！今天我演讲的题目是"讲普通话 做好学生"。

什么是普通话？普通话是"以北京语音为标准音，以北方话为基础方言，以典范的现代白话文著作为语法规范"的现代汉民族共同语。我国是一个多民族、多语言、多方言的人口大国，推广普通话、推行规范汉字，事关历史文化认同、传承和经济社会发展，事关国家统一和民族团结，是涉及国家核心利益的战略举措。从1998年起，每年9月的第三周都会在全国开展"推广普通话宣传周"活动。本周是9月的第三周，今年是全国推普活动的第十三年。本届活动的主题是"规范使用国家通用语言文字，弘扬中华优秀文化传统"。

也许你觉得"推普周"活动，不过是一项活动，何必兴师动众。可是作为老师，我却深深地知道它的意义与众不同。当你庄严地看着冉冉升起的五星红旗的时候，当你有力地唱起雄浑的国歌的时候，当你郑重地举起右手面向国旗宣誓的时候，你要知道，普通话和它们一样是我们国家和民族的象征。

说好普通话，大而言之，有利于合作交流，有利于国家发展；小而言之，有利于相互沟通，有利于个人成长。20年前，学校里流行"学会数理化，走遍天下都不怕"。现在，社会上流传"会说普通话，走遍天下都不怕"。我们看到来华使者，学普通话成了必修课；我们看到，山村老妪，进了普通话速成班。那么，作为传承祖国文化、弘扬中华文明的学生，我们有理由让普通话进入我们的生活，成为我们的朋友。

可能有学生会说，普通话？我早就会了！上幼儿园时就学了。可是让我们仔细想想，课堂上，你是否常常看到这样一些同学，课文用普通话读，问题用登封话说？校园里，你又是否常常听到有人把"结束"说成"jiesu"，把"这样"叫成"zeyang"？还有人把"娘啊"说成"niayo"，等等。这些现象只要你留心,你就会发现它就在我们身边。有时候,我常常会为同学们高超的语言结合能力而感叹,我们可以不费力气地把普通话与登封话串在一起,而自己丝毫不感觉别扭。

诚然,作为登封人,应讲登封话。可是作为学生,推广普通话也是我们义不容辞的责任。对我们而言,讲好普通话,有利于提高个人修养,有利于提高社会形象。大家都知道今年登封申报世界文化遗产获得了圆满成功,那么作为一个国际性的小城,普通话必定会给它带来更好的发展前景,而我们作为登封的一分子,自然应该全力助推家乡的发展。

当然会说普通话,也并不等于文明!用普通话骂人则更是我们所不齿的行动。所以,同学们,让我们和着金风,伴着文明,告别脏话,携着真诚开始"推普"之旅吧。开一次主题班会,办一次推普板报,做一次社会不规范用字调查,说一口流利的普通话。这就是我对大家最简单的要求!

一年一度"推普周",说话写字竞风流。同学们,行动起来吧!我的演讲完毕,谢谢大家!

2015 年 9 月

# 更快　更高　更强
## ——在2016年迎元旦升旗仪式上的讲话

尊敬的各位老师、亲爱的同学们：

大家早上好！今天是2015年12月28日，再有3天，2016年的钟声就会敲响！此刻，我站在新年的门槛上，代表学校向全体师生表达嵩阳高中新年的愿望，那就是更快、更高、更强！

2015年，是让人难忘的。

这一年，我们的高考成绩令人瞩目：一本上线167人、二本上线469人，无论是上线人数，还是完成率均以绝对优势位居全市第一名；文科的梁佳慧、冯文静也以优异的成绩获得全市第一名、第二名的殊荣。

这一年，我们的体育健儿令人自豪：在登封市中小学球类运动会上，我校男篮、女篮不畏强手，勇夺桂冠；在登封市中小学生田径运动上，我们的运动员顽强拼搏，独占鳌头；在郑州市举行的三人制篮球赛上，我们又表现出众，打进前八。

这一年，我们的教师成长可圈可点：吴颖超校长被评为登封最具魅力的校长；康小铭、王晓潘、姚三丽被评为登封最具魅力的老师；张兴辉老师获得了河南省优秀教师的荣誉称号；赵瑞丽老师获得了郑州市优秀教师的荣誉称号。我校还有8位老师成为登封市优秀教师，有22位老师成为登封市优质课教师，有25项课题获得省市级的表彰奖励。

这一年，我校的综合实力持续攀升。我们的教学设施得到了更新和完善；我们迎来了第一届完全均分生源的学子；我们受到了社会各界的广泛赞誉；我们成为登封老百姓心中的首选高中。

然而，这一年，我们也有不足。我们的课改意识还不够强；我们的学习效率还不够高；我们的行为习惯还不够好；我们的各层管理还不够严。

2016年，是令人向往的。

这一年,我们要让学校发展得更快。我们会坚持"严管真爱"办学理念不动摇,进一步修订完善各项规章制度,深入推进学校民主化管理进程,为学校稳步发展奠定坚实基础;我们会深化学校人事和分配制度改革,进一步完善职称评定、绩效工资、奖金分配等各项工作方案,修订荣誉制度,最大限度调动教职工工作积极性,为学校快速发展提供强大动力。

这一年,我们要让学生素质提得更高。我们会优化课堂教学流程,努力实现"三阶段"教学模式和翻转课堂理念的有机融合,持续抓好小组互助合作学习,努力提高课堂教学效益,为学生健康成长提供强力支撑。我们会继续开办名师讲座,协助办好相阳科学应考特训班,开展学科竞赛,开发培优课程,努力突破制约高端学生培养的瓶颈,为学生良性发展积蓄超高能量。我们会切实抓好"三案一训"学生管理,以"班级、小组、学生个人操行"三个量化考核方案为基本抓手,努力培育学生良好的行为习惯,为学生成功成才提供素质保证。

这一年,我们要让学校实力变得更强。我们会继续努力,把师生的期待变成行动,把家长的希望变成现实。我们要让课堂和训练如鸟之两翼、车之两轮,推动学校大幅提升一本的目标如期实现。

同学们,为了实现更快、更高、更强的愿望,我呼吁:在新的一年里,让我们远离懒惰,做一个勤奋的人;远离颓废,做一个积极的人;远离抄袭,做一个诚实的人;远离粗俗,做一个文明的人;远离自私,做一个友善的人;远离小我,做一个有大境界大格局大目标的人!

在新的一年里,让我们和老师一起践行嵩高精神:踏实肯干、任劳任怨、不计报酬、无私奉献。

我们的目标是远大的,我们的奋斗必将是艰巨的。全体师生唯有心往一处想,力往一处发,集思广益谋求高效,戮力同心奋发有为,我们的学校才会越办越好,同学们的前途才会越走越宽!嵩阳高中就会从事实上、理论上、行动上、思想上成为真正的大嵩高!

最后,请大家接受我最衷心、最诚挚的新年祝福:祝同学们思想进步、行为规范,成绩更进一步!祝老师们身体健康、阖家幸福、事业再上层楼!

我的演讲完毕,谢谢大家!

2015 年 12 月

# 好习惯成就好人生
## ——2016年文明礼貌月演讲

尊敬的各位老师、亲爱的同学们：

你们好！今天我演讲的题目是"好习惯成就好人生"。

想跟大家谈习惯的念头由来已久。从去年高三开学第一天一部分学生因外出吃饭返校迟到，到现在高二个别同学因老师监考严格公然出言不逊，再到高一快班的同学在体育课上拿着手机玩耍，这些事看起来是多么微不足道！一次不是故意的迟到，一句气头上的脏话，一回无所谓的玩耍！可是这每件事情的后面，无不写着两个字——习惯！正是因为我们没有养成一个为人处世的好习惯，才会导致上述不应该、不文明、不愉快的事情发生！

而实际上，我们的校园不止这些！听听我们的课间和午休前，就知道有多少人在公众场合无所顾忌大声喧哗；看看我们的实验室、会议室、阅览室和阶梯教室清出的垃圾，就知道有多少人在听课、考试期间旁若无人乱吃东西随意丢弃杂物。如果回到教室再看看我们如何读书、如何上课、如何自习，我们总是能找到睡觉的人、看小说的人甚至玩手机的人，还有转笔、玩头发、扔纸蛋儿、递纸条、抠手指头，不一而足。可以说，凡是可以用来玩儿的小玩意，都会出现在同学们的桌斗里、口袋里，还有借故去厕所实际去抽烟的瘾君子，在餐厅坐在一起亲密吃饭，下了夜自习迟迟不回宿舍的男生、女生……这些现象反映出了什么问题？

是的，习惯！我们的习惯是把太多的精力浪费在无意义的事情上！这种习惯直接延伸到能够实现我们人生价值、表现学生本质的学业上，就是读书不张嘴，写字不工整，听课不专心，做题不规范。因为没有一个读书的好习惯，所以该记的内容记不住，应会的东西不清楚，拥有的知识太有限；因为没有一个写字的好习惯，所以一写作业书面就搞得又脏又乱，甚至写个检查都让人无法分辨；因为没有一个专心听课、规范答题的好习惯，所以每次测验都无法交出让自己满意的答卷。

面对我所列举的种种,我曾不止一次地有过这样的冲动:我要写一个"告全体女生"倡议书,还要写一个"告全体男生"的倡议书。我要倡议同学们养成好习惯,去掉坏习惯。因为不能养成一个好习惯,便不能有所建树;不能去掉一个坏习惯,便不能有所作为。

今天,借此机会,我向同学们发出如下倡议:

### 第一,学会尊重,让尊重成为一种习惯

干净是一种尊重。上体育课的时候,保持运动场干干净净;走在校园里的时候,保持路面干干净净;来到公共教室的时候,保持地面桌斗干干净净:做到了这些,你就做到了尊重。杭州有位校长有一个惊人的发现:他说,孩子成绩好坏与抽屉有关。那些桌斗整洁的孩子,成绩都十分优秀。可是看看我们的桌斗,本来是放书的地方,却被吃的、玩的、用的占得满满当当。如果今天你清理了,你就学会了尊重。

安静是一种尊重。在公共场合,任何人都没有权利勉强别人听自己的声音。喧哗不是任性,更不是开朗,恣意放纵地高谈阔论是不懂得尊重;随心所欲地放声大笑或者尖叫更是不懂得尊重。我常常想,同学们如果把在课间大声吵闹的劲头用在读书上、学习上,不知道你们会变得多么优秀! 静能生智,静能生慧。如果你想做一个有智慧的人,就请在公共场合学会安静。

文明谈吐是一种尊重。我常看到有学生长相清秀,却口吐秽语;我也遇到个别学生不服管教,无理取闹;我也听到有学生目无尊长,蛮不讲理。这些都是人所不应有的恶习。只要你觉得自己是一个人,就必须接受礼仪的约束,否则,与禽兽何异? 想想父母是为了谁,老师又是为了谁? 一味地放纵自己,不知道天高地厚,目空一切,最终必作茧自缚,自食其果。学做一个文明的人,你将会显得有教养、有涵养、有修养。

### 第二,有所敬畏,让敬畏成为一种习惯

敬畏法规。我们要敬畏国家法律、学校纪律。歌德有句名言:"一个人只要宣称自己是自由的,就会同时感到他是受限制的。如果你敢于宣称自己是受限制的,你就会感到自己是自由的。"所有的自由都是在法规、校纪的框架之内。如果脱离了法规、校纪,你将无法获得真正的自由,就像开车过十字路口,如果没有红绿灯,人人都按照自己的意愿开车,必然造成交通堵塞。

敬畏师长。昨天我去郑州十九中听课,每遇到一个学生都会听到一声

"老师好!"我们素不相识,可是一声"老师好"却一下子接近了距离,让人倍感亲切!在我们学校,没有强调大家养成在路上遇到老师问好的习惯,但也决不希望看到同学们没有一点敬畏古呼老师姓名,决不允许同学们因为学业问题对老师或者同学大骂出口!今天之前,你说过做过,我们就觉得你小,不懂事;今天之后,你就长大了,知道了,无论是同学还是老师,都要心存敬畏!

敬畏我们周围的一切。对父母心存敬畏,因为这个世界上他们是最爱我们的人;对学习心存敬畏,因为知识能改变你的命运;对考试心存敬畏,因为考试彰显的是你的能力和诚信;对同学心存敬畏,因为他是和你一起奋斗的人。

敬畏不是害怕,敬畏是为了你敢于担当,更加勇敢!

### 第三,刻苦学习,让专心成为习惯

学习是一件苦差事,可是,吃苦是良图,做苦事用苦心费苦劲,苦境终成乐境。如果我们在学习的年龄,错过了学习,就等于荒废青春,就会错过一生。在现阶段,没有什么比学习更重要的事情。家庭再富,那是父母的血汗;玩乐再好,终是一场虚空;面貌再美,未必经得起时间的考验。唯有学习,专心学习,将会帮助你实现梦想,走向成功。

同学们,今天我在你们的头脑里播下一种思想,就是让尊重、敬畏、专心成为一种习惯;我希望你们把它变成行动,让这种行动成为一种常态,成为你做人做事的必然,那样你就养成了好习惯。有了好习惯,就会有好性格,有了好性格,就会有好人生!

高三的孩子们,本月29号、30号,我们将迎来郑州市第二次质量预测,我希望你们养成沉着冷静的好习惯、扣题答题的好习惯,一科一科认真考,一题一题仔细算,合理安排时间,清晰书写答案,打赢百日冲刺第一仗,让胜利成为我们的习惯!

我的演讲完毕,谢谢!

2016 年 3 月

# 挑战不可能　让梦想变成现实

## ——2016 年高考动员

尊敬的各位老师、亲爱的同学们：

你们好！今天我演讲的题目是"挑战不可能，让梦想变成现实"。

大家都知道，一周后有一个人生最重要的考试——高考。每年的这个时刻，我都会用这样一种形式为考生加油！今年，我又站在了这里。

站在这里，我的内心有着莫名的感动。昨天晚上写演讲稿，心血来潮进了"嵩阳高中贴吧"。我看到了这样的话："我在北大。我为嵩高学子加油！""我在江苏大学。为嵩高学子加油！""想起去年高三时候的我，又到高考季了，嵩高加油哟！""2011 届毕业生预祝嵩高学弟学妹高考旗开得胜！"高三的同学们，你们知道吗？你不是一个人在奋斗，除了父母、老师、同学，还有那些你未曾谋面的在大学里等着你们的学长、学姐！

站在这里，我突然想起 3 年来你们在学校的点点滴滴。军训场上，你们用坚毅和刚强接受阳光的洗礼，用整齐有力的步伐向学校证明了自己；运动会上，你们用拼搏和执着挥洒如雨的汗水，用优异的成绩为学校夺得一个又一个荣誉；教室里，有你们刻苦读书的声音；考场上，有你们奋笔疾书的身影。我的印象里也并不只有成绩，还有你们在求学当中犯过的错误、走过的弯路。高一时的迷茫、高二时的荒唐，到了高三都演绎为成长。不经一番寒彻骨，哪得梅花扑鼻香？祝贺你们，变得懂事、变得守纪、变得文明！你们成了学校一道独特的风景！

3 年前，你们怀揣梦想来到嵩阳高中，3 年后，你们又要从这里起航，去实现更加绚丽的人生梦想，去谱写再加壮美的人生乐章。为此，我代表学校，向大家提出希望：挑战不可能，让梦想变成现实。

中央电视台有个节目叫《挑战不可能》，那里的每一个人都很平凡，但他们从"勇敢"出发，对自身的生命潜能做了最大限度的开发，他们用事实告诉我们平凡的生命也可以有极致的表现。我们也一样，每一个平凡的生命都蕴含着丰富的矿藏，即使还有一周，我们依然可以释放巨大的能量！

挑战不可能，首先要有一颗平常心，立足当下，宁静致远，在候下末的7天备考时间里，有条不紊，按部就班。从早上进班读书，到晚上回宿舍就寝，一切都井然有序：不会让热水、热饭烫着身子，不会让凉菜、凉水冰坏肚子。从复习备考，到模拟热身，一切都镇定从容，不会因天凉导致感冒，不会因天热烦躁不安。我相信，有了平常心，你不会在复习时心猿意马，你不会在听课时心不在焉，你不会在考试时潦草敷衍，你不会课没上完就想着怎么卖书，你不会题没做完就想着怎么离校，你不会夜深了还在刷着微信跟人聊天。要高考了，行动的速度可以更快一些，但心灵永远都是安宁的！

挑战不可能，其次还要有一颗自信心。自信是成功的第一秘诀。因为自信，剩下这段时间无论生病还是失眠，无论考好还是考差都不会影响到你！不管是身体还是心理，不管是物质还是精神，要记住，谁也不能阻挡我们成功的脚步！因为自信，你会在7号、8号两天的高考时间里，沉着应战，连创佳绩。两天时间，一共四场考试，很紧张，也很轻松。要知道，没有哪一次考试像高考一样有那么多人为你服务！公安部门会为你们清理外部环境，教育部门会为你们准备考试用品。考场上，有3名老师为你服务；考场外，有学校和年级做你的后盾；所有考点，都会为了你们把无关人员和干扰信息全部屏蔽。你只需安排好时间，掌握好技巧，按顺序、分步骤、用术语把会做的题全部做对，把难做的题做对一点，就可以顺利通关。从某种程度上讲，4科考试，只要有3科正常，你就会超常发挥，考出最佳成绩。相信自己，你就能超越自己！

挑战不可能，最后还要有一颗恒心。我们都知道，难在坚持，贵在坚持。前NBA明星科比曾经坚持每天清晨四点就起床进行体能训练和投篮练习，十几年如一日，最终他成了一个万众瞩目的明星。在这仅有的10天里，我们最需要的也是坚持。坚持避开每一个误区，坚持纠正每一处错误，坚持做对每一个题，坚持到8号下午英语考试的最后一秒。那样，我们也可以缔造成功！

拥有了平常心、自信心和恒心，不可能就会变成可能，梦想就会变成现实！

高一、高二的同学们，高考之后，我们会马上迎来期末考试。大家要静下心来，认真复习！不管高考这段时间，你是在家里还是在学校，你是在宿舍还是在餐厅，不要让老师为了让你做作业一遍一遍地强调，不要让父母为了你的学习一遍又一遍督促。从今天起，做个懂事的孩子，听话、努力；做个勤奋的学生,刻苦、执着;耐得住寂寞,守得住燥热,明年、后年的高考,你也可以书写传奇!

高三的同学们,又吵又闹的同学,可能会变成你一生的知音;又爱又恨的班主任,可能是你这辈子的导师;这个有优点又有缺点的学校,也将会成为你人生最美好的回忆。无论你们走得多远,我们的心总是和你在一起。你见,或者不见,我们就在这里,不悲不喜;你跟或者不跟,我们的手就在你手里,不离不弃!让我们珍惜这短暂的时光,好好相处,好好学习,好好考试,挑战不可能,让梦想变成现实!

最后祝大家身体健康,心情愉快,高考高中!我的演讲完毕!谢谢大家!

2016 年 6 月

# 我有一个梦想

## ——在新学年第一次升旗仪式上的讲话

尊敬的各位老师、亲爱的同学们：

大家早上好！今天我们在这里隆重举行新学年第一次升旗仪式，请允许我代表学校向辛勤耕耘的老师们表示衷心的感谢，向认真学习并取得优异成绩的同学们表示诚挚的祝贺，同时也向刚刚加入嵩阳高中团队的新老师们、一年级的新同学们表示热烈的欢迎！

今天，我演讲的题目是"我有一个梦想"。说起梦想，要回到13年前。那是2003年，嵩阳高中成立，我和许多老师一样成为学校的一员。为了上好第一节课，我想了许多开场白。最后我选中了一条谜语，谜面是"文心雕龙"，打一字，让学生猜我姓什么。是的，同学们很聪明，很快就有人想到了"刘"字。这个谜语我用了13年，每年开学，除了我的姓氏外，我都要告诉学生它所蕴含的意义。这个意义就是我的梦想。"文心雕龙"，我渴望用我这颗受过博大精深的中国文化浸染的心把师生都培养成行业翘楚，人中龙凤。

是的，我有一个梦想，就是希望同学们今天是嵩高学子，明天是国家栋梁！希望老师们今天也许名不见经传，明天一定传遍天地四方！

那么，我的梦想如何实现呢？四个字：严管真爱。什么是严管？"严管"就是精致管理，重视过程和细节，体现一种严格、严密、严谨的科学态度；什么是真爱？"真爱"就是以心育人，把人的发展放到至高无上的地位，去追求真善美的理想境界。

在严管真爱的统领下，我们创造了连年高比例完成教体局分配目标任务的嵩阳现象，缔造了分段均分生源后一本上线人数五连增的嵩阳奇迹，我们还将实现一本、二本人数大量增加的嵩阳攀升。

所以，我们会把管理做得更加精致。学校将从管理制度、管理对策、工作方法、榜样引领四个方面构建管理平台：围绕学生学习和教师教学建立质量提升工作体系,围绕学生管理与课堂教学建立年级工作管理体系,坚持抓常规管理,夯实生存线;抓创新管理,拓宽生命线,抓人本管理,握紧感情线,抓队伍管理,服务事业线。

我们会把育人做得更加精心。"为学生服务,让学生满意""关怀你成长,帮助你成功"是我们践行的育人宗旨;"踏实肯干,任劳任怨,不计报酬,无私奉献"是我们汇聚的育人精神。我们会完善制度,使之更加公平、公正、合乎人性;我们会营造氛围,使之更加温馨、和谐,利于成长;我们会丰富活动,使之更加有声、有色,张扬个性;我们会推进课改,使之更加有趣、有效,涵养思想。

为此,我对工作和学习提出五个"三":三严:严格要求、严密组织、严谨治学;三实:为人实在、办事实际、务求实效;三精:精心策划、精准管理、做成精品;三真:真情实感、真抓实干、真才实学;三早:及早准备、趁早实施、尽早提高。做到了这些,我们的管理就会更加精致,我们的师生就会更加卓越。

不忘初心,方得始终。初心是什么? 初心,就是在人生起点所许下的梦想,是一种积极进取,奋力拼搏的状态,是一个人健康成长的力量。(引自张国臣教授的《坚持开拓创新推进马克思主义中国化》)每一个进入嵩阳高中的老师,都有自己的教育梦;每一个考上嵩阳高中的学生,都有自己的升学梦。所以,我想说,坚持自己最初的心愿吧,只要你一如既往,坚持到底,三年,只需三年,你的人生将实现华丽的转变。

昨天,我们学校图书馆的捐赠者张国臣教授针对中国女排夺冠,给我发来一条短信:团结奋拼搏,艰辛奏凯歌。常怀初始意,方获桂冠多! 这首小诗区区 20 个字,却蕴含着深刻的道理:无论个人还是团队,成功的路上,离不开坚持,少不了艰辛;只有奋力拼搏,团结一致才能收获累累硕果。

当前,嵩阳高中正行进在夺取桂冠的路上。历经十三年,我们的翅膀已经坚硬,我们的躯体已经茁壮,只要我们抱定目标,众志成城,嵩阳高中一定会凯歌高奏,中原一流。

为了实现梦想,我还要对同学们提几点希望:

### 第一,高一层着眼,深一层存心

高中是人生学习生涯中较苦的一段日子:你不能随心所欲想学什么就学什么,因为你要各科兼顾、均衡发展;你不能恣意任性想干什么就干什么,因为你要遵规守纪、修身养性;你不能想考就考想不考就不考,因为你奋斗的最终结果要靠分数来呈现。所以,你要站得高一些,看得远一些,想得深一些,那样你就比别人走得快一些,到得早一些。

### 第二,用方法学习,靠智慧取胜

要学习,先做人。从某种意义上讲,你的意志品质决定了你的思维品质。在能力的需求下,在知识的海洋中,如果你没有智慧,单靠蛮力,你将无法完胜。每一个知识点的形成都有规律,每一个能力点的考查都有技巧,如果你不去洞悉方法,你将无法做到举一反三,触类旁通。

### 第三,养成一个习惯,培养一种胸怀

不能养成一个好习惯,难以有所建树;不能去掉一个坏习惯,难以有所作为。好习惯使人终身受益。对同学们来讲,这个好习惯就是不畏艰辛的习惯,是坚持到底的习惯,是争做优秀的习惯,当你拥有了这些习惯,你的视野会开阔,你的心胸会宽广,你才有能力接受修身、齐家、平天下的担当!

老师们,同学们,一万年太久,只争朝夕。请记住我的梦想,你的梦想,让我们一起为嵩高的发展凝聚力量!

最后,祝同学们学习优秀,品质高尚;祝老师们工作顺心,身体健康;祝嵩阳高中步步稳健,年年辉煌!

我的演讲完毕,谢谢!

2016 年 8 月

# 超越梦想 走向辉煌

## ——2016级新生开学典礼上的讲话

尊敬的各位领导、各位老师,亲爱的同学们:

大家好!

今天,我们在这里隆重举行2016级新生开学典礼。值此盛会,我代表学校,向各位新同学表示最诚挚的祝贺和最热烈的欢迎!祝贺你们通过努力顺利成为重点高中的学生,欢迎你们加入蓬勃向上的嵩阳高中。

军训一周,你们给我最大的震撼就是整齐的军姿、雄壮的誓言!看着你们年轻的面孔,听着你们愉快的歌声,想着你们冒雨会操的情形,我的内心充满了感动,嵩阳高中将会因为你们而不同!

如果把学校看成一个人,那么嵩阳高中还是一个少年。她才刚刚13岁,比我们在场的任何一位都要年轻;可是,论成长,我们中的每一位都没有她快,更没有她强。虽经短短13年,她却已经荣誉等身。河南省文明学校、河南教育变革榜样学校、河南省园林单位、河南省"绿色学校"、河南省安全校园展示活动优秀学校、郑州市人民满意学校民主评议先进单位、郑州市教科研工作先进单位、郑州市校园网示范学校、郑州市电化教育工作先进单位、郑州市教育工作先进集体、郑州市普通高中教育教学先进单位、郑州市文明标兵学校、郑州市师德先进单位、郑州市普通高中学科竞赛先进单位、郑州市依法治校示范学校、郑州市中小学德育工作先进单位、郑州市教育系统安全工作先进单位、郑州市语言文字规范示范校、郑州市花园式单位、郑州市五好党支部基层组织、郑州市学校行风建设工作先进单位、郑州市教育管理先进单位……这样的成长速度,我们除了惊叹还是惊叹!

有学生私下谈论,我不上嵩阳高中,因为嵩阳高中管得太严了!

没有调查就没有发言权。我敢说,这样讲话的学生,要么没有真正上过嵩阳高中,要么就是到哪儿都不讨人喜欢。只有真正来过、上过、感受过,你才知道嵩阳高中到底严还是不严,"严"又是怎样一个严法? 今天我告诉你,这个"严"是严格、严密、严谨,它是我们嵩高人办学的一种科学态度,是我们嵩高人追求的一种管理境界,是精致管理。诚如 2011 届学生白银瑞所说,这种严"以父亲般的深沉默默改变着踏上嵩高这片土地的学子的心灵,这种严以母亲般地细腻处处闪现着人性的光辉"!

更重要的是,"严"的背后藏着真正的"爱"。让我们来回忆一下:开学第一天,是谁提醒你怎样睡觉怎样吃饭;军训期间,是谁陪着你呵护你? 想家的时候,是谁与你谈心? 苦恼的时候,是谁给你指点? 是班主任,是任课老师,是学校领导。放学时间提前,开饭时间提前,一切都让高一新生优先,这是什么? 这就是爱,是学校对学生的关爱。

强调纪律是因为爱,严格要求是因为爱,谆谆告诫是因为爱。"严管的核心是真爱"。正是因为严管,我们才培养了一届又一届英才。

大家从一组高考数字里可以得到印证:高考普通类本科上线 2006 年 19 人,2007 年 129 人,2008 年 252 人,2009 年 376 人,2010 年 576 人,2011 年 627 人,2012 年 792 人,2013 年 785 人,2014 年 824 人,2015 年 777 人,2016 年 831 人。从最初的十几人到现在的 800 多人实现了令人难以想象的飞跃,分段均分生源以后,我校应届发展势头尤其强劲。

从 2012 年到 2016 年,我校一本上线人数实现 5 连增,2012 年,应届一本上线 58 人;2013 年,一本上线 105 人;2014 年,一本上线 133 人;2015 年,一本上线 153 人;2016 年,一本上线 163 人,实现分段均分生源一本上线 5 连增。本科上线,2012 年,应届普通类本科上线 538 人;2013 年,上线 534 人;2014 年,上线 573 人;2015 年,上线 630 人;2016 年,上线 741 人。无论纵比还是横比,嵩阳高中的成长都首屈一指。

同学们想一想,生源基础没有人家好,学生总数没有人家多,我们凭什么能一而再、再而三地超越兄弟学校,站稳登封高中教育的制高点?

是"严管真爱"的管理理念,是"为学生服务,让学生满意"的办学宗旨,是"关怀你成长,帮助你成功"的服务承诺,是"踏实肯干、任劳任怨,不计报酬,无私奉献"的嵩高精神。这些经典是嵩阳高中成功的法宝,是嵩阳高中人做人的风格、做事的习惯。

嵩阳高中,就是这样一个地方,只要你愿意,她就会倾尽全力帮你实现梦想。

2009年以高考664分名列全市理科第一名的优异成绩被北大录取（本硕连读）的冯梦柯；2010年，被提前保送到武汉大学的段亦轩同学；2011年，被华中科技大学、中国青年政治学院录取的弋鹏玮、庞明露；2012年，被哈尔滨工业大学、中国政法大学的王旭东、赵帅博；2013年，被南开大学、吉林大学录取的赵帅龙、李凯艳；2014年，被华中科技大学、武汉大学录取的王宁、宋佳好；2015年被山东大学、中山大学录取的梁慧乐、韩艺斐；2016年被华中科技大学、中国青年政治学院录取的韩浩祺、张瑞，哪一个不是在嵩阳高中潜心学习3年，最后一飞冲天？

所以，我想真诚地对同学们说一句：人生关键的第一步，你走对了。事实证明：来到嵩阳高中，说明你有运气、有福气。在这里，只要你持之以恒地努力，只要你坚持专注地学习，只要3年，嵩阳高中必定会给你一个满意的答案。

我这样说，不仅因为我们已经取得的成绩，还因为我们拥有助你走向成功的优越条件。

一流的硬件：建校10年，学校累计投资2 000多万元，使办学硬件得到了不断改善。建成了全省一流的多媒体网络系统，实现了班班通及教师电子备课，为实施现代化管理和师生学习、了解最前沿信息提供了更好的平台；建成有400米塑胶跑道及人工草坪足球场的运动场、10个聚丙烯篮球场、1个PU排球场，乒乓球、羽毛球等其他体育设施一应俱全；建成了国内一流的理化生数字化探究实验室，为学生操作实验和演示实验提供了最便捷的理解通道；建成了省内一流、功能齐全的录播教室，为名师授课、网络直播提供了极好的学习平台；教室内崭新整齐的课桌凳，学生宿舍更换一新的铁床，方便了同学们的学习和生活。校园内的一切建筑物和设施，到处彰显活力和生机，给学生家一样的感觉，春一样的温暖。

一流的师资：10年来，我校的优秀教师发展经历了一个从无到有、从有到优的过程。目前，学校高级教师32人，一级教师68人，学历达标率100%，其中研究生学历56人。除了新上岗老师外，几乎每个老师都获得过层次不同的荣誉。其中河南省学术技术带头人3人、骨干教师6人、优秀教师5人、文明教师2人；郑州市名师1人，郑州市学术带头人1人，郑州市优秀教师11人，郑州市优秀班主任10人，郑州市师德先进个人13人，郑州市骨干教师9人；登封名师2人，登封市教学标兵6人，登封市教坛能手23人，登封市优秀教师72人，登封市优秀班主任33人，登封市级骨干教师39人，登封市专业技术拔尖人才5人。

一流的校风:在我们学校,从领导到老师,从学校到班级,全方位、无盲区的管理给同学们创造了宜人的生活环境、和谐的学习环境、安静的课堂环境,它使我们想学习的人能够学好,不想学习的人不得不学。

一流的学风:有个学生曾经写过这样一首诗来表达她的心声:

教室里,冲破寂静的第一声呐喊,越来越早//我们相信,不久,它可以呼风唤雨//宿舍里,与黑暗抗争的灯光,越来越晚//我们相信,不久,它可以带来黎明//校园里,奔跑疾走的身影,越来越快//我们相信,不久,它可以走向辉煌……

所有年轻的战士//请抬起头,看看远方正在闪光的梦想//请静下心,用心完成每一次堪称完美的艺术作品//直到六月,在青春的战场//我们相信,这个夏天//樱桃会红,芭蕉会绿//我们的胜利,一定会到来。

是的,嵩阳高中就是这样,每一届学生都在实现梦想、超越梦想。作为新一级的嵩高学子,我们也要把这个责任扛在肩上,记上心上,落实在行动上。为此,我对同学们提三点希望:

一、常想人生之志。高中经常有一种现象:上学的年级越高,志向越小。曾经立志上清华北大的,到了高中变成了普通的一本、二本、甚至三本。是什么导致我们的志向缩了水?是习惯、是行动、是成绩。我们不断地迁就自己,不断地给自己的坏习惯和懒惰寻找各种借口,导致成绩下滑,学习退步,最终不得不把自己的志向变小。我今天讲同学们常想人生之志,就是希望同学们在想偷懒的时候、颓废的时候、懈怠的时候,把志向记在心头。有志向的人是睡不着觉的,同学们用自己的行动证明了这一点。有志向的人,会有无穷无尽的力量。只要你怀揣梦想,坚持奋斗,不管你的志向有多大,最终都会成为现实。为了帮助大家实现梦想,我们将从本周起,聘请我们学校的骨干教师为大家开9个学科的初高中衔接课程,共26节次,希望同学抓住个机会,认真听课,先行一步。

二、常怀敬畏之心。敬畏,就是既敬重又畏惧。我们要敬畏什么呢?敬畏制度、敬畏规范。我们每年都要编印《严管真爱——嵩阳高中德育读本》,旨在让同学们明白怎样做才是一个合格的中学生。但据调查,有许多同学,对我们这本小册子，不重视、不学习，漠视规范与纪律。这就是缺乏敬畏的表现。开学这些天来，我们有些学生参加广播站招新时在路上大声喧哗；早上出操时步调不够一致，口号不够响亮，部分学生吃完饭不进班在教室外打闹、进班后不翻书无所事事，这些都是因为我们缺少一颗敬畏之心。听课的时候，没有对老师的敬畏，你就会打瞌睡；做题的时候，没有对知识的敬畏，你就会犯错误。所以，我希望同学们常怀敬畏之心。一个常怀敬畏之心的人，必定是一个同类中勤于学习、努力拼搏、谦虚谨慎、积极进取的佼佼者。

三、养成良好习惯。每个晚上下自习后，总有教室里的灯没关；开课才两天，就有学生在上课时间睡觉、吃东西；还有部分班级喜欢在教室里堆放垃圾，这些都不是好习惯。我知道，同学们刚来，还未脱初中时的稚气，许多事还不会自己打理。但是，一屋不扫何以扫天下？没有良好的习惯怎样让终身受益？大家都知道：播下一个行动，收获一种习惯；播下一种习惯，收获一种性格；播下一种性格，收获一种命运。学习的事情其实很简单，但你得让坚持成为一种习惯；做人的事情也很简单，但你得让优秀成为一种习惯。改掉你的坏习惯，你才能有所建树；养成许多好习惯，你才能成就未来。作为嵩阳高中人，你得养成人品高尚、志向远大、自信自立、善待他人的习惯。

同学们，如果你心怀更高的梦想，如果你敢于向命运发起挑战；如果你愿意拥有一个不一样的人生，那么，你还犹豫什么，奋斗吧！让我们一起超越梦想，创造辉煌！

最后，祝老师们身体健康，工作顺利！祝同学们开学快乐，学习进步，成绩突出！

谢谢大家！

2016 年 9 月

# 2017 让生命更美丽
## ——2017 年辞旧迎新升旗仪式上的讲话

尊敬的各位老师、亲爱的同学们：

大家早上好！今天是周一，我们在这里举行隆重的升旗仪式，为着迎接周日到来的2017！想象新年的第一缕阳光如约普照大地，我就感觉生活特别有意义，生命特别有意义。为此，我给今天的演讲定了一个主题：2017，让生命更美丽！

有付出就会有收获。2016 年，我们付出了很多，也收获了很多。我校高考本科上线人数创历史新高，位居登封市第一名；一本上线人数创历史新高，实现5 连增。老师们的水平不断提高，同学们的素质不断提升；学的方面，学生表现更积极；教的方面，老师表现更从容。经过全校教职员工的共同努力，学校 2013—2016 年规划圆满收官，全体师生有了更多的幸福感！

这一年，为了提高教学质量，我们以"阳光杯"课堂教学大赛为载体，优化"自主学习、合作探究、巩固延伸"课堂流程，辅助周考周练，取得了优异的成绩。在 2016—2017 年上学期期中考试中，三年级的李银龙、二年级的王盼盼、一年级的毕世杰纷纷摘取全市第一的桂冠。我们每周进行一次学生评教活动，评出的师星在电子屏上流动，和谐了师生关系，激发了老师的工作热情，使老师更爱学生。

这一年，为了提高学生层次，我们出台了学生奖学金制度，召开了期中考试表彰大会和期末考试动员会。会上，一年级的心愿箱、二年级的决心话、三年级的挑战书，无不令人鼓舞，催人向上。我相信，那令人震撼的誓言同学们终生都不会遗忘。为了营造读书氛围，我们进行了为期一个月的读书比赛，活动期间，从每个班走过都能听到书声琅琅。文明班级、文明宿舍、文明学生不断涌现，每个班都有很多七好少年。在刚刚过去的"献爱心、送温暖"活动中，同学们更是表现出高尚的品质，与兄弟学校相比，我们捐的钱物最多最好。这些都表明,嵩阳高中的学生卓越优秀、与众不同。

这一年,新铺的两块绿地上,"严管真爱""以心育人"两块文化石,彰显着我们的管理理念和育人核心;旧貌换新颜的阶梯教室成为外界活动和学校活动的首选场所;刚刚进行的水路管网改造,即将完工的校园西围墙建设,也将大大改善全校师生的生活环境。这一切都昭示着,我们的校园越来越好,我们的生活越来越好。

这一年,我们有成功,也有缺憾。

我相信,到现在为止,同学们还没有忘记这学期的期中考试成绩。在二本、三本层面,我校三个年级都独占鳌头,但是在一本层面,一年级还居于第二,二、三年级还居于第三。这不是我想要的,肯定也不是大家想要的。今年高三,是我校最后一届分段式均分生源学生;高二,是我校第一届纯均分生源学生;高一,是我校第二届纯均分生源学生。无论是学校发展趋势,无论是数学上的概率推算,无论是全面均分的生源,这一切都显示,我校到了该有学生考上清华北大的时候,该有大批学生上重点院校的时候。同学们,在嵩阳高中的三年,是你的人生理想得以实现的三年,也是嵩阳高中的学校理想得以实现的三年!人不拼搏枉少年!此时不搏待何时?接下来的高三一测,高一、高二期末考场便是同学们的练武场,它为同学们提供了大显身手的好机会,我对大家的表现充满了期待,预祝大家取得优异成绩!

我看到,虽然已经上了高中,同学们讲卫生的习惯还没有养成。很多教室的后面,成了垃圾的汇聚地;校园的绿篱中间,成了杂物的藏身所;一放学,卫生纸、方便袋、食品包就会在校园的角落里招摇。虽然只是个别现象,但也无不时刻给我们提醒,教育尚未成功,学生习惯尚需不断坚持督促养成。

更令人遗憾的是极个别学生讲哥们义气,对同学施以拳脚,用暴力解决问题。一名高中生,到学校不好好读书,是谓不孝;忘记老师的教诲,是谓不忠;置校纪国法于不顾,是谓不精;处理不好同学关系,是谓不智;对同学使用武力,是谓不仁;犯了错不敢承认,是谓不勇;承认错误后再接着犯,是谓不信。似这样不孝、不忠、不精、不智、不仁、不勇、不信的人,不配当嵩阳高中的学生。

要做一个优秀的嵩阳高中人,只需让优秀成为一种习惯!所以我提议:从今天起,做一个有理想的人,勤奋、刻苦、积极向上;从今天起,关心素质和修养;我有一个愿望,文明言行,树立形象。从今天起,和优秀的人交往,告诉他们你的思想,向消极因素开战,身边的每一个负面分子,都让他无处遁藏。

这一年,我从吴颖超校长的手里接过了嵩阳高中这面大旗,这意味着有很长一段日子,我要和大家在一起,一起拼搏、一块奋斗;一起播种、一起收获! 同学们,我愿意为了你们、为了学校,捧出一颗心,使出全身力。我也希望,你们为了自己、为了父母、为了学校锲而不舍、坚持到底!

2017 年,是我校新三年规划的开局之年。今年的 12 月 2 号,郑州市督导室及相关专家到我校对我们的新三年规划进行了评估和指导。规划中这样表述我们学校的发展目标:全面贯彻党的教育方针,以"严管真爱"办学理念为指导,围绕"为学生服务,让学生满意;关怀你成长,帮助你成功"这一办学宗旨,努力造就一支理念先进、业务熟练、责任心强、表率作用好的干部队伍;建立一支师德高尚、业务精良、理念先进、结构合理的教师队伍;培养出会"自由思想、独立判断"的优秀学生,争创一流的教育教学质量,把嵩阳高中办成有自然风景、有文化底蕴、有教育情怀的省内知名、国内有影响的精品学校。

前景令人鼓舞,目标催人奋进。但幸福不会从天降,我们要树立必胜信念,继续埋头苦干,着力推进课堂改革,着力加强名师工作室建设,着力推动课程研发,着力进行分层培优,着力完善学生管理,着力进行养成教育,着力营造学习氛围,着力建设美丽校园,为建成有风景、有文化、有质量的精品学校开好局、起好步。

把嵩阳高中办成有风景、有文化、有质量的精品学校,3 500 多名师生要携手并进。请相信,时间花在哪里,哪里就有成就。只要我们愿意扑下身子,就一定能干出样子。让每一位老师在嵩阳高中生活好、工作好,让每一个学生在嵩阳高中生活好、学习好;让每一位老师成功成名,让每一名学生考上一所好大学是我最大的愿望;给予每位老师、每名学生关爱,让你们感到温暖,是我永远的追求!

我衷心希望老师们人人乐教,同学们个个向学,我们一同撑起嵩阳高中这个美丽的家! 那么,2017,生命就会更美丽!

2016 年 12 月

# 新学期　做一个有爱的人
## ——2016—2017 年下学期第一次升旗仪式上的讲话

尊敬的各位老师、亲爱的同学们：

大家早上好！今天我演讲的题目是"新学期，做一个有爱的人"。

此刻，我们共同站在广场上，向国旗献礼，向春天献礼。那么，我的礼物是什么呢？

我献给春天的第一份礼物是一个个闪闪发光的名字：刘祯梁、崔亚丹、罗淑娟、王旭辉、李平、赵瑞娜、王晓玲、王明霞、齐晓娜、王国强、郑秋霞、王晓潘、李艳梅、赵瑞丽、张忆楠、侯培红、杨亚丹、姚三丽、刘歌、王朋晓、刘韶乐、段金水、冯慧芬、张红萍……他们是老师们心中最勤奋的人；藤丽丽、郑厚成、赵海丽、樊志伟、韩静、苏赛、薛克娜、张毅、李爱玲、何淑艳、张兴辉、党云萍、刘建军、程晓娜、王丽娜、孙萌、张伟欣、邬磊、麻雅婷、马丽娟、于丹……他们是同事们心中最聪明的人；李孟武、郭志飞、冯朝现、董俊丽、蔺亚莉、张建森、王瑞生、陈丽敏、许海敏、许娅楠、谷晓沛、刘爱红、秦小玲、孙世卿、赵争艳、王旭辉……他们是同事们心中水平最高的人。

冯佳冰、张晓静、李毅、王盼盼、曹文波、姜东甫、李帅天、宗渊博、凡飞扬、王启航、张晓玉、康于、张帅洋、张明、李冰、梁宁、郭申奥、刘明明、贺志锋、王登科、程北平、王栋梁、崔龙飞、刘会平、杜浩楠、宋文豪、焦晓航、岳浩博、张艳境、王超杰、牛浩博、王诗涵、范云龙、姜林弟、李玉辉、杨启玥、王怡青、张迎娜、陈鹏、李林尧、张艳、刘吉青、贾武豪、王凯璐、康文博、尤梦迪、赵泽宇、张宇、魏康凯、李心语、吴瑞虎、曼文煊、薛宜昂、陈雅心、张珊珊、李银龙、徐一鸣、李晓光、李雪娟、韩兴科、李俊飞、李瑞阳、赵晓龙……还有很多我没念的名字，他们是教师心中最得意的学生！

这一个个没有感情的文字一旦变成了人名，而且变成了我们的老师和同学的姓名，就显得十分形象。当我念着这些名字的时候，我的内心充满了感激和温情,正是因为有这么多可爱的老师和同学,我们的学校才显得精神抖擞、精力旺盛!

一年之计在于春。我献给春天的第二份礼物是一份为了同学们更好地成长要实施的改进计划。第一个改进点在课堂。我们要以"自主学习、合作探究、巩固延伸"为基本框架,制定课堂评价方案,落实学生的主体地位,强化知识运用训练,全力打造真爱课堂。第二个改进点在作业训练。各年级要协调班级与学科,落实作业试卷化、自习考试化,限定时间、限定数量,每科作业课外习作时间限制在15~30分钟内;对于滥发试卷和不发试卷的学科学校要进行跟踪与督查。第三个改进点在考试。高一、高二年级在课程未结束前改单周考为双周考,提高命题质量,落实考后分析,确保诊断有效。第四个改进点在活动。召开形式多样的主题班会,收看内容丰富的《新闻周刊》,定期开展演讲、朗诵、唱歌比赛,召开全员参与的运动会,保证早操、课间操、体育课的正常进行等。一个学校要想发展得好需要改进的地方很多,我们要一点点改进,一步一步来,只有这样把每一步走好了,才能走出一条康庄大道来。

教育质量要提高,不学不行,不考更不行。我们要学,学得专心致志、废寝忘食;我们要考,考出恒心、考出耐力、考出信心、考出水平。所以,在这份计划里我提了12个字的工作抓手,即正考风、抓学风、强校风、提质量。同学们要知道,系统性学习,是对知识的整合与创新,而题海战术,是对知识的夯实与运用。二者完美结合,才能缔造成功。

我爱嵩阳高中,爱这里的每一位老师和同学,正如我爱这个春天。所以,我献给她的第三份礼物是一颗颗生机勃勃的种子。

第一颗种子叫诚信。人无信不立。对学生而言,首先表现的就是学习与考试时对自己的诚信。课上不跑神,考时不作弊。种下诚信,收获的必是一个大写的人。第二颗种子叫感恩。滴水之恩涌泉报。当你接受国家资助的时候,当你接受外人救济的时候,当你接受老师教育的时候,一定要心存感恩。学会感恩,成就的必是一个不平凡的人。第三颗种子叫自强。厚德载物,自强不息。当你萎靡不振的时候,当你百无聊赖的时候,当你麻木不仁的时候,请在心里刻下这两个字:自强。做到自强,你将创造人生的辉煌。我种下这三颗种子,期待它们在春天里发芽、开花,夏天里结果、收获。

因为有爱,我说的这一切才生动起来。如果没有爱,一切都毫无意义。所以,我在这里向大家呼吁,新学期,请做一个有爱的人!因为有爱,枯燥的知识会成为你的朋友;因为有爱,冷漠的考题会成为你的知音;因为有爱,人生才多姿多彩!

2017,为了让生命更美丽,让我们向爱出发!

我的演讲完毕,谢谢大家!

2017 年 2 月

# 纪律　通往成功的阶梯

## ——新学期开学第二周演讲

各位老师、各位同学：

大家好！今天我演讲的题目是"纪律，通往成功的阶梯"！

谈起纪律，同学们可能会立刻产生一种逆反心理。似乎纪律是一条绳索，捆住了你的手脚，让你不能动；禁锢了你的大脑，让你不能想。殊不知，纪律恰恰是自由的化身，因为有纪律，你才能平心静气地学习；因为有纪律，你才能有时间放飞自己的梦想；因为有纪律，你的一切才有保障。纪律，是你通往成功的阶梯。

每年开学初，都有家长托关系、想办法，想让自己的孩子进入实验班。为什么？理由可能有很多，但其中必有一条就是实验班纪律好，有学习氛围，能让孩子获得更多成功的机会。

我校经过10年发展，成绩一路飙升，原因是什么？其中必有一条，那就是我校管得严，纪律好。没有纪律，你就会像断线的风筝，不仅得不到飞的自由，还会一头栽向大地；没有纪律，你就会像无源的溪水，不仅不能流得更远，还会面临干涸的危险。

所以，我们强调纪律，狠抓纪律，是想为大家的成功搭建更为稳定的阶梯，希望大家飞得更高，走得更远。

那么，关于纪律，我们该从何做起呢？

一、遵守制度。无规矩不成方圆。在我们学校，上课时，有"课堂纪律"；休息时，有"寝室规则"；言谈举止，有"学生礼仪常规"；从早到晚，有"学生一日常规"。我们的制度覆盖了同学们的学习和生活。到什么地方，该做什么，不该做什么；遇到同学老师，该说什么，不该说什么，都有明文规定。这些制度，不是想限制你，而是想发展你。当你把制度内化为自己的行为时，你就会发现，提高的不仅是你的素质，还有你的人品。

二、严守时间。时间就是生命。在日常生活中,我经常看到一些浪费时间的现象:有的学生上课铃响了,还在路上慢走;有的学生离下课还有几分钟,就已经跑出教室;有的学生返校时间到了,还在家里停留……鲁迅说,浪费时间等于谋财害命,没有时间概念的人,最终会被时间所抛弃。所以,我希望大家珍惜时间:上课时,不迟到、不早退、不中途离开;下课后,不拖延、不磨蹭、不远离教室。有活动,准时到位;做实验,提前到点。铃声就是命令,纪律就是底线。这样,你才可能获得比别人更多的时间,收获比别人更多的成功。

三、恪守诚信。诚信似乎与纪律无关,但守纪本身就是一种诚信。海涅说:生命不可能从谎言中开出灿烂的鲜花。人应该恪守诚信,诚信是做人的根本。对我们来讲,保质保量完成老师布置的作业就是诚信,一丝不苟按照自己的计划去学习就是诚信;诚信就是说到做到,敢负责任;诚信就是用最真诚的心去面对生活、面对学习、面对自己、面对他人。

毛主席说,加强纪律性,革命无不胜。我说,纪律,是成功的阶梯。不要过分醉心于放任自由,一点儿不加限制的自由,只能使你陷入危险与颓废。

同学们,做一个遵守纪律的学生吧,那样,你自己将走向成功,你的班级将走向优秀,我们的学校将走向卓越。

2017 年 2 月

# 除了努力 我们别无选择
## ——给二年级(2015级)全体同学的一封信

亲爱的同学们:

你们好! 从开学考到第一次双周考,二年级下学期,你们走出了最成功、最关键、最可喜的一步! 尤其是学校开展读书以来,政教处督查反映二年级做得最好。绝大多数同学都做到了捧书读、专注读,这让我感动又高兴! 你们长大了! 懂事了! 我从你们身上看到了学校崛起的希望,看到了理想实现的力量!

可是正像太阳也有黑子一样,每当自习课从班级走过的时候,总是有些同学、有些班级表现得不够好! 他们没有危机感,没有时间概念! 我看到早上依然有人进了教室之后不知道该读什么,依然有班长不知道发挥带头作用,依然有女生抹脸、梳头、照镜子,依然有学生甘于落后,依然有班级迟到十几个人!

这不好,同学们! 当你还迷迷糊糊想着多睡一分钟的时候,当你还想着一次作业不认真做与学习关系不大的时候,当你还斤斤计较一个星期休息多长时间的时候,时间已经从你的意识中溜走!

作为嵩阳高中第一届均分生源的学生,我们有比往届学生更厚的基础、更强的实力、更高的能力、更远的眼光。我们理应有更优的素质、更好的成绩、更大的抱负、更美的前程。可是刚刚过去的上学期期末考试成绩告诉我们,我们前进的路上有石头! 这块石头就是我们的竞争对手,它看起来不起眼,搬起来可很重! 它直接影响着我们每个班级的荣誉,影响着我们嵩高的声誉,影响着我们将来上什么样的大学!

在学校里边,你尽可以抱怨学校的很多问题,可是出去了,你愿意别人说嵩高一个"不"字吗? 我想,只要你爱妈妈,只要你爱嵩高,只要你拥有一颗健康的心灵,你肯定不愿意! 试想,有哪个同学愿意别人说自己亲人的坏话,有哪个同学愿意听别人对自己朋友的诟骂？我想肯定没有！

天下兴亡，匹夫有责；级段盛衰，你我有责。孩子们，行动起来吧！为了我们取得更大的成就，我们需要、你的父母需要、这个社会需要、你需要树立三种观念：

第一，时间观念。有时间，不一定能学好；没有时间，一定学不好。我们要想把门门功课都学好，时间必不可少。所以我希望同学们能抓紧时间，利用时间，不需要你废寝忘食，只需要你按规定时间进班。

第二，纪律观念。纪律是学习的保障。没有纪律，就既不会有平心静气的信念，也不会有让你健康成长的环境。所以，请同学们遵守纪律，不迟到、不早退、不说废话、不开小差，做一名优秀的中学生。

第三，学习观念。成功＝努力学习＋正确方法＋少说空话。你们现在风华正茂，正值学习的好时光，只要你努力，不怕起点低，笑得最后才笑得最美丽！

同学们，吃苦是良图，做苦事，用苦心，费苦劲，苦境终成乐境；偷闲非善策，说闲话，好闲游，做闲事，闲人就是废人。

级段要取得成绩，靠你们；嵩高要扬眉吐气，靠你们！除了努力，我们别无选择；除了拼搏，我们别无选择！加油！

2017 年 3 月

# 致敬青春  做有担当的青年

## ——2017年高考动员

尊敬的各位老师、亲爱的同学们：

你们好！

今天是6月5日，再有两天，高三的同学们就要迎来人生最重要的一次考试——高考。每年高考前的最后一个周一，我都会给考生加油。今年的今天，我情怀如初！

天降甘霖，万物蒙恩！高三的孩子们，请接受我代表嵩阳高中给予你们的最真的祝愿，最美的期盼！

此时此刻，我心情激动。当王旭辉老师把我去年的高考动员演讲稿发到嵩阳高中微信公众号的时候，我看到了这样的留言：以稳如泰山之势，金榜题名。2017年参加高考的同学们，愿你们胜利归来，梦想成真！母校加油，嵩高必胜！嵩高的学弟学妹们加油！这些留言字数虽然不多，感情却非常深刻！这里面有祝福，对嵩高，对嵩高学子的深深祝福！这里面有期望，对嵩高，对嵩高学子在高考中取得优异成绩的满满的期望！同学们，这期望你们不能辜负！

此时此刻，我心潮澎湃。同学们，你们可记得，距高考200天的时候，阶梯教室里曾响起过你们震撼天地的誓言？你们可记得，距高考100天的时候，励志舞台上曾留下你们气吞山河的呐喊？你们可记得，距高考50天的时候，运动场上你们血液里流淌的激情、眼眶里满含的热泪？我想，你们不会忘记，不会忘记张伟欣主任对你们的一往情深，不会忘记董英英老师一字一顿对大家的谆谆教诲，不会忘记班主任对你们又批评又鼓励的肺腑之言。怎么能忘呢？从2014—2017年，这3年的喜怒哀乐，历历在目；从2016的7月17日到2017年6月5日，这期间的酸甜苦辣，件件萦怀。高中3年，嵩高所给你的，也许是骄傲，也许是平淡，无论哪一种体验，它都是一笔财富。这笔财富，你不能辜负！

此时此刻，我心怀骄傲。同学们，我想起你们与我相遇时的深深一躬，想起你们走到我面前时一句轻轻的"校长好""老师好"，想起你们一看到我就收敛起来的过激行为……想起这些，我就觉得骄傲。听到寝管人员夸你们懂事明理，我骄傲；听到任课老师说你们勤奋好学，我骄傲；看到你们体贴的眼神、优雅的举止、突出的成绩，我骄傲！一个老师，最大的幸福莫过于教出自己得意的学生；一个校长，最大的乐事，莫过于为国家输送优秀的人才。我庆幸，我既是一名老师，又是一位校长！孩子们，3 年来，我看着你们从幼稚到成熟，从简单到深刻，从无知到智慧，我为你们的成长感到骄傲！你们是我的骄傲！我的骄傲，你们不能辜负！

不辜负学长的期望，不辜负 3 年的经历，不辜负我的骄傲，我知道你们能做到！因为你们风华正茂，因为你们青春年少！这就是我对你们最真的祝愿、最美的期盼！祝愿你们有一个无怨无悔的青春，期盼你们做一个有担当的青年！

做一个有担当的青年，首先要有定力。有定力的人，心地清净，处事沉稳，不被假象迷惑，不为名利动心；有定力的人，正念坚固，如净水无波，不随波逐流，不三心二意，光明磊落，坦荡无私。佛祖释迦牟尼有定力，先在雪山苦修 6 年，后在菩提树下打坐 49 天，大彻大悟，创立佛教；印度僧人达摩有定力，在我们嵩山五乳峰的一个岩洞中面壁 9 年，创立禅宗；围棋大师李昌镐有定力，他下棋时，无论处于优势还是劣势，均镇定如常，不露半点声色，被人称为"石佛"。因为有定力，他们一个个都终成正果。那么，面对高中枯燥的学习生活，我们有定力；面对即将到来的高考，我们更要有定力。管它雨天晴天，管它冷天热天，管它题难题易，管它问长问短，有定力，你就能遇难呈祥，逢凶化吉！

做一个有担当的青年，其次要有毅力。毅力是人们为达目的自觉克服困难、努力实现目标的一种品质；毅力是一个人敢不敢自信、会不会专注、是不是果断、能不能自制和可不可忍受挫折的结晶。在所有成功者中，毅力起着决定性的作用。李时珍写《本草纲目》花费了 27 年；达尔文写《物种起源》用了 15 年；马克思写《资本论》用了 40 年。没有毅力，我们的文化中会缺少许多经典；没有毅力，我们的生活中会缺少许多标杆。当前，并没有雪山草地摆在我们面前，只不过是一次小小的考试，只不过短短的两天时间，只要你把这

3年的修炼化成文字和公式,工工整整地把它呈现在答卷上,你的毅力就经受住了考验!

做一个有担当的青年,最后还要有能力。能力是一个人完成一项目标任务所体现出来的素质。有能力首先表现为有思路,不管你遇到什么问题,不管你处理什么事情,只要你有想法、有规划、有行动,你就能顺利过关。有能力还表现为有方法:你能迅速排除干扰信息,抓住关键词句;你能紧扣问题重点,进行条分缕析;你能巧妙布局,确保胜券在握,有能力才能肩得起父母的期待,有能力才能做得成国家的栋梁。

我期望你们成为一个有担当的青年,期望你们拥有一个无怨无悔的青春,主要是因为高考,又不仅是因为高考。不是为了高考,在我们的人生中,高考连个驿站都不是,它只是一块铺路的石、敲门的砖;可是,又是为了高考:因为高考能让你看到全世界;因为高考能让你遇见更优秀的人和更好的自己;因为高考,你付出的努力,表现的认真,承受的恐惧、擦干的泪滴,都会是你这辈子最清晰的印记;因为高考,你在高三经历的每一寸光阴,来日都会成为令你感动的回忆。所以,孩子们,为了高考,一不要灰心丧气;二不要轻言放弃;三不要粗心大意;要写就写对,要答就答全,要做就做到最好!

高一、高二的同学们,也请记下我的愿望,去做一个有担当的青年!当你有了梦想,你的生活就会与原来不一样!你的精力会旺盛,你的热血会沸腾,你的动力会强大,你的进步会迅猛!你们中的每一个人,不管你过去是顽皮还是淘气,是懒惰还是消极,我都相信你会改变!变无所事事为积极作为;变浑浑噩噩为精神振作!希望你们告别浮躁,入静入定;希望你们告别稚气,长大成人!做个懂事的孩子,回家不让父母烦恼,在校不让老师操心;做个上进的孩子,不断实现自己的目标,让你身边的人为你感到自豪!只要你有担当,敢担当,你定能不负青春、不负高考!

孩子们,不管你还有两天还是两年,我都想告诉你们:我愿意是泉源,常年送你清凉的慰藉;我愿意是险峰,增加你们的高度,衬托你们的威仪;我愿意是日光,甚至春雨……因为我爱你们!

曾经有个学生问我:老师,无论将来我们是富贵还是贫穷,无论我们将来是平步青云还是一无所成,你都要我们吗? 我今天给你们答案:无论你们是贫穷还是富有,无论你们是高官还是平民,你们都是我们的学生。无论你们在社会上的地位多么悬殊,回到嵩阳高中,我们给你们的待遇是两个字——

平等！同时，也告诉所有嵩阳高中的毕业生，将来有一天，你想学校了，想回来了，学生证就是你们的通行证！

因为有爱，所以我希望你们不要辜负学长的期待，不要辜负3年的经历，不要辜负我的骄傲！我希望你们做一个有担当的青年，有一个无怨无悔的青春！把青年与青春连在一起的，是高考！无高考，不青春；无高考，不青年！高考就是我们的成人礼！

最后，请让我们以青年的名义向青春致敬，为嵩高加油！预祝同学们在未来的一周里吃得放心，睡得安心，考得顺心！祝同学们高考高中，金榜题名！

2017 年 6 月

# 致敬青春 拒绝浮躁

## ——2017年高一高二期末考试动员

尊敬的各位老师,亲爱的同学们:

你们好!

今天是6月19日,此时此刻,我想用一个词来概括大家的心情——期待与不安。期待期末考能考出一个好成绩,期待今年有一个漫长的暑假;不安,害怕考不好,面临升级与重新洗牌,生怕自己被淘汰! 也有另一种可能,对考试无动于衷,只期待暑假的来临,又寄希望于来年的学习! 这些心情,我能揣测自然就能理解! 那么,在这短短的几天内,我们该怎样做才能交上一份满意的答卷呢!

其实,我们要做的第一份答卷,并非语文科目的考试卷,而是如何做人如何做事这张卷。你们年级小,只把眼光盯住成绩,以成绩的起伏来判断自己的进退,或者以别人的眼光来定位自己的优劣,这都无可厚非! 毕竟,在成人的路上,我们的成绩和我们周围的师生一直伴随着我们的成长! 所以,我今天想告诉你的,就是要守住自己的内心! 不忘初心,方得始终! 想想你入学时的愿望,想想你在目标板上晒出的梦想,你就知道过去的已经过去,现在是你最应该把握的;你就知道别人不重要,重要的是你自己!

一年来,从激情读书到激情宣誓,从周考到双周考再到周考,从每一本作业到每一张试卷,从每一个自习到每一节正课,我看到了你们的努力与坚持,感觉到了你们的付出与进步,我相信你们已经做好了你们能做的准备! 我不要求你们每门每科都是满分,但你们要有一颗得满分的心! 要做就做最好,这应该成为我们的人生信条!

今年高考给我们传递出一个非常鲜明的信号:必备知识、关键能力、学科素养、核心价值是高考考查的必要内容! 高考所体现出来的时代性、生活性、文化性无限贴近我们! 为了为国选拔人才,命题专家们在"为什么考""考什么""怎么考"这三个关键问题上下足了功夫！高考题也经常以"邻家女孩"的面目出现，让你觉得十分接近却又无法触及！这就是高考！

由此推及我们的期末考，专家们会给我们呈现出一份什么样的试卷呢？如果有内容，课程标准就是内容；如果有方向，考试大纲就是方向；如果有范本，高考试题就是范本。昨天晚上，我看到很多班级都开了诚信考试主题班会。这几天，我也看到，有好多学科都印了今年的高考试题。我觉得这样做很好，这说明无论是形式还是内容，我们都做了充分的准备，可以说是"万事俱备，只欠东风"！

大战在即，我们应该拥有什么样的心态，走上考场，我们如何把期待变成现实？如果要我讲理论，那就是平心静气，坚持到底；拒绝浮躁，专注如一。如果要我讲方法，那就是问什么答什么，怎么问怎么答！我们做过的题可谓数不胜数，但万变不离其宗，只要你把题读懂了，按照要求去完成，你就是一个成绩优秀的中学生！考试，表面上看考的知识，实际上展现的是能力！即发现问题、分析问题、解决问题的能力！

如果你不纯粹地把考试当成考试，如果你不以应付的态度对待考试，如果你从内心深处接受考试，考试带给你的就不仅是优异的成绩，还有成功的快乐！

我说这些，如果汇总成一句话，就是拒绝浮躁、快乐应考！我们常在考试前讲：人难我难，我不畏难；人易我易，我不大意！这可不是空谈！这是战略，是境界！得失就在一念间，如果你能做到这一点，你战胜的不仅是自己，还有平时离你最近的对手！

所以，不要受学期终于结束的影响，不要受马上就要放假的蛊惑，不要因天气热就坐不住，不要因一科得失而心里烦，这几天，要能沉得下、坐得住、学得进、做得好！安静投入带给人的是快乐开心，喧嚣玩闹常使人忧愁不安！越是在关键时刻，越是要专注沉稳！

同学们，苦心人天不负，有志者事竟成！请用准确的判断向青春致敬，请用优异的成绩去描绘人生。加油吧，孩子们！祝你们马到成功！

2017 年 6 月

# 致嵩高青年
## ——2018 年高三毕业表彰大会发言

小序:此时此刻,我的心情可以用两个词形容,那就是骄傲与感动。为我有、为嵩阳高中有这样优秀的学生而骄傲;为我有、为嵩阳高中有这样优秀的老师而感动。嵩阳高中 2003 年建校,至今已有 14 年。14 岁,正要步入青年!而同学们也都 16、17 岁,正当青年。所以,今天我发言的题目是"致嵩高青年"。

**酷暑里**
**致我嵩高的青年**


青年的称号
引起多少人无限的感叹
激扬文字,指点江山
正是风华正茂恰同学少年


青年的未来
招惹多少稚子痴情的遐想
北京上海,清华复旦
倾注了寒门学子热切的向往和期盼


多少个料峭的清晨
书声汇聚起美丽的歌曲
在巍巍嵩山的大风里吟唱
多少个静谧的夜晚

笔尖勾勒出墨色的旋律
在天地之中的细雨里回响

多少行八角楼里竞相追逐的脚印
多少次绿茵场上义无反顾地追赶
多少回东山再起
多少次慷慨激昂

没有风花雪月
没有逍遥自在
这
就是嵩高青年的现在

有过自信,有过无奈
有过失败,有过豪迈
青年,嵩高的青年
哪里是你成长的沃土
哪里是你思维的殿堂
呵,就在这里
这里是嵩山之阳
这里叫嵩阳

就算你的脑海
呈现的都是定理和公式
就算你的心中
盛放的都是文字和分数
总有一些贝壳
撒在梦想里
如黑夜的灯引你前行

也许你还迟疑着脚步

也许你还彷徨着内心

呵，嵩高青年

高一、高二你已失去

一个伟大的梦

如夜空里明亮的星

在高三苏醒

像伟岸的山磅礴的海坚韧的藤


学长的成长感悟

老师的思想引领

呵，嵩高青年

把我的手给你

插一双翅膀在你的肩上

将你的手高擎

托起青年应有的担当和使命


让我们一同

为了承诺

为了梦想

誓创唯一　超越巅峰


2017 年 7 月

# 嵩阳高中　让学习更美好
## ——在2017—2018年第一次升旗仪式上的讲话

尊敬的各位老师、亲爱的同学们：

大家早上好！今天我们在这里隆重举行新学年第一次升旗仪式，请允许我代表学校向辛勤耕耘收获累累硕果的老师们表示衷心的感谢，向认真学习取得优异成绩的同学们表示诚挚的祝贺，同时也向刚刚加入嵩阳高中团队的新老师们、一年级的新同学们表示热烈的欢迎！

今天，我演讲的题目是"嵩阳高中，让学习更美好"。嵩阳高中是一所学校，学校是学习的地方；同学们是学生，学生就要以学习为生。在一个专门用来学习的地方专心致志地学习，本来是人生一件乐事，可是，不知道什么时候，学习变得"面目可憎"。我曾经做过一个统计，在学校甘之如饴、乐此不疲学习的学生，占比不到20%。

今年暑期，从7月1日到7月21日，高二留校学习的人数只有200多人；从7月31日到8月11日，高三留校学习的学生也仅有300余人，而且这些留下来学习的人，也并非完全出自本心。

是学习不重要了吗？不是。鲁迅先生说：哪里有天才，我只是把别人喝咖啡的工夫用在了学习上；华罗庚说，在寻求真理的长征中，唯有学习，不断地学习，勤奋地学习，有创造性地学习，才能越重山、跨峻岭；歌德说，人不光是靠他生来就拥有的一切，而是靠他从学习中所得到的一切来造就自己。综上可知，一个人要想成为天才得学习，要想获取真理得学习，要想造就自己更得学习。学习的重要性不言而喻，相信每个人都很清楚。

是同学们不想学习了吗？我觉得也不是。从出生到现在，我能感觉到同学们的求知欲从未减弱过。嵩阳高中成立14年，每一届学生都给我留下了努力拼搏积极进取的学习身影。如果要找原因，我推测，当学习的内容被限制，学习的地方被固定，学习的时间被规范，学习的要求被提高，学习的结果被统一,生活便显得枯燥,学习也变得乏味,于是,被动学习、被迫学习、不想学习的心理就产生了。

说实话,不管是作为一个老师还是一名校长,我从内心深处不愿看到你们烦恼的模样,不想看到你们麻木的表情,不希望你们的青春虚度错过人生最重要的光阴。所以,今年,或者今后,我和所有的老师都要倾尽全力,让学习尽可能地成为你们人生中一件美好的事情。

第一,要给你们营造一个美丽的自然环境。走进学校大门,分列两侧的是两块有创意的草坪。绿色的草坪,精雕的石刻,巍峨的雪松昭示着蓬勃的生命和冲天的志向;茂盛的香樟、林列的银杏、高大的白杨为你送去荫凉、愉悦你的眼睛;柿子挂在枝头,石榴藏在叶间,各色的月季在校园里争奇斗艳;樱花树长得越来越高,紫藤萝发得越来越密;木槿花开得越来越养眼。这就是嵩阳高中! 这里是花园更是乐园,我们身处其中,当然乐在其中。

第二,要把钱花在离你们最近的地方。走进教室,每个班的后面都固定着一个书架。这里要做什么? 我要把同学们需要的书、喜欢的书放在离你们最近的地方,供你们阅读和欣赏。来到走廊,条梁上的一个个警句,顺着楼梯张贴的一句句名言,要陪伴你们走过高中 3 年的时光。运动场上的一条条标语,铁栏杆上的一篇篇美文都是你们的朋友和伴侣,只要需要,它们都会成为你精神成长的营养。温暖励志的奖品本、古色古香的通知书、优雅美丽的提示语、古朴大气的文化墙、详细的双一流大学简介、分层设置的令人心动的奖学金……只要有利于同学们成长,学校都会想着法子满足你们的愿望。

第三,要尽可能多地开设同学们需要的课程。过去的一学年,我们在点燃激情方面做了许多尝试,从激情宣誓到激情读书,从激情跑操到激情班会,都收到了良好的效果。每周日的主题班会是我们的课程,每周一的升旗演讲是我们的课程,大考后的表彰奖励是我们的课程,关键时刻的励志誓师也是我们的课程。今年,我们将拓宽视野,充分挖掘资源,开设更多有用有趣的课程:初高中衔接课、人生规划课、心理辅导课将进入我们的视野;道德讲堂、文化专题、竞赛辅导将成为我们的强项。同学们,嵩阳高中有 3 300 名学生,230位老师,我相信,我们每个人都是一座宝藏,每个人都有无穷的能量,只要我们齐心协力,就能创造新的辉煌!

我知道仅仅做到这些还不够,我们要规范管理,确保良好秩序;创新方法,激发学习兴趣;我们要精选习题,提高训练质量;精心备课,提高课堂效率。为了让学习更美好,我向大家保证,学校在管理上会更精致、育人上会更精心、教学上会更精准、服务上会更精细。

同学们,"让学习更美好"是我的承诺,也是我的理想。我会为此坚持到底,不遗余力!

我的演讲完毕,谢谢大家!

2017 年 8 月

# 成功从成长开始
## ——在 2017 级新生开学典礼上的讲话

尊敬的各位领导、各位老师，亲爱的同学们：

大家好！

今天，我们在这里隆重举行嵩阳高中 2017 级新生开学典礼。值此盛会，我代表学校，向各位新同学和新老师表示最诚挚的祝贺和最热烈的欢迎！祝贺你们通过中考的角逐顺利成为嵩阳高中的学生，欢迎你们加入风生水起的嵩阳高中。

军训一周，你们给我最大的震撼就是整齐的军姿、强健的体魄！上课一周，你们给我最深的印象就是积极的态度、奋斗的精神！看着你们生动的面孔，听着你们琅琅的书声，想着你们成长的情形，我的内心充满了感动！你们是嵩阳高中第十五届学生，嵩高奇迹将由你们延续，嵩高记录将由你们刷新！

所以，今天，我想跟大家谈谈成功。谈成功，要先跟大家谈成长。

昨天，嵩阳高中微信平台上放了这样一篇文章：《愿时光匆匆，初心依旧》。作者以稍显伤感的笔调写出了一个高三毕业生的心声，今天我想把它分享给大家。

三个月前"打算考哪？"

两个月前"考了多少？"

一个月前"几号报道？"

一周前"几号走？"

就这样，这个夏天，我毕业了。说不清这个假期是快乐还是苦涩。就是舍不得有那么一群人莫名其妙的就被冲跑了，也许，这样一别就是一世，找不回曾经的感觉，但是谁也忘不掉曾经的时光。

这是我刚刚看到的一段话：

也许只有毕业了才能体会这种感觉，不好不坏，就是莫名的不想去重拾这段记忆。

我最后的归宿偏了我原本所求，我执着了一年的梦想与如今天南地北。所以我想我是懦弱吧，逃避了两个月，最后，释怀。

不久后，我又会像3年前一样，背着行囊去一个陌生的地方，可是，我也曾想，如果能够回到3年前。

那个暑假里满满的都是期待，不出意外地进了梦寐以求的嵩阳高中，打着12分的热情开始我的高中生活。

我想我是爱嵩高的，几乎走过她怀抱的每一寸土地。爱她的春花媚媚，爱她的夏蝉殷殷，爱她的秋果香香，爱她的冬雪皑皑，爱她的晨风柔柔，爱她的日照朗朗，爱她的星辰靓靓，爱她的四季昼夜。

当初的我坐在八边形教室里的某个位置，第一次明白中国的大学不止有五所：清华、北大、一本、二本、三本，而且光一本都有好多所，却又满不在乎地把日子花在喜欢的课堂上和日渐斑驳的岁月里。

我不是一个好学生。我只对喜欢的课程用心，比如说地理，考过年级第一，可是最终还是选了理科。我想这时候我就应该觉醒：学习不能全靠兴趣。

可是我到现在也说不上努力。我学习一直都是3分钟热度，成绩差了就努点力，提高得差不多了就又放纵自己。这种折线形的波动随日子往前走，像心电图一样证明着我还没挂。

写这么多感觉像是忏悔录。确实有后悔吧，比如直到高三下学期我还在纠结为什么选了理科？比如高考前一个月我还后悔为什么高一的时候不给自己定一个目标，而是高三了才知道学习；直到高考前一天我还后悔我最后两个月没有坚持刷完买的理综题。

如果我还是高一，我想我不会有这么多遗憾了。我想我会坚持自己喜欢的，没事多浏览喜欢的大学的网页贴吧，给自己一个3年的倒计时，所有的雄心大志写进日记一点点实现：我想我高一的时候就会存钱在升入高二的那个暑假里去参观我所喜欢的大学；我想我高二的时候就应该用心会考争取5A以上，这样高三的时候还可以考虑去报省内大学有可能会实行的"三位一体"；我想我高三的时候就会从开学就安排好时间去刷《小题大做》《课时练》《五三》《金考卷》等，下学期了再刷《考前模拟》《考前90天(60天,30天)》等；我想我高考就会考上喜欢的大学就不用将就现在的日子……

可是我再也回不去了。我想所有人都听腻了长辈和老师的谆谆教诲，却也都是三分钟热度，甚至觉得不可信。我当初也是这样，因为只有亲身经历了才会觉悟，然后讲给一群自己不想他们重蹈覆辙的后者，而后者的心里却是怀疑与嫌弃。

讲真，没什么。

人生就是一场完全以自己为主角的电视剧，没有情节波澜就没有可观的收视率。所以，年轻人，走点弯路也没什么，只是很可能达不到自己预想的结果了。毕竟电视剧结局再圆满，也掩盖不了过程中各种损失的心酸。如果还有人愿意听，那么我也愿继续讲下去。

我曾经看过一个段子：那些走路欢蹦乱跳、眼睛发光的都是高一，那些偶尔说笑、见到熟人才会打招呼的是高二，那些双目无神、走路飞奔、目中无人的是高三。

这些情况校园里确实有，但并不是全部。高一的时候我会趴在栏杆上戴着眼镜数广场上的地砖，高二的时候我会在体育课上数操场上的下水道缝口，高三我除了会跑着上厕所也会踩着广场的地砖数一数，体育课也会再数好多遍一圈787个的缝口，我看到闺蜜还是笑得眼睛里放光，听到笑话依旧肆无忌惮大笑，只不过一天一篇的日记变成了两三天一记……其实只要你保持着当初的热情，岁月也会败给你。

高中3年，有个目标，保持住当初这份热情，就算一直都是3分钟热度，那就用这热度学习2分钟，最后1分钟，半分钟用来放松，半分钟用来找一个接下来3分钟继续坚持的理由。

还有一件事我很自豪：大大小小的考试我都没有抄袭。我讨厌虚假也不在意有水分的高分，学会做人远比取得高分更有意义。

到最后我高考是完全无压力的。因为我爸妈从来都不会问我成绩为什么下降，也从来不会干预我的想法。嗯，我想我是放养型的孩子，所以才会比别人独立的早了一点吧。

感觉高中真的过得好快，不想说什么官方的语言，毕竟这些，等学弟学妹们毕业之后，自己就会深有所感。

我今天下午回去母校吧，看一看复读的朋友，见一见我亲爱的老班。

其实走完了高中，回过头，没有什么舍不舍得，也说不出快不快乐，毕竟走路时总是面朝前方。偶尔有些记忆出现在梦里，偶尔一个电话打来说想你，偶尔看到一个人的相貌或者是动作，像是曾经的某某，像是在前进的路上有人在背后叫你，所以你，驻足，回头，看看背后，也是一条没有尽头且物是人非的路。所以我们唯一的选择就是向前走。

忽然忘了高中也是一次分别。但是亲爱的你要记住：时间不是小偷，他没有偷走我们自以为美好、自以为永久的青春，也没有把你扔在寂寥迷茫的新土，而是一个筛子，过滤了很多没必要的感情，留在最后才是最好的，像是那些分别得不能再分别却总会触及心底温柔的发小，时间是真爱的见证。

这大概就是我对分别的看法吧。我很少会想家，而是一直在追求浪迹天涯。年轻人，学习的时候收得住心，浪荡的时候玩得放开，大口喝酒大口吃肉大声笑，安静的时候也能在咖啡馆的角落喝杯卡布奇诺看会儿童话，或是捧着达尔玛看部电影。

奉上我收藏的一段话：愿你有高跟鞋也有跑鞋，喝茶也喝酒。愿你有勇敢的朋友，也有强大的对手。愿你对过往的一切情深意重，但从不回头。愿你特别美丽，特别平静，特别凶狠，也特别温柔。

对过往的一切情深意重，但从不回头。生活不止眼前的苟且，还有诗和远方的田野。你赤手空拳来到人世间，为找到那片海不顾一切。愿所有的人都有梦想和信仰，吃得了苦，耍得了酷，长大了也有故事讲给后者。

我不知道以后会在世界的哪个角落，但是我想我依旧会过得快乐，也不会忘记我曾经在这里生活过。

最后以一段对话来结束。

"嵩阳有什么好啊？"

"风景好啊。"

"管得那么严……"

"像我这样的人就是欠管教啊。"

"好吧，那你真的喜欢嵩阳？"

"废话！中招完做梦都梦嵩高，来这里你看我多乖，我每天都笑得这么开心像是装的吗？！"

我爱嵩高。

大家听出了什么味道？我读完这篇文章，就想到了高中语文必修一中的一首诗——《再别康桥》。

轻轻的我走了，

正如我轻轻的来；

我轻轻的招手，

作别西天的云彩。

那河畔的金柳，

是夕阳中的新娘；

波光里的艳影，

在我的心头荡漾。

……

康桥之于徐志摩，不正如嵩阳高中之于同学们！

我查了本文的作者，他叫李俊飞，今年高考成绩 493 分，超一本线 9 分。若以成绩论英雄的话，他算不得。因为他前面还有 200 多个成绩比他好的学生。可是，我还是觉得，在嵩阳高中的优秀毕业生里，他应该占有一席之地。因为他在成长！

不知道大家是否记得，你们报到那天，学校门口支着一架摄像机，你们军训期间，田径场上有几个学生在拍场景和画面。他们是谁？他们也是今年刚刚毕业的学生，组织者叫李雅星。有一天，她跟几个学生来到我的办公室。她说：校长，我想跟您说件事情。我们几个想给咱学校拍一部微电影，讲述一下高中的故事，给咱学校做宣传。我说，好！她说：可是，要拍电影的话，需要您支持。我说没问题，学校大门随时为你们敞开！她又不好意思地说：还有，还有，还有就是学校能不能给提供点经费，我打工挣的钱不太够！我笑着说，这才是你找我的重要的目的吧！她不好意思地笑了笑。我答应了！我为什么不答应呢？学生有这样的想法，是我求都求不来的，如今她们又自愿自觉地想为学校做点事情，我怎么可能不答应呢？我为他们感到骄傲，因为他们在成长！

这几天，不断有毕业的学生给我打电话要求进学校来看一看。不为什么，就为要上学去了，再回来看一眼以慰远行的相思。就是这样一个想法，也让我感动！孩子们长大了！他们在成长！

还有刚刚为我们做演讲的刘婷婷！我现在还记得高三百日誓师的时候，

她冲上台去喊出的话：我要上北大！我要上北大！虽然没有考上北大，但上山东大学也很好啊！而且，我相信，只要她心中有目标，将来她一定会上北大的！就像今年高考表彰会上发言的张佳路从吉林大学考到同济大学去读研一样！刘婷婷只要想，她一定会到北大去读研、读博！我为什么会这么自信呢？

还因为一件事情。高三开学后的一天，她找到我说："我的英语不太好，能不能再到教室去听课？"就是这句话，我对她的感觉一下子就爆棚了！有生如此，夫复何求！

我能铭记这些学生，不是因为他们有优异的成绩，而是因为他们的成长！所以，我说，成功从成长开始！只要你一直在成长，你就一定能成功！

今年的中招录取线是历年来最低的，有人说：分数线低了，学生素质也会跟着降低。你们要有心理准备！我听了笑笑，我不怕！一个人成绩低了不可怕，基础太差不可怕，习惯不好不可怕。只要他愿意成长，嵩阳高中就会给他一片天空！所以，同学们要相信，只要你们愿意成长，你们就一定能够成功！

此时此刻，虽然天气转凉，但我周身的血液却十分滚烫！因为我知道，不管是我的内心，还是你们的内心，都流淌着一个强烈的渴望，那就是经过 3 年的磨砺，我们在嵩阳高中的 1 000 多个日夜，将变成一张通往理想学府和人生高地的通行证！

那么，为了这个共同的愿望，请大家跟我一起牢记这些话：

优秀是一种习惯。我徜徉在知识的海洋里，吮吸着知识的雨露。同学喊我吃饭，我充耳不闻；朋友叫我玩耍，我无动于衷；老师催我睡觉，我百般推辞；我爱读书，我爱学习，学习使我快乐。I love study! Study makes me happy! 我爱学习！学习使我进步，学习使我快乐，学习使我致富。我只喜欢学习，学习使我快乐，学习使我成长！

2017 年 9 月

# 踏石留印　凤舞九天

亲爱的老师们、亲爱的同学们、亲爱的同志们：

大家好！我沿用刚才高三(8)班的称呼，称大家为"同志"，是因为此时此刻此地，我们是志同道合的人！今天我发言的题目是"踏石留印，凤舞九天"。这个题目是从焦艳娜同学的"踏雪寻梅，凤舞九天"化过来的。踏石留印，是希望我们脚踏实地；凤舞九天，是希望我们胸怀理想。借这个机会，我讲四句话。

### 一、问渠那得清如许，为有源头活水来

高三二联，相较高三一联，我们取得了很大的进步，主要表现有3个方面：一是全市前10名，理科占了8位，文科占了4位，并且夺得文理双状元；二是上线人数，一联上线282人，二联上线289人，虽然进步幅度很小，但非常可贵；三是上线率，比一联有明显提高。

那么，我们取得成绩的源头活水是什么呢？我归结为两个字：一个字是"练"，一个字是"情"。

进入高三，我们的训练主要有周周练、天天练、变式练、课上练、课下练。练，是我们取得成绩的不二法宝。俗话说，熟能生巧，没有练，你便无法熟悉题型、解法、知识、考点，不熟悉便无法迅速、高效把问题解决掉。

除了练，还有一个字"情"。我们开展了激情读书、激情跑操、激情宣誓、激情班会活动，目的是要打造激情课堂，书写激情人生。可是，大家的激情还不够。尽管如此，我们就取得了骄人的成绩，如果我们再投入一点，成绩会更加喜人。

我们要坚持训练不动摇，我们也要永葆激情不懈怠，这样我们才能芝麻开花节节高。

### 二、不畏浮云遮望眼，只缘心在最高层

在高三的征程上，有很多浮云会影响我们的视线。

第一块浮云是成绩。只要成绩出来,成绩就是浮云。不管成绩高低,不管名次进退,考试已成过往,成绩除了起到让自己反思不足、找到发展空间的作用外,多少都不必放在心上。作为高三人,不必为一次优异成绩而忘乎所以,也不必为一次偶然退步而自怨自艾。不以成绩喜,不以成绩悲,是高三人应有的心态。进入高三,要紧守梦想,不要因一次成绩的高低而改变自己的初衷。

第二块浮云是表扬和批评。我们都是温室里成长的花草。在家被父母捧着,在学校被老师哄着。一到高三,成绩可能会成为父母、同学与老师谈论最多的话题。思想有波动、成绩有起伏,都难免引来老师和家长的批评与表扬。表扬了,心花怒放,忘了自己是谁;批评了,满怀懊丧,马上就变得颓废,为一时褒贬忘了最初的誓言。所以,同学们要时时擦亮自己的双眼,不要被别人的表扬批评误了自己的行程。

第三块浮云是人际关系。再缩小一下范围,是同学关系。同学3年不知道珍惜彼此的友谊,常常为一些鸡毛蒜皮的小事影响自己。这节课什么也没听,只是因为同学吃饭没有叫自己;这一天心情都不好,仅仅因为听到别人议论了你。站在明年的今天想一想,你就知道这些有多无知多可笑。要知道当你为这些烦恼自己的时候,别人已经往前奔了。你今天慢一点,明天慢一点,到明年就可能出现人家进了高等学府,你只上了一个三流的学堂。再想想,现在我们还坐在学校的阶梯教室,明年的今天我们可能就遍布天南海北。到那时候,你所谓的同学关系在哪里? 所以,不要被这些所谓的关系绊住了自己。

第四块浮云就是假期。有的人到高三了,还不知道时间可贵,今天盘算着休息几个小时,明天想着歇多长时间。刚进入11月就想着元旦能过几天,春节还有多久,端午放不放假。多歇了半天欢呼雀跃;少休息一会儿怨声载道。这都是小孩的把戏,不应该是青年人的主题。该休息的时候,自然就会让你休息,你根本无需考虑;不需要休息的时候,学校不会安排,你想多了也无益。你们要相信学校懂得一张一弛的道理。所以,不要被假期蒙蔽了自己的初心。

拨开这些浮云,不仅靠你的双手,更要靠你的初心。能做到这些,需要你有胸怀、有境界,时刻铭记目标,专注自己的理想,你一定会走向辉煌。

**三、不经一番寒彻骨,怎得梅花扑鼻香**

对我们而言,我觉得要经受三"寒"。

一要观千剑。观千剑而后识器。在学习上,观千剑,就是要识别所有的方法。你只有把每一种方法都用一用，才能找到适合自己的那一种。找到了适合自己的方法，就找到了撬动理想的支点，你的愿望就容易达成。

二要操千曲。操千曲而后晓声。在学习上，操千曲，就是要识记所有的知识点。你要放下身段，从最基础的功夫做起，构建知识网络，把每一个知识点都镶嵌在知识树上，尤其是优秀的学生，总想着多练题，对最基础的东西不屑一顾。要知道，你的底座不坚实，塔尖便难高耸。希望大家沉下心来，把这个基础的工作好好做一做。这个任务必须在 12 月底前完成。

三要练千题。练千题而后洞明。世事洞明皆学问。在学习上，当你每一类题做够 1000 道后，你看到的就不是题，而是规律、是逻辑、是技能。所以，就像焦艳娜老师(三人行必有我师)说的那样，你要认真对待每一次训练，认真对待每一道题、每一套题。那样，你就会像庖丁一样，游刃有余、踌躇满志。

观千剑、操千曲、练千题，就是希望大家做斗士、做战神、做学霸。

在经寒之后，还有两热。

一要有热情。期中考后，同学们有明显的松劲现象，进班晚了，读书迟了，入静慢了。这不是我想看到的，肯定也不是同学们想要的。我希望大家今天比昨天有激情，明天比今天有激情。上课，第二节要比第一节好；做题，第二道要比第一道更认真；做人，后天要比明天进步得更多。这就是有热情，是一热。

二要当火种。我觉得这是我们使命，我们要燃烧自己，也要燃烧别人。不管你在哪个班级，也不管你明年到了哪个学校，我都希望你们像火种一样，走一处亮一处，做一事，火一事，尤其普通班的同学，更要如此。

有了这些，梅花便会如期开放，香满嵩阳。

### 四、忽如一夜春风来，千树万树梨花开

这春风便是 2018 年的高考！再有 216 天，我们就迎来了人生的第一场大考。为了鼓励同学们，学校特设奖学金，在去年的基础上增加班级奖和增值奖。以此次期中考试为基底，只要上一本，增加 1 分，奖励 1 元；增加到 50 分，奖励 500 元；从 50 分起，再增加 1 分，奖励 10 元。钱是身外物，学校的目的不在奖励，而在激励！只要我们一步一个脚印，朝着梦想出发，我们就一定能风舞九天，圆梦一八！那时便是千树万树梨花开的嵩阳！

2017 年 11 月

# 谈爱情
## ——2017 年 11 月写给全体同学

同学们好！

今天我想跟大家谈的话题是"爱情"。可能有的同学要笑了，跟我们谈爱情，校长是不是吃错药了啊！现在我可以清醒地告诉你，我没有，我就是要跟大家谈"爱情"！

要谈爱情，绕不开舒婷的一首诗《致橡树》，我来读给大家听：

我如果爱你——
绝不像攀援的凌霄花，
借你的高枝炫耀自己，

我如果爱你——
绝不学痴情的鸟儿，
为绿荫重复单调的歌曲；
也不止像泉源，
常年送来清凉的慰藉；
也不止像险峰，
增加你的高度，衬托你的威仪。
甚至日光。
甚至春雨。

不，这些都还不够！
我必须是你近旁的一株木棉，
作为树的形象和你站在一起。

根，紧握在地下；

叶，相触在云里。

每一阵风过，

我们都互相致意，

但没有人，

听懂我们的言语。

你有你的铜枝铁干，

像刀、像剑，也像戟；

我有我红硕的花朵，

像沉重的叹息，

又像英勇的火炬。


我们分担寒潮、风雷、霹雳；

我们共享雾霭、流岚、虹霓。

仿佛永远分离，却又终身相依。


这才是伟大的爱情，

坚贞就在这里：

爱——不仅爱你伟岸的身躯，

也爱你坚持的位置，足下的土地。


相信大家都听过这首诗，因为就在昨天中午，我们的校园广播里还放过。这首诗告诉我们真正的爱情应该是心心相印、独立自由、平等坚贞、风雨同舟。用这样的标准去衡量一下我们身边的同学，谁有这样的胸襟，谁又有这样的忠心？

那些自以为在恋爱着的同学，也请你扪心自问一下，你和他（她）之间的感情有这样深吗？上周遇到两个男女生，自以为爱得死去活来，当那个男生被劝退以后，没过几天，女生又恋上了另一个男生！速度之快捷、感情之脆弱竟让我这个过来人也瞠目结舌！是因为女生善变吗？我觉得不是！我相信这个女生绝对是个好姑娘，可为什么她会有这样的举动呢？因为她没有爱上谁！那两个男生她都不爱，她只是错把依赖当成了爱。换句话说，她需要的不是爱,而是依赖,是借以慰藉她孤独寂寞的心灵的依赖!

说实话,我不反对爱。有句话说得好,哪个少男不钟情,哪个少女不怀春?爱是一个人作为人长大后正常的生理与心理需求。可是,我反对谈!

我觉得异性之间的"爱"是一个神圣的字眼,不能轻易说出来!古人说:两情若是久长时,又岂在朝朝暮暮。这句话的意思是说,真正的爱情要经得起长久分离的考验,只要能彼此真诚相爱,即便终年天各一方,也比朝夕相半的庸俗情趣可贵得多!作为一个高中生,我们是要做一个优秀的、高尚的人的,你爱了,那没有错;只在心里放着,让它变成一股动力即可;再等一年、两年、三年,你会发现,你原来喜欢的,早已是过眼云烟了。你没有爱,却因为人家的一杯热茶、一盒牛奶、一包方便面、一次带饭、一句无心的你认为关心的话,就忘记了自己最初的梦想去跟人交往,这样无论对你还是对他(她)都是不负责任的表现!所以,我不反对爱,我反对谈。因为你说出来,感情就淡了,生活也乱了,学习也差了,最后高考完也只能各自散了!

我在嵩阳高中 14 年,见过太多这样的悲剧式的分手!应上"985"高校的,因为分了心只考了一个普通的一本;应上一本的,因为动了情,勉强只过了一个二本;应上本科的,因为谈恋爱,最后回家不上了。这种故事太多了,过去有,现在有,将来还会有。但,我不希望你们——嵩阳高中的学生是这种故事的主人公!

当我看到有的男生晚上下自习后不直接回宿舍而是提着暖瓶把女生送到宿舍外边,当我看到该回教室了男生和女生还盘坐在操场上迟迟不愿起身,当我看到有人有事没事一下课就往别班门口跑……当我看到这些的时候,我就会想,这些孩子又要重复别人的故事了!

让我来猜想一下咱们学校那些所谓谈恋爱的学生都有着什么样的心理。一定有人是因为学习不好,找不到成就感,内心没有着落才想找个人谈谈打发时间;也一定有人是因为在家里得不到温暖便把情绪转移到同学身上来寻找安慰;还一定有人是因为学习之余想找个人消遣消遣……总之情况肯定很复杂,但我敢断言,这些人都有一个共同点,那就是理想目标不坚定,精神生活不充实!

一个人儿女情长,自然英雄气短!高中是一个人人生的分水岭,考上了好的大学,你便有了新的人生起点;随便找个学上上,你便不用来读嵩阳高中。人生而独立,在这个世界上,没有谁是离不开谁的。所以,我奉劝高三的同学们,不要把对高考的恐惧当作爱情,更不要把内心的忧虑当作爱情,不要把即将到来的分别当作爱情,更不要把同病相怜当作爱情;也奉劝高一、高二的同学们,不要把对人生的迷茫当作爱情,也不要把对学习的无助当作爱情。你们多数人还未满 18 岁,如此美好的年龄怎么能付于无聊的事情? 你们正值风华正茂,没有点书生意气,怎么能挥斥方遒!

所以,我再次重申我的观点:我不反对你的内心有这种感情的萌芽,但我反对你用你浅薄的行动来诠释它。

正确的时间做正确的事情,你就会获得成功;正确的时间做错误的事情,你将遭遇失败。现在,大家是学生,学生的事业就是学习,学习就是你当下要做的正确的事情。你只有把这样工作做好了,你的人生才会异彩纷呈!

2017 年 11 月

# 怎样做一名合格的中学生

同学们好！

今天，我想跟大家谈谈"如何做一名合格的中学生"。

儒家经典《大学》中有一句话，叫"苟日新，日日新，又日新"，今天我想把它解释给大家。这个句子中的"苟"是"假设，如果"的意思。整个句子翻译出来就是"如果能够一天新，就应保持天天新，新了还要新"。目的在于激励人弃旧图新，不断革新。

应该说，新学期开学以来，三个年级都表现很好，无论是精神状态，还是行为习惯，都给人以耳目一新之感。这是我外出学习之前对学校的感觉，培训回来之后再观察大家，我发现，10 天过去了，大家几乎没有什么变化，个别同学、个别班级甚至出现了倒退现象。

我这儿有一组数据，这是教导处的查课统计，大家听一下：

仅从 10 月 16 日到 10 月 22 日，7 天的时间，全校上课迟到学生 9 人，睡觉42 人，平均到每天，天天都有人上课迟到、睡觉。除此之外，吃东西、玩手机、传纸条儿、聊天、转笔、抓耳挠腮、歪坐斜靠等还有 99 人次。共 150 人次，占全校人数的 4%；没有任何扣分的班级只有 13 个班，仅占全校班级的 26%。

这还仅仅是在教室，是上课时间，其余在校园、餐厅、宿舍、厕所等场地乱吃、乱扔、乱跑、乱呼、乱闹、乱叫等行为，在午休、公共自习、饭后进班时间大吵大闹、提前出教室、偷偷去打球、无所事事扰乱班级秩序等情况也是屡见不鲜。

如果让你背着泰山渡过北海，你说你不能，我相信你真不能；如果让你上课不迟到、不睡觉、不分心，让你课间讲文明懂礼貌，让你食不言寝不语，你说你不能，我不相信。若说真的不能，是不能天天都如此，一生都如此。是啊，这些事儿在我们的生活中，其实都是不起眼的小事儿，可是正是这些小事体现着我们的素质，彰显着我们的教养，昭示着我们的未来。刚才我公布的教导处统计的数据中,违纪学生占全校学生的 4% 说明,我们中的绝大多数学生都是好孩子;有 13 个班级没有扣分说明,我们每个班都可以实现零违纪、零扣分。

孟子曰:人之初,性本善。我认同他的观点。我相信每个学生都是好学生,即使你犯了错误,也是一时糊涂;我相信每个学生都会有进步,只要你有决心,你就一定能成功;我相信每个学生都能考上自己理想的大学,只要你够努力,幸运之神一定会青睐于你。我相信你们行,所以今天我才在这里跟你们讲,如何做一名合格的中学生。

从个人而言,我提几点最简单的要求:

先说立,站如松。大家可能会问,我们又不是残疾,谁不会站? 是的,大家会站,可是站得没有精气神! 有人弯腰驼背,有人低头含胸,有人靠墙斜倚,有人骨松肉疲。这不是我所要的,我们要站出青年人的朝气,挺胸抬头,气宇轩昂!

再说走,行如风。我们都上高中了,还不会走路吗? 大家会走路,但走得不好。怎样才能走好? 我提个标准,就是军训会演时的标准,要把你青年人青春的风采走出来,走得风风火火,但不是打闹、拉扯、奔跑。

再说坐,坐如钟。大家在教室里,绝大多数时间都是坐着的。可是,站有站相,坐有坐相。不能趴桌子上,不能靠墙,要坐得稳当,坐得正派,坐得一身正气!

最后说卧,卧如弓。晚上回到宿舍休息,这是最好的姿势。不能用被子蒙头,不能在被窝里看小说,要好好休息,早点入眠。

从班级而言,我向大家提出如下要求:

首先是做到八个字:

**敬**:尊敬师长,敬畏生命。**净**:净化环境,陶冶品行。**竞**:敢为人先,勇于竞争。**静**:静以利人,静以修身。**精**:努力学习,精益求精。**警**:追求进步,警钟长鸣。**谨**:谦虚谨慎,努力认真。**进**:百尺竿头,更进一步。

其次注意几个方面:

纪律方面:值日班长提前到,五至八分比较好;点名之后莫乱跑,有事学会打报告;自习课上要安静,讲题说话小点声;课间请别强运动,追逐喧哗都禁行;集体场合有修养,行事说话讲文明;自觉主动为自己,众志成城向北京。

生活方面：

1. 教室周围：衣着得体，举止文明，打扫卫生，及时干净。

2. 寝室住宿：遵守纪律，保持安静，不丢脏物，说话无声。

3. 清洁区域：到时务快，扫时务净，周一清洁，人人有功。

学习方面：

1. 端正学习态度，培养自觉习惯，做好预习工作，时刻富有激情。

2. 提前到班上课，莫等老师催促，课间保持安静，作业认真完成。

3. 及时复习知识，认真总结反省，每周周末汇总，组长班长引领。

4. 尊重学习规律，目标任务分明，注重能力培养，日事日毕日清。

思想方面：

专心致志做学问，杂事闲事不操心。积极乐观看问题，遇事沉稳不着急。

不大意，不失意；一心一意搞学习；不得意，不随意；轻轻松松出成绩。

体育方面：

出操集合快静齐，口号响亮争第一；体育课上守秩序，加强锻炼强身体。

今年，我们学校提出了一个宏伟的目标，那就是要把学校建成质量一流、文化深厚、风景优美的中原名校。质量从哪里来？从同学们的日常学习效果中来；文化从哪里来？从同学们的日常举止言谈中来；风景从哪里来？从同学们的整体表现中来。

同学们要做到每日三省：我来学校做什么？我今天做得怎么样？我要做什么样的人？

每日八问：尊敬师长了没有？帮助他人了没有？关心集体了没有？遵守纪律了没有？主动学习了没有？锻炼身体了没有？互致问候了没有？关爱自然了没有？

这样，你就做到了"苟日新，又日新，日日新"，这样你才算是一名合格的中学生。

2017 年 12 月

# 齐心协力 上下同欲 超越巅峰 誓创唯一
## ——2018年辞旧迎新升旗仪式上的讲话

尊敬的各位老师、亲爱的同学们：

大家好！

今天，我演讲的主题是"齐心协力，上下同欲，超越巅峰，誓创唯一"。

本次升旗仪式不同以往，因为它承继着2017年的壮丽画卷，开启着2018年的奋斗篇章！在这样一个天寒地冻的时刻，我们——意气风发的嵩阳高中人，共同回首过去，展望未来。

2017年，是嵩阳高中发展的一个巅峰！

这个巅峰是教师水平！这一年，我们致力于一课一研，使新上岗教师一上讲台就成为台柱子；这一年，我们致力于学科教研，让青年教师登上讲坛成为学科专家；这一年，我们致力于师星评比，每周都给老师一个惊喜。正是这样，学校涌现出了一大批以刘建军、张忆楠老师为代表的青年新秀，以姚三丽、蔺亚莉老师为代表的教学能手，以王晓潘、董英英老师为代表的十佳班主任，以孙世卿、张建森老师为代表的副教授，他们要么朝气蓬勃，要么能力出众，要么经验丰富，要么智慧过人，他们是嵩阳高中蓬勃向上的主力军！

这个巅峰是学生素养！嵩阳高中成立至今已逾14年，2017年是我收到问候最多的一年！无论是学生还是老师，无论是"老师好"还是"校长好"，都让我从内心深处感受到教育带给人的愉悦和幸福。校园里，听到最多的是对问题的探讨和考试的关注；餐厅里，看到最多的是对同学的尊重和秩序的遵守；教室里，体会最深的是读书的激情和学习的热情。从高一到高三，从课上到课下，从放学到返校，我最大的感觉就是同学们越来越懂事，越来越文明！同学们，你们行走的姿态，发言的神态，学习的状态，无一不在告诉我，你们是最优秀的一代！

这个巅峰是高考成绩！2017年高考，我校普通类一本上线288人，较2016年增长115人，上线率27.3%，位居各高中第一名，实现均分生源以来一本上线人数6连增。二本上线865人，上线率83%，创历史新高！尤其令人骄傲的是我校应届生表现不俗,一本上线272人,二本上线811人,以绝对优势位居登封市各高中第一名。本届学生,2014年保送生录取,全市前百名没有一人。今年高考,李玉辉同学以600分的优异成绩夺取全市文科第一名,李林昊同学以621分的优异成绩夺取全市理科第六名,有力的数据再次彰显了嵩阳高中的实力和魅力!

这个巅峰是幸福指数!我不敢说嵩阳高中的每一个老师和学生都是幸福的,但我敢说我一直在努力让你们幸福!学校做的每一件事情都遵循三个原则:对学生好,对老师好,对学校好!如果违背了则坚决不做。那么,为每个学生配备一名导师,每天进行三次激情宣誓,每周召开一次主题班会,每月免费提供一次正餐,每期举行两次表彰大会,每个班级一百元到两百元不等的奖励金,每个教室建立一个小型图书馆,摆放一百多册经典图书……这所有的事情,都是学校已经做过并且将坚持做下去的,目的只有一个:让师生成长得更好!我没有做过问卷调查,但我自信我能从你们的脸上读出两个字:幸福!在嵩阳高中读书是幸福的,在嵩阳高中教书是幸福的!

所以,可以这样说,2017年,我兑现了"让生命更美丽"的承诺。

那么,面对即将到来2018,我们用什么来报答?

我们的理念是:严管真爱。我们的思路是:全校一盘棋、上下一条心,精致管理、精心育人、精准教学、精细服务。我们的远景是把学校办成质量一流、文化深厚、风景优美的中原名校,把学生培养成会自由思想、独立判断,有担当意识、家国情怀的优秀学生;近景是2018年高考一本应届上线全市第一名,夺取全市文理双状元;清华、北大实现突破,"985"和"211"院校,双一流大学录取人数大幅度提高,总数达到500人。高一、高二期中期末考试特优生、一本生、本科生上线保持领先地位,各项活动有一必争,逢冠必夺!

不忘初心,方得始终。为了共同的梦想,我们要坚持做到四点:

**第一,坚持点燃激情**

"激情晨读",每天早上5:30,全校开始激情读书。从读书姿势到读书内容,从读书声音到读书状态,都要做到极致。让我听得见你们生动的声音,看得到你们抖擞的精神!"激情宣誓",每周一次学校宣誓,每天三次班级宣誓:各班级在班主任的指导下,在同学的引领下,高举右手,紧握拳头,慷慨激昂,激发潜能。"激情跑操",每天上下午的两个大课间,在学校运动场进行阳光跑操活动,要求做到班旗引领、排面整齐、步调一致、口号铿锵、间距均匀、前后有序,要跑出气势,跑成风景。"激情班会",每周日晚第一节,从营造氛围到确定主题,从班会形式到班会流程,各班要八仙过海,各显神通,把班会开成同学们的加油站、能量源。

### 第二,坚持以研促教

做好一课一研。每天抽出专门的时间,来到指定地点,以年级为单位,组织学科教师进行教研。旨在集思广益,博采众长,提高效率,优化课堂。做活班级教研。每周抽出专门时间,以年级为单位,组织班级任课教师进行教研,交流问题,吃透学情,对学生做到对症下药,因材施教。做实学科教研。每月最后一周周三下午教研活动时间,以学科组为单位,针对教学当中存在的共性问题,拟订主题,选定主讲人,同伴互助,共同提高。做细年级教研。每两周的周三大教研活动时间,以年级为单位,对周考情况进行分析,发现问题,反思过程,力求改进。

### 第三,坚持考试训练

从规范开始,追求尽善尽美。学校专门成立考试训练协调组,由谷晓沛老师负责。每次考试都有固定的流程和模式,从选题到组卷,从定稿到印制,从评卷到登分,从分析到讲评,从考前动员到组织考试,从考中巡视到考后通报,从变式训练到落实培优,都做到事事有人管,人人有事做,时时有监督,生生有统计。就这样处处抓过程,环环重精细,把每一项要求不打折的落实好,把每一个问题一次性地解决好,把每一次训练无借口地做到完美。

### 第四,坚持全员育人、全面育人、全程育人、全心育人

通过开展"习惯养成月""管理规范月""全员育人月""开放办学月"活动,不断强化行为规范,优化思维习惯,创新育人方法,更新教育观念,办学生喜欢的学校,做学生喜欢的教育。

同学们,老师们,"志不立,天下无可成之事;心不齐,世上无圆满之梦想。"2018年,我们要不畏风雨,直面挑战,以解决问题为契机,以服务创新为引领,把事情做到极致,把方法用到极致,把激情染到极致;2018年,我们要心往一处想,劲往一处使,事往一处谋,齐心协力,上下同欲,超越巅峰,誓创唯一!

最后,我衷心祝愿全校师生越来越好,衷心祝愿大嵩高越来越好!相信奇迹,奇迹就能发生!我坚信,我能做到,我们能做到!

我的演讲完毕,谢谢大家!

2017 年 12 月

# 进取 担当 反思 从我收到的三封信说起
## ——在高二 2017—2018 年上期末表彰会上的讲话

同学们好！

我今天没有什么重要的讲话，就是跟大家聊聊天，沟通一下思想。

今天，我很幸运。幸运的标志是收到了学生的信，且不是一封，而是三封。这三封信来自三个年级。中午 12:23 分，在综合楼，我收到了第一封信；回到办公室，我的门上夹着第二封信；午休起来，我拿到了第三封。三年级毕竟年长一些，这封信不仅有信封，且外形也做得很用心；一、二年级相对就显得直白一些，有话就写在纸上塞到你门上。就是这样三封信，内容却惊人的相似。

高三的信上说：我要上郑大，晚上自习时间延迟到 10:30 不够用，我申请重开自习室，把时间推迟到 10:50。不要小看这 20 分钟，这 20 分钟我可以做很多事情……

高二的信上说：请您也给愿意留下的同学多加一节晚自习，和高三一样。又听闻高一已经开始加晚自习了，那么我们高二特快，也应开始凭自愿留下，否则我们不配称为高二，不配称为准高三，白比高一多吃一年饭！请求您在今晚就让我们开始自愿留下……

高一的信上说：每晚听到二年级回来的声音也睡不着，不如留下学习，希望学校尽早将时间调好，晚上留下学习的事情也早日定夺……

三封信，出自不同年级不同学生，但内容却是如此一致，都涉及了推迟晚自习这件事。这使我想到我提出的"上下一条心"的希望，这次是学生一条心了。虽然我还不知道怎样做才能满足所有人的愿望，但我的内心是充满了感动和骄傲的。

感动的是同学们对我的信任，骄傲的是我的学生开始学会自由思考，并且有了进步思想。我之所以说进步思想，是有所指。放寒假的时候，原本是只要求高三上课上到腊月二十六的,后来考虑到同学们在家学习不如在校氛围好,就把高二和高一的部分班级留校了。这件事情决定以后,大家反应很强烈,有写匿名信表示反对的,有当面直接表示反对的,而高一的学生呢,学校领导跟同学们谈话的时候,没说几句一年级学生就表示要留校再学几天。我猜测,这其中有一个原因,可能是因为高二考得好,高一考得不好。相比那个时候一个个写信要求早点放假,现在又一个个写信申请延长学习时间,我觉得你们进步了。所以,我称这种思想为进步思想。

当然,也有美中不足的地方,那就是好多同学写信都不署名。收到信,我很想单独回复,可是找不到具体的写信人。我想,你给我写信,说明你信任我,既然信任就信任得彻底一点儿!我自信,我也是一个值得信任的人!写信时写上名字,更容易让我了解你!一个问题,你站在学生的角度看是这样,我站在校长的角度看是那样的。不同的角度,对问题的看法是不一样的。就像瞎子摸象,摸到腿的,说大象像柱子;摸到耳朵的,说大象像扇子;摸到身体的,说大象像堵墙。你写了名字,我觉得需要,就会很快地找到你跟你交流,等彼此了解的时候,我想问题也可以迎刃而解。

那么,我在考虑什么呢?比如推迟晚自习的问题,我首先考虑的是安全还有同学们的健康。我女儿现在上大学,我不用陪她。现在我的所有精力都放在学校,3 000 多个学生,每个学生不管他成绩好还是成绩差,不管他基础好还是基础差,不管是习惯好还是习惯差,我觉得都是我的孩子。我希望每个孩子都能健康成长,在嵩阳高中读书 3 年都能考上自己理想的大学!所以,我自觉责任重大。正因为感觉责任重大,每一件事情做起来,都必须思虑周全才行!所以,希望同学们理解我,支持我!

还回到信上。同学们要求推迟晚自习,意味着学习的时间延长了,休息的时间减少了。可是,却有越来越多的学生愿意这样做,申请这样做,这是什么精神?这就是进取精神,是拼搏精神。这就是嵩阳高中的学生精神!我喜欢这种精神,青年人就应该有这样的精神!

这个现象的背后,还有一种精神,这种精神叫担当。今年我给高三定的目标是一本 500 人,文理双状元,出一个清华一个北大。这个目标意味着什么?意味着我们要为国家重点院校输送 500 个优秀学生,意味着我们要为国家未来培养 500 个栋梁之材。高三的学生知道我这个目标,所以他们开始自觉自愿承担起这个责任!刚开始要求延长学习时间的是一两个人,接着是八个人、十个人,然后是几十人、上百人。星星之火,可以燎原。当 A 班学生站出来的时候,B 班学生睡不着了;当 B 班学生站出来的时候,C 班学生坐不住了。这很好,我们要的就是这个劲儿! 还有我们高二,两位主任说的大话是高考一本上线 600 人! 600 人,看起来不可能,实际上有可能! 只要我们努力,大话可以变成实话! 如何让大话成为实话呢? 首先今晚在座的各位同学全上一本,然后每位同学回去再动员一个朋友或者同学上一本,那目标就会实现。

今天这个会议还表现了一种精神,这种精神是反思精神! 今天,我们开的是高二年级上期末考试表彰会,你们见过表彰会上退步较大的学生发言吗? 没有! 然而,今天我们见了! 两位退步较大的学生发言令人深思! 学如逆水行舟,不进则退! 这次退步的是他们,下次有可能是你! 见贤思齐,见不贤而内自省,这两位同学其实就是一面镜子,映照着我们的将来! 上学期期末考试,我们高二年级成绩很优秀,可是期末考试之后,同学们有点骄傲,表现不太好! 早上听不到你们的读书声音,正课看不到你们专注的神态,骄兵必败的道理想必大家都是知道的,我不希望这个成语在你们身上得到验证! 刚才我们主任说,我们以前的目标是全市前 10 名进入 5 个,这次考试实现了! 依我看,前 10 名我们得进入 9 个半! 不要以为不可能,一切皆有可能,要敢于挑战不可能! 在一个小小的县城里,如果我们从来都没有这样想过,那实现的可能就不可能会有了! 现在,我们的情况,就像井底之蛙,只看到了自己处在低处,没有跳出井口看外面的世界! 可是,要知道我们不是跟自己比,我们是要跟外面的世界比! 所以,必须眼光向外,志向远大!

跟我上过学的学生都说我追求完美,是一个理想主义者。我觉得这没有错,一件事情,如果你不追求完美,你就做不到最好;一次考试,如果你不追求完美,你就考不到最好。如果不追求完美,凡事差不多就行了,那我们永远无法成为一个出类拔萃的人。我之所以说这些,也是希望大家做事、做人、学习都追求完美! 同学们的目标大学要想成为现实,你就必须有大志向、大境界、大胸怀,那样才能成大事!

最后,我再概括一下我们身上拥有的三种精神,第一种是进取精神,第二种是担当精神,第三种是反思精神,有了这三种精神,目标在身,责任在肩,使命在心,加上你坚实的行动,我相信,精诚所至,金石为开,同学们一定能梦想成真!

2018 年 3 月

# 孩子 我希望你这样去做一个人
## ——在高一、高二部分女生会议上的讲话

同学们：

大家好！今天我讲话的主题是："孩子，我希望你这样去做一个人"。这个时间段属于我们，是我和你们的生命，你们和我的生命相互交融的一段时间。你们可以把它当作一节纯粹的语文课，也可以把它看成一个校长给学生开的会议。

可能你们不知道为什么来听这个会，可是我却知道，我是为着把你们培养成一个优秀的人。

想开这个会，是因为一封信。这封信的名字叫"我的兵荒马乱的青春"。信是一个女生写的。她写道：高中三年，我不知道我在做什么。我成绩不好，也不差；我表现不好，也不差。所以，没有老师找我谈话，也没有班主任找我谈过话。上课的时候，只要有同学被老师叫出去，我就会很羡慕。可是羡慕归羡慕，老师不找我，我也从没有找过老师。我是一个平凡的不能再平凡的人，我有一个兵荒马乱的青春。我没有可以骄傲的地方，也没有可以自豪的特长……

看到她这封信，我的内心充满了愧疚和心疼。作为一个老师，我们忽略了一部分像她这样的学生，我为此感到愧疚；作为家长，如果这个女儿是我的，她的高中是这样的，我为此感到心疼。

因为不希望你们再有与她一样的感受，因为希望你们每一个人都感觉到老师对自己是最好的，今天才把大家集中起来开这个会。

著名诗人余光中有一首诗，我觉得能表达我的心声。我把它念给大家听：

孩子,我希望你这样去做一个人

孩子,
我希望你自始至终都是一个理想主义者。
你可以是农民,
可以是工程师,
可以是演员,
可以是流浪汉,
但你必须是一个理想主义者。

童年,
我们讲英雄故事给你听,
并不是一定要你成为英雄,
而是希望你具有纯正的品格。
少年,
我们让你接触诗歌、绘画、音乐,
是为了让你的心灵填满高尚的情趣,
这些高尚的情趣会支撑你的一生,
使你在最严酷的冬天也不会忘记玫瑰的芳香。
理想会使人出众。

孩子,
不要为自己的外形担忧,
理想纯洁你的气质,
而最美貌的女人也会因为庸俗而令人生厌,
通向理想的途径往往不尽如人意,
而你亦会为此受尽磨难,
但是,
孩子你尽管去争取,
理想主义者的结局悲壮而绝不可怜。

在貌似坎坷的人生里，

你会结识许多智者和君子，

你会见到许多旁人无法遇到的风景和奇迹。

选择平庸虽然稳妥，

但绝无色彩。

不要为蝇头小利放弃自己的理想，

不要为某种潮流而改换自己的信念。

物质世界的外表太过复杂，

你要懂得如何去拒绝虚荣的诱惑，

理想不是实惠的东西，

它往往不能带给你尘世的享受，

因此你必须习惯无人欣赏，

学会精神享受，

学会与他人不同。


其次，

孩子我希望你是个踏实的人。

人生太过短促，

而虚的东西又太多，

你很容易眼花缭乱，

最终一事无成。

如果你是个美貌的女孩，

年轻的时候会有许多男性宠你，

你得到的东西太过容易，

这会使你流于浅薄和虚浮；

如果你是个极聪明的男孩，

又会以为自己能够成就许多大事而流于轻佻。

记住，

每个人的能力有限，

我们活在世上能做好一件事足矣。

写好一本书，

做好一个主妇。

不要轻视平凡的人，

不要投机取巧，

不要攻击自己做不到的事。

你长大后会知道，

做好一件事太难，

但绝不要放弃。

你要懂得珍惜感情。

不管男人女人，

不管墙内墙外，

相交一场实在不易。


交友的过程会有误会和摩擦，

但想一想，

偌大世界，

有缘结伴而行的能有几人？

你要明白朋友终会离去，

生活中能有人伴在身边，

听你倾谈，

倾谈给你听，

你应该感激陪伴你的人。


要爱自己和爱他人，

要懂自己和懂他人。

你的心要如溪水般柔软，

你的眼波要像春天般明媚。

你要学会流泪，

学会孤身一人坐在黑暗中听伤感的音乐。

你要懂得欣赏悲剧，

悲剧能丰富你的心灵。

希望你不要媚俗。

你是个独立的人，

无人能抹杀你的独立性，

除非你向世俗妥协。

要学会欣赏真，

要在重重面具下看到真。

世上圆滑标准的人很多，

但出类拔萃的人极少。

而往往出类拔萃又隐藏在卑琐狂荡之下。

在形式上我们无法与既定的世俗争斗，

而在内心我们都是自己的国王。


如果你的脸上出现谄媚的笑容，

我将会羞愧地掩面而去。

世俗的许多东西虽耀眼却无价值，

不要把自己置于大众的天平上，

不然你会因此无所适从，

人云亦云。

在具体的做人上，

我希望你不要打断别人的谈话，

不要娇气十足。

你每天至少要拿出两小时来读书，

要回信写信给你的朋友。


不要老是想着别人应该为你做些什么，

而要想着怎么去帮助他人。

不要随便接受别人的恩惠，

要记住，

别人的东西，

再好也是别人的；

自己的东西，

再差也是自己的。

孩子，

还有一件事，

虽然做起来很难，

但相当重要，

这就是要有勇气正视自己的缺点。

你会一年年地长大，

会渐渐遇到比你强、比你优秀的人，

会发现自己身上有许多你所厌恶的缺点，

这会使你沮丧和自卑，

但你一定要正视它，

不要躲避，

要一点点地加以改正，

战胜自己比征服他人还要艰巨和有意义。

不管世界潮流如何变化，

但人的优秀品质却是永恒的：

正直、勇敢、独立。

我希望你是一个优秀的人！

　　这就是我的心声，我希望你们成为这样一个优秀的人！我始终认为，与男生相比，女生应该更优秀，因为一个女孩子的成长关系着三代人的命运。女生优秀了，首先受益的是她自己，因为优秀，能帮她获得做人的尊严；其次获益的是她的父母，因为女儿是父母的贴心小棉袄；最后获益的是她的子女。因为她的优秀，给子女树立了榜样，更重要的是她的受教育程度决定了下一代的人生起点。

　　所以，我要把大家集中起来，给大家讲我希望你们成为一个什么样的人。

　　我也是女性，所以，我特别希望你们优秀起来，希望你们成为我的骄傲！可是你们平时是怎么做的呢？在座的各位，有好多人没有把时间花在学习上，要么为了鸡毛蒜皮的小事，除了跟同学闹别扭便无所事事；要么天天把自己打扮得花枝招展,除了跟男生聊天儿,什么也不做;要么沉迷网络不能自拔,完全忘了一个学生应该做的事情。

同学们,物质基础决定上层建筑。你们的今天决定你们的明天,你们的现在决定你们的未来!作为女生,我们不仅要颜值,我们更要自立自强。容颜易老,能力无价!希望你们好好想想,青春短暂,不能荒诞!

请你们了解一个师长的心,请你们了解一个母亲的心,请你们改掉过去的坏习惯,成长为一个优秀的人!

2018 年 3 月

# 三月 我向你发出邀请

## ——2018年下学期第一次升旗仪式上的演讲

尊敬的各位老师、亲爱的同学们：

大家好！

今天，我演讲的题目是"三月，我向你发出邀请"。

三月属于春天，春风浩荡，春雨连绵，春意盎然，春光灿烂；三月属于青年，风华正茂，青山不老，青春飞扬，青胜于蓝；三月属于我们，天地之中，颍水河畔，嵩山南麓，嵩阳高中的追梦人。

三月如此美好，我们本可以自在徜徉，观河柳鹅黄，赏桃杏芬芳，饮曲水流觞，伴莺飞草长。然而我们不能，我们有使命在身。

新学期一开学就是三月，这是几年不遇的事情。数数日子，想想目标，一种时不我待的紧迫感油然而生。

我记得很清楚，2017年的12月25日，我在这里告诉大家，"2018年，我们要不畏风雨，直面挑战，以解决问题为契机，以服务创新为引领，把事情做到极致，把方法用到极致，把激情燃到极致；2018年，我们要心往一处想，劲往一处使，事往一处谋，齐心协力，上下同欲，超越巅峰，誓创唯一！"转眼，就是两个月零十天！有些事情才刚刚开始，有些事情还在谋划，有些事情还未提上议事日程，可是一年已经过去了六分之一。这是何等的快速！又是何等的令人怅惘！

印象更深刻的，是刚刚过去的百日誓师大会！2018年2月26日，3 000多名师生和1 000多名家长，在学校的运动场上共同见证了高三年级的铮铮铁骨，战神风范！100天，99天，98天，97天，96天，95天，94天，93天……倒计时牌一页页地翻过去，我可爱的孩子们，你们可在战？你们可曾向方法开战，向速度开战，向慵懒开战，向坏习惯开战，向自我开战？

青春不重来，一日难再晨。人生有几个高中，高中有几个高一、高二、高三,每个学段又有几个今天? 看似重复的每一个昼夜,其实没有一天是相同的。那过去的每一个时段,留下最多的痕迹只有两个字:成长,成长,成长! 一过春节,你就16岁了,你就17岁了,你就18岁了! 似乎还没来得及规划,甚至没有任何心理准备,你长大了,同学们,你们知道你们长大了吗?

所以,我向你们发出的第一个邀请,就是请珍惜时间,要有时不我待的紧迫感。

我向你们发出的第二个邀请,就是请心怀感恩,要有敬畏生命的神圣感。

上个学期,餐厅曾经给大家做过公益活动,那就是节日的时候让大家免费就餐。有一次,主食是大米。快吃完饭的时候我去餐厅,看到的却是触目惊心的泔水桶,里面白花花的大米似乎在谴责我,好事没有做好,你错了! 还有一次,主食是馍菜汤。我看到馍头吃不到一半儿,不吃了;汤喝不到一半儿不喝了;菜吃不了一半儿倒掉了。最后,泔水桶恶水外溢,餐桌上一片狼藉。没有挨过饿的你们何曾知道劳动的艰辛! 我痛心于浪费的粮食,向全校发出"不浪费一粒米"的倡议! 要知道,浪费即是犯罪! 同学们但凡心存一点感激,就不会对自己的行为无动于衷!

我今天把这个事情讲出来,是想给同学们提个醒:做人要懂得感恩,做事要有所敬畏!

2月28日晚上10:10分,我站在女寝北楼外的纪念碑前,听到2楼、3楼的女生熄灯后没有躺下睡觉还在大声喧哗;3月1日晚自习下课,我站到男生宿舍南楼2楼,楼道西头和东头的部分男生三五成群,打闹不止。公共场合,一个人最可贵的品质就是一个字:静! 同学们为什么做不到? 我认为这是缺少敬畏的表现! 如果你心中有纪律,有同学,有学校,你就不会这样闹腾!

我经常发现一种怪现象:有相当一部分同学,上课时,萎靡不振;下课后,神采飞扬。读书时,默不作声;回宿舍,肆无忌惮;对朋友,两肋插刀;对亲人,无理取闹。见到别人父母,行礼问好,样样都会;回到自己家里,不听话不懂事,自行其是! 我不明白,你们一个个绝顶聪明,为什么就不能正确的时间做正确的事情?

我把这些问题都归结为一个原因,那就是缺少敬畏之心! 因此,我希望你心怀感恩,学会敬畏! 敬畏纪律,你将会是一个好学生;敬畏规则,你将会是一个好公民;敬畏生命,你将会是一个优秀的、大写的人!

我向你们发出的第三个邀请,就是请战胜自己,要有舍我其谁的使命感。

我遇到过很多家长，他们给孩子择校的理由大多是想换一个好环境，也有很多学生之所以想择班，是因为所择班级有一个好环境。那么，请问：班级不好，谁的责任？学校不好，谁的责任？环境不好，谁的责任？将来没有考上好的大学，又是谁的责任？很少有人想过这个问题，或者想过，也总是埋怨题太难，分太高，别人太不好，自己永远无辜！今天我要明白地告诉大家：你错了！我的班级，我的学校，我的环境，我的大学，都是我的选择，我的责任！你有了这样的认识，便有了"舍我其谁"的胸襟！

一个人最大的敌人，往往不是对手而是自身。地上太脏了，谁扔的垃圾？课上太吵了，谁发出的声音？餐厅太乱了，谁没有排队？如果要讲道理，我相信很多同学的口才都是一流的。在如何改正错误，如何学习进步，如何做人做事上，他都能讲得头头是道。可是，道理是讲给别人听的，规矩也是给别人定的，凡事一旦轮到自己身上，便行不通。要知道，你也曾往地上丢垃圾，你也曾在课上说废话，你也曾在餐厅占位加塞！如果每个人都把这些当作自己的事情，从我做起，拒绝平庸，战胜自己，迈向成功，你便有了"舍我其谁"的决心！

小至修身齐家，大到治国平天下，有了舍我其谁的信念，你才会勇往直前！要考清华、北大，舍我其谁？要担国家使命，舍我其谁？要立时代潮头，舍我其谁？舍我其谁，不是比霸气，而是比自信，比责任！

同学们，今天是3月5日，在二十四节气里，它叫惊蛰，惊蛰寓意万物复苏。今天还是学习雷锋纪念日。雷锋精神的内涵是"懂得感恩，乐于助人，热爱学习，能够坚持，乐观向上"。你看，这个日子跟我的心意高度默契。我希望大家有时不我待的紧迫感，有敬畏生命的神圣感，有舍我其谁的使命感，我所希望的，也是今天这个日子所包含的。

三月属于春天，春天是生命蓬勃向上的季节；三月属于青年，青年是生命充满力量的阶段；三月属于我们，我们是意气风发的嵩阳高中人！所以，我相信，我要求的大家能做到，我希望的大家能实现，因为你们是我的骄傲，因为你们气度不凡！

人间三月芳菲始，秣马厉兵正当时。同学们，请接受我的邀请，让我们一起完成这个时代赋予我们的使命，誓创唯一，超越巅峰！

2018 年 3 月

# 你想考多好就能考多好

## ——2018年高三郑州第二次质量预测动员

亲爱的同学们：

大家好！明天就是二测，看到你们专注复习的神情，听到你们认真讨论的声音，我知道你们已经准备好了！可是，就像儿行千里母担忧一样，我，作为你们的老师，或者作为你们的长辈，面对就要开始的第二次万人短兵作战，还是禁不住想多叮嘱几句。

因为怕你们紧张，所以我想说：放下包袱，轻松上阵。"天一"四联已成过往，成功与失败都是云烟。如果你从中获取了经验，我欣喜你的成长；如果你从中得的全是教训，那么正好，明天考试我们就可以躲开陷阱。无论怎样，此时此刻，你已然是全新的你，你又比"天一四联"多吃了几天饭，多充了几天电，你的体内有满满的能量。所以，紧张什么呢？放下没有任何意义的担忧，卸去没有任何价值的焦虑，旁若无人、开开心心地，用你冷静的头脑，对瞬息万变却又万变不离其宗的考题做出理智的判断和抉择，那样你就能轻松胜出，于不经意间杀出重围，成为万里挑一的人。

因为怕你们浮躁，所以我想说：心如止水，波澜不惊。今晚课间，同学们班内班外的表现浮躁有几种表现：一是多话，前后左右，都想跟人家搭讪；二是多动，坐卧不宁，站立不是；三是多事，一会儿摸头发，一会儿拿东西，一会儿喝水，一会儿上厕所。怎样避免这种情形呢？我送你八个字，心如止水，波澜不惊。心如止水，就是要你泰山崩于前面不改色；波澜不惊，就是要你麋鹿兴于左而眼睛不眨。不管是在考前、考中还是考后，不管题难还是题易，你都要有意识地要求自己、平复自己的心情。古人打仗的时候，为了怕行军时说话，就在嘴里含一枚子（像筷子似的东西），叫衔枚，如果你控制不住自己，不妨一试。我相信大家和我一样清楚，很多时候，同等水平的人在考场上拼的不是智慧，是定力。真正的高手，在较量的时候，意志和定力起着关键作用。

所以,你若想胜出,就必须拒绝浮躁,拥有强大的定力。静如止水,稳如泰山,强如疾风,自然就势不可挡,所向披靡。

因为怕你们失误,所以我想说:心细如发,做题严谨。每次考完,几乎每个同学都会说,这个题我失误了,那个题我马虎了。那么,我们如何避免失误呢? 我的秘诀是心细如发,做题严谨。我们都知道,卷子上是没有多余的字的。心细如发,就是不错过任何一个信息,从读题到析题,从阅读到判断要做到准确无误;做题严谨就是推理严密,表达流畅,思路清晰,一道题做下来滴水不漏。理想是什么? 在我看来,理想就是零失误。如果题难,我们不会做,我认为这是可以原谅的,毕竟一个人能力有限;如果我们会做,做错了,我觉得这是不可原谅的。从某种程度上讲,一个人做题的品质代表着他做事、做人的品质。会做的全做对,这应该是一个高三人最基本的追求! 所以,明天的考试,我向大家提个要求,那就是零失误!

因为怕你们不会合理分配时间,所以我想说:合理分配,有序作答。有人做理科卷子,遇到一个可心的题,总是抱着钻研的精神,大有不做出来誓不罢休的气概,结果费了九牛二虎之力,这个题可能真做出来了,但是却得了一匹战马,失了一座城池,六个学科因此而败北;有人做文科卷子,抱着追求完美的心态,大有一分都不想丢的志气,结果前面的题可能问心无愧了,可后面的题因为没时间却爱莫能助,本想追求完美,最终却以不完美收场。我说的这些现象,不仅出现在往届学生身上,也出现在同学们身上。前事不忘,后事之师。所以,今天我提醒大家,为了不留这样的遗憾,我们要合理分配时间,有序作答试卷。希望同学们有大局意识,既然我们把考试比作打仗,那你作为将军和士兵,就要学会排兵布阵,让自己在考场上的利益最大化。先做什么,后做什么你要今天就想好,哪个题花费多长时间,你要提前有安排;类型题怎么切入,要事先有准备。既然是将军,就要运筹帷幄;既然是士兵,就要勇往直前。遇到老朋友,要小心应战;遇到陌生人,要找到关联;遇到难缠的,不可恋战。记住,你是试卷的主人,胜券就在你的手心! 要有核心意识,知道自己是为什么而战!

最后,我想认真地告诉你:考试是这样的,你想考多好,就能考多好! 你的知识多少、你的习惯好坏、你的能力强弱,虽是一个客观的存在,但是在考场上,你的主观能动性,包括你的专注程度、认真程度、规范程度、坚持程度对你的整张试卷都起着至关重要的作用。只要你不抛弃、不放弃,你就能成为最后的胜者。每年高考，都有"黑马"出现，这些"黑马"正是充分发挥这种主观能动性的人！我们当中，有的学生，不相信自己，明明错了一个小题，他却觉得失去了整个世界，然后由着自己放弃剩下的学科；有的学生，太过骄傲，明明可以考得满分，却因自以为是丢了一片江山；有的学生，本是一块可造之才，太过浮夸，不愿意改掉自己的不良习惯最终泯然众人……正如一个孩子在他的母亲那里总是最好的那样，大家在我眼里也个个是好的。我从一个老师的角度看，大家都是千里驹，稍加磨砺，定成栋梁材。那么，还等什么呢？请改掉自己的坏习惯、坏脾气，去做一个优秀的人吧！我相信你们，你们也要相信自己！记住，你想考多好，就能考多好！这是一个真命题，我希望你们证明给我看！

同学们，话有说完的时候，但我对你们的感情却不会终结。今天距高考还有 72 天，这 72 天，是你们的生命和我的生命、老师们的生命一块度过的最令人难忘的一段日子。为了给你们一个好人生，我会想办法给你们一个好环境，给你们一个好心情。我们会努力给你们最好的教学、最好的辅导、最好的训练、最好的双周考。我和我们的老师会竭尽所能！请你们也珍惜这段日子，充实这段日子，尽最大的努力，做最好的自己！

昨天的苹果，代表着我的祝愿：希望你们健康，平平安安；希望你们努力，幸福圆满！

2018 年 3 月

# 除"四害"刻不容缓

-------------❦-------------

亲爱的同学们：

晚上好！

今天，我给大家谈话的主题是"除'四害'刻不容缓"。我说的这"四害"，不是环境卫生上的苍蝇、蚊子、老鼠、蟑螂，目前，这些小动物们在我们学校几乎销声匿迹、不见踪影，即使偶尔有一只两只，我们也是见一个消灭一个，见两个消灭一双。我说的这"四害"，是指吸烟、化妆、玩手机、谈恋爱。目前，男生吸烟、女生化妆、拿手机上网打游戏、考试作弊、男女生不正当交往这些现象，虽被学校列为禁止范围，但却屡禁不止。在距高考还有 52 天，距高三天一五联还有 1 天，距高一、高二天一三联还有 8 天的今天，我想我们必须严肃地谈谈这些问题。

先说第一个问题，男生吸烟问题。凡是吸烟的人都知道，我们国家制造的烟盒上明明白白地印着三行字，第一行：本公司提示；第二行：吸烟有害健康，第三行：请勿在禁烟场所吸烟。我猜想，我们学校的男生对这几行字是直接忽视的。我认为，你可以忽视第一行，但不能忽视第二行和第三行。"吸烟有害健康"，这是经多少人实践、多少医生证明、多少科学家研究出来的结论，这一点不容置疑。可是，我们当中的有些男生，却视为儿戏，从来就不以为意。每当我站在校园里，听到一些男生用带着烟味的声音向我问好或者携带着有烟味的空气从我身边经过的时候，我的内心就又痛心又焦虑。我焦虑的是除了处罚没有更好的办法禁止你们吸烟，我痛心的是你们那么小就拿自己的健康不当回事。你们知道不知道，吸烟可以让你们的手指变畸形，牙齿变黄色，肺部有阴影。当然，你们对这些可以表示不在乎，那么你对自己在公众中的形象，对自己做人的尊严也表示不在乎吗？

我对吸烟的中学生有这样的看法：

第一，没有教养；第二，不讲文明；第三，不懂尊重。没有教养是家庭问题,不讲文明是素质问题,不懂尊重是人格问题。毫不夸张地说,吸烟的学生身上或多或少都有些坏毛病。长期的教学经验告诉我,吸烟的孩子多数都是不爱学习的孩子。我虽不会以成绩的高低来定义学生的好坏的,可是如果我知道哪个学生吸烟,脑子里还是会条件反射:这孩子不是个好学生!我相信,所有的教师(包括有烟瘾的老师)都会跟我一样有同样的认知。

我们学校是培养人、教育人的地方。我们学校的学生绝大多数都是未成年人,校园内明令禁止吸烟。那么,你作为嵩阳高中的一员,如果你承认自己是嵩阳高中的学生,你还想在嵩阳高中就读的话,我劝你从今天起开始戒烟。我知道你的烟龄还不长,我也知道你们能做到,我相信你们能做到!

第二个问题,女生化妆问题。与吸烟相比,女生化妆似乎不必大惊小怪。走在大街上,女人化妆比比皆是,何必要对我们大加批评呢?是的,我也认为化妆没有什么。在国际礼仪里面,如果女性出席正式场合,不化妆恰恰是对人的不尊重。

那么,我为什么还要谈这个问题,并把它定为影响我们健康成长的"四害"之一呢?

一是因为年龄。我们学校的女生,小的14岁,大的可能有19岁,正值人生当中最美好的年龄,皮肤还在生长,需要的是营养和水分,而不是化学元素,把买化妆品的钱换成水和水果,吃在肚子里,才会产生由内而外的美。

二是因为化妆品的质量问题。化妆品之所以叫化妆品,是因为这里面含有一定量的化学成分。把这些东西抹在脸上会好看,就是因为那些化学元素在起作用。时间长了,你就可能对这些产品产生依赖。以目前同学们的消费水平看,用的多是一些劣质品,这势必会对你的皮肤造成伤害。等到你30岁的时候,你可能再也不能以真面目示人,因为你的皮肤惨不忍睹。

三是因为学业问题。现在这种年龄,正是学习的好年龄,我们来到学校不是比相貌,是比勤奋,比刻苦,比谁掌握的知识多,比谁的学习好,比谁的努力大。如果你把时间都用在涂脂抹粉上,长此以往,很难想象你会在学习上有所建树。在当前的社会环境下,一个成绩不优秀的女生,很难在社会上找到自己的尊严和地位!

我这样理解,长得好的人是不需要化妆,化妆的人都是不自信的人。俗话说,丑女多作怪,我看这句话适用于相当一部分爱化妆的女生。我不想你们小小年龄就把自己画得跟几十了一样,我也不想你们20年后不化妆就不敢出门。我们嵩阳高中的女生长大了应该都是某方面的女强人，而不是靠化妆提升自己的。

所以，我以一个长者的身份告诉你们，从今天起，不要再拿着那些东西往自己脸上拍；好脸不用画，丑脸画不美。好好提升自己的内涵，腹有诗书气自华！

第三个问题，是玩手机问题。有人说，这是个世界难题，谁也没有办法。手机作为时代发展的产物，本不是什么坏东西。如果我们利用得好，它完全可以方便我们的生活，有利于我们的成长。做手机的主人，感觉真好！可是我们呢？我们是手机的奴隶！

想当年，我们有部分家长，为了鼓励大家考上高中，曾给你们许愿：好好学，考上了高中，给你买部手机。好，真的考上了，就给买了一部手机。于是，就害了你！你拿着手机开始作弊。平时不努力，考时看手机，趁着老师不注意，从网上搜答案，让同学给传答案。父母觉得这孩子一上高中进步了，回回都能考个好成绩。殊不知，答案是偷来的，成绩是抄来的，成长是虚假的。这种行为，学校考试是违纪，高考就成了违法。

还有部分家长，经不起你软磨硬泡，再加上你以拿着可以联系方便或者给家里报平安为由，就给你买了手机。一旦手机到手，你立刻变成了俘虏。白天玩儿，晚上玩儿；上课玩儿，下课玩儿；上学玩儿，回家玩儿……开始是聊天，后来是看网络小说，再接着是购物，再就是打游戏……家长说得轻了不理，说得重了生气，明明知道不对，自己就是控制不住自己……

学校从你拿到通知书的那刻起，就告诉你不要带手机等电子产品进校，可是你们有令不行，有禁不止，依然找着各种各样的借口，把手机塞在各种各样的地方，把它带到学校。

学校为什么禁止带手机？我们为什么不能利用手机掌握知识、了解世界、提高自己？好！同学们请告诉我，在你们使用手机的日子里，你有多少时间是了解新闻，你有多少时间是学习知识，你有多少时间是阅读经典？恐怕你们没人做过这样的统计，我想你用在这上面的时间肯定是少之又少！

我们当中，有的学生玩手机，把成绩从正数玩成了倒数，有的学生看网络小说看上了瘾，最后精神出了问题；有的学生打游戏上了瘾，父母因为管不了他闹离婚。

大家可能知道，也可能不知道，现在的网络有个强大的功能，就是分类检索功能。只要你上网,它会根据你输入网络的信息或者你使用的网络功能推测你的喜好,然后专门寻找一些东西投你所好!比如你喜欢看网络小说,那么同类的小说每天都会冲击你的眼膜,比如,你喜欢打游戏,那么各种游戏就会铺天盖地推荐给你。我们看到,网上的每款产品,都以最直接的效果来引诱你!今天,我看到一款游戏的广告,广告说:我是某某某,我是贪玩游戏代言人,只需体验3分钟,你一定会跟我一样爱上这款游戏,你还不赶紧来?看着广告画面,听着广告语言,你会不由自主地被吸引!游戏刺激你、引诱你进入他们的圈套,目的是什么?占用你的时间,消费你的金钱!我敢说,网上的每一种东西,在各种面孔之后,都写着一个字——钱!

前天晚上,我们从宿舍里查出了11部手机,昨天在教室里再查,结果只查了4部手机。事实真的是这样的吗?我看未必!让我想想手机去了哪里?花坛里、墙缝里、空调后、内衣里。有时候想想,我们有些人真是不知道"耻"字怎么写!明明拿着手机,被人发现后,理直气壮地说没拿,其实是藏在了内衣里,扔在了草丛里!真是白念了高中,不配称一个高中生!

想拿手机,可以,学校让一步,拿来之后交给班主任代管!想玩手机,可以,等你长大成人,对手机有了判断力、免疫力之后才玩儿!一个人,把时间消磨在无聊的事情上会让你更无聊!

今天,我在这里讲得并不全面,但有一个信息,你必须知道,手机是妨碍我们健康成长的"四害"之一,学校对手机的彻查会坚持到底!我讲了之后,如果你还不收手,处分升级,直至勒令退学!

我说的第四个问题,是男女生不正当交往问题。所谓不正当,就是越过了界线,超过了分寸!大家正值青春期,对异性产生好感,生发一些情愫是很正常的事情。但是发乎情止乎礼,这是老祖宗2000多年前就告诉我们的道理。如果你对某个人有好感,那么好,让时间来做个验证。等他(她)3年,看看你还会不会感觉如初!宋朝词人秦观说,两情若是久长时,又岂在朝朝暮暮。经不起时间考验的感情,最终只能是一场空!如果你真想谈恋爱,很好!我给你们介绍一个朋友,那就是书!请跟书谈一场恋爱吧,它对你肯定矢志不渝,一往情深。只要你认真待它,认真读它,它就会有10倍的报答!

最后,为了避嫌,请同学们遵守以下要求:①同学之间不拉拉扯扯,尤其男女生之间;②行走校园或者在运动场单独活动,男女生之间至少保持1米距离;③在餐厅就餐男女生吃饭不坐在一起,坐在一起保持1尺的距离;④男女生之间不买饭、送水、送饮料、送水果等礼物；⑤只要没有在嵩阳高中毕业，无论走在哪里，都要保持距离。这是尊重别人，也是在尊重自己！

今天，我把吸烟、化妆、玩手机、谈恋爱定为目前影响我们健康成长的"四害"，我相信同学们会理解，并且会按要求去做！因为你们早就告诉我你们很懂事，很明理！再严的纪律对于不违反的人都形同虚设，再宽的要求对于不自觉的人都很严格。希望同学们好自为之！

马上就要考试，希望同学们以最认真、最专注、最准确、最迅速的标准要求自己，预祝同学们考出最优异的成绩！

2018 年 4 月

# 做一个奋斗的青年

尊敬的各位老师、亲爱的同学们:

你们好！我演讲的题目是"做一个奋斗的青年"。

今天是 4 月 11 日,距离高考还有 56 天。这 56 天,对于青年时代的我们是关键的 56 天,也是重要的 56 天,抓住了,我们的梦想会成为现实,我们个人会获得更好的发展;抓不住,在现实面前,梦想会变成空想,人生也会因此而黯淡无光。那么,剩下的这 56 天,我们该怎么度过? 我们该做一个怎样的青年?

习近平总书记说:幸福是奋斗得来的! 我觉得,梦想也要靠奋斗来实现。所以,这 56 天,应该是奋斗的 56 天! 我们应该是奋斗着的青年!

奋斗是实现梦想的阶梯。邓亚萍奋斗在乒乓球台前,数十年如一日,终于称霸乒坛,天下无敌;郎平奋斗在排球场上,终于带领女将们勇摘桂冠,续写辉煌;杂交水稻之父袁隆平奋斗在田间地头,终于研制出了籼型水稻,解决了人口大国最重要的问题——粮食问题。

那么,我们该如何奋斗呢?

上好每一节课。大家都知道,上好一节课不难,从课前准备到课上发言,从认真听讲到积极思考,做一次很容易;可是每一节课都这样就不那么简单。如何上好每一节课呢? 我们不妨打个心理战:把每一节课都当作生命当中的第一节课,把每一节课都当作人生巅峰的一节课,把每一节课都当作生命当中的最后一节课,抱着这样的心态,你就会认真对待每一节课,你就会上好每一节课。如果你上好了每一节课,那么你就是在为梦想而奋斗!

做好每一套题。二测之后,我们开始周双考。这意味着,每周有两次高密度的套题训练,再加上每天中午的变式练,每天下午最后两节课的天天练,周一、周三下午和周六晚上的数学、综合练,我们的生命与题血脉相连。一个青年最大的苦处,莫过于面对一个个没有情感、没有意义、没有趣味的文字和数字。如果你能够用最认真、最专注、最准确、最迅速的标准要求自己做好每一道题、每一套题，那么我告诉你，你就是在奋斗！

每天清晨，当你打起十分的精神捧起书本动情地朗读的时候，你是在奋斗；每个午休，当周围鼾声四起而你却翻开笔记认真复习遗忘的知识的时候，你是在奋斗；每个夜晚，当别人枕梦入眠而你却翻看错题的时候，你是在奋斗！

什么是奋斗？奋斗就是为了梦想持之以恒地努力，坚持不懈地实干，哪怕道路坎坷，哪怕倍受折磨。

为了打造新东方，俞敏洪在奋斗；为了智创互联网，马云在奋斗……比我们优秀的人都在奋斗，我们有什么理由妥协与退后？

同学们，奋斗吧！我们都是普通人，唯有奋斗，才能铸就不凡！奋斗56天，让梦想在6月实现；奋斗56天，让青春不留遗憾；奋斗56天，让人生美丽璀璨！

不奋斗无青春，不奋斗枉青年！我的发言完毕，谢谢大家！

2018 年 4 月

# 六月 我送你们出征
## ——写给 2018 届高三学子

亲爱的孩子们:

现在是 2018 年 6 月 1 日 20 点 35 分,我坐在电脑前给你们写信。

此时此刻,校园里非常安静。高一、高二年级的老师们讲课的声音和同学们回答问题的声音,我都听得很清楚。我总是下意识地想走往三年级院,可是我又很清醒地知道,今天你们不在,你们回家做高考前的最后一次休整。

就是那么一瞬,我忽然觉得:和你们在一起的时光,才是我人生最好的时光。

这时光里有你们的青春!

三年的青葱岁月,三年的喜怒悲欢,三年的师短生长……

从高一到高三,你们走过的每一步路、唱过的每一首歌、上过的每一次课、经过的每一次考试,我们的校园都记忆犹新:植物园记得你们的每一次穿越,运动场记得你们的每一次奔跑,月季花记得你们的每一次往返,八角楼记得你们的每一次周考……

这三年,男生都长高了,来的时候是一个小男生,现在变成了男子汉,顶天立地;女生都变美了,来的时候是一个小女孩儿,现在变成了大姑娘,秀外慧中。

这时光里有我们的期盼!

三年的努力耕耘,三年的默默付出,三年的守望陪伴……

从你们踏入这个校门的那一刻,我们就许下了郑重的承诺:家长送我一个美好少年,我要还你一个人中翘楚。为了这份承诺,老师们写下的教案放在一起可以造出一座山;年级印制的试卷连接起来可以形成一条河;为了这份承诺,从早上 5 点到晚上 11 点,班主任三年如一日从不缺席,就是星期天和节假日也难得休息;为了这份承诺,班会、家长会、运动会、表彰会、励志会、动员会、研讨会、座谈会,只要能打动你们的,我们一直没有懈怠过……

这三年,你们可能有过不开心,可能有过小不满,可是最后的最后,你们还是肩负起了成长的重担,一天天努力拔节,一月月破壳生长……雪松磨炼了你们的性格,银杏涵养了你们的气质,升旗台记下了你们的喜悦,石榴花绽放着你们的青春。

这时光里有春草如茵,夏花绚烂,秋叶静美,冬雪无尘……

难忘这段美好时光,你们的生命与我们的生命共同织就了嵩高的华章!

此刻,校园的木槿热烈的花苞一个挨着一个,广玉兰盛大的花瓣像星星一样在枝叶间闪烁,我想就着月光,举起花杯,一杯敬高考,一杯敬青春,一杯敬老师,一杯敬你们。

嵩高很美,但不是你们的归宿;三年小住,只为了似锦的前途。三年,你们羽翼已丰;六月,我送你们出征!

鸟飞蓝天,龙归大海,一帆风顺是有的,经点波折也是难免,所以临行前,我送你们几句肺腑之言。

一、每临大事有静气。高考是人生中的一件大事。不管平时考了多少次,练过多少回,做过多少题,面对高考,我知道你们还会有那么一丝丝紧张与惶惑。这很正常,完全没必要为此惊慌。只要你做个深呼吸,静下心来,很快就会恢复到平常的状态。心若安定,万事从容。人生处处是考场,从容面对,你定会考出自己的真实水平。

二、每遇难事有勇气。国家选拔人才,必定设定门槛。面对困难绕着走是一种方案,迎难而上、勇往直前也是不错的选择。题难时,要记得从易处入手;复杂时,要记得从简单处切入。从易到难,从简单到复杂,不惧山穷水尽,自有美景良辰。相信自己的能力,相信自己的判断,相信自己的付出,你定会遇难呈祥。

三、每逢小事有大气。生活中有太多鸡毛蒜皮的小事,你若斤斤计较,心情便会糟糕,行动便受干扰,关键是眼前的苟且常常会遮住诗和远方的田野。也许就因为一件小事,你耽误了做大事的时间;也许就因为一件小事,你失去了成大事的机会。所以,我希望你能大气一点儿。放开眼光,敞开胸怀,宰相肚里能撑船,将军额头可跑马。凡小事,放下了,便是晴空万里,一马平川。

四、每做正事有锐气。高考是一件正事,尤其对我们这些生活在小城镇的人来说,十几年的努力只为了通过高考找到一个适合自己的平台。如若你是大树,请不要萎缩成一棵小草。苔花如米小,尚学牡丹开,何况你们风华正茂,信心满怀?所以,箭上弦,刀出鞘,请露出你的锋芒,你必定锐不可当。

五、每遭坏事有底气。生而为人,我们追求完美,但接受不完美。当生活向我们展示它丑恶的一面的时候,你一定要保有做人的底线、做事的底气。要相信功夫不负有心人,要相信天道酬勤!

孩子们,此时此刻,我仿佛又听到了四班、五班的口号声,十三班、十四班的跑步声,仿佛又看到了一班、十班早起的身影和十五班、十六班读书的情形,二班、三班、六班在回答问题,七班、八班、九班在奋笔疾书;十一班、十二班、十七班在庄严宣誓。每个班级每个孩子都从我的脑海一一走过……

时维六月,序属初夏,铁树吐翠,榴花绽红。高考在即,我送你们出征,请相信前方一定是"接天莲叶无穷碧,映日荷花别样红"的美景。加油,孩子们!

2018 年 6 月

# 善始善终　善作善成
## ——2018年6月13日对高一、高二学生的劝诫

亲爱的同学们：

你们好！今天用这样一种形式跟大家谈话，源于三个原因：一封信、一种现象、一个链接。

先说一封信。中午12:05分，我在二(5)与二(6)之间的楼道遇到一个男生，他很开心地交给我一封信。原文如下：

尊敬的校长：

您好！炎炎夏日，酷暑难耐。校长您是否也在倍受高温的折磨？又或许您是在办公室里吹着空调，正为嵩高的发展谋划？而我们，却只能顶着高温，在挤满学生的一个屋子里奋斗。屋里的温度将近40度了吧。班里热到汗流浃背的时候，我们唯一的最有效的解暑方式就是扇风，也就是"人工造风"。可这样的行为却被禁止了，于是，只能渴求大自然馈赠的那一丝气流。

校长是否能体会到读书读到满背都是汗，想一道数学题也想到汗一脸的感觉？或者是校长您没有体会到汗水在脸上、背上流淌的感觉？毫不夸张地说，坐在凳子上5分钟，衣服接触到的那些位置就像被汗水浸泡一样。中午睡醒过后，短袖背后也有一大片水渍。您说过要让我们嵩高的同学们幸福，以前我一直觉得很幸福，可是最近这些天，似乎幸福悄悄溜走了一些。可能是备战高考让校长您操劳过度。

何以解忧，唯有杜康；何以解暑，唯有空调。开空调能解决同学们的生理和心理问题，又能搞好后勤工作，让同学们无忧无虑地备战期末，为我校争光！望校长三思而后行！

接到这封信的时候，教室里的空调已经开放。我也可以真实地告诉大

家,截至目前,我办公室的空调自入夏以来还没有开启过;我承受的炎热比起你们一点儿都不少。通过这封信我想问的是:学校在想办法对同学们好、为同学们服务,同学们又用什么来回报学校,我还想问的是幸福到底是什么,是单方面的索取,还是相互的理解和支持?

我在学校一直在做三件事情:第一,对学生好;第二,对老师们好;第三,对学校好。可是,在我努力的同时,同学们在做什么?

我们先看一组数字:从2018年5月7日—6月7日,学校对同学们的不规范行为进行了统计:吃东西8人次,玩耍物品42人次,看课外书1人次,手放在桌子下57人次,睡觉146人次,做小动作27人次,穿衣服2人次,说笑59人次,梳头照镜子21人次,迟到35人次,总计398人次。

这些数字触目惊心!

今天中午,我到阶梯教室后面的女寝院,除了看到几十个女生在洗头外,还看到一个男生体贴地在为一个女生擦头发! 这儿是学校,不是公园,更不是你家!

这两天学校组成了16人的听课团队,深入到各个班级听课,看到的是什么? 老师在讲台上热情地讲课,同学们在讲台下悠闲地喝饮料、自在地趴在桌子上睡觉;为了躲避天热,有学生以听课为由站在教室后面却无所事事;老师讲卷子,有的人不仅没有做完,甚至连卷子也了无踪迹……

早上出操,口号不响亮、步伐不整齐,没有一点年轻人的朝气;一下课人声鼎沸,一上课恹恹欲睡;到教室无精打采,出教室吃喝玩乐;课堂上需要回答问题你们默不作声,回宿舍需要静心休息你们废话连篇;还有玩手机、吸烟的恶习……这些,难道就是你们对学校的回报?

这就是我今天与大家谈话的第二个原因。高三毕业,高一就是高二,高二就是高三! 距离期末也仅有屈指可数的短短几天!

我想请问:你们的紧迫感、使命感、责任感在哪里;你们写在教室外面的目标和理想什么时候才能变成你内心真正地渴望;你们,除了年少轻狂,还有什么可以作为滋养你青春的土壤?

花无重开日,人无再少年。你们,此时不读书何时读书;此时不努力何时努力;此时不拼搏何时拼搏?

我对你们并没有过高的要求,只希望你们认认真真做好学生的本分。上好每一节课,做好每一道题,完成每一个学生应该完成的任务。你拍拍胸口,问问自己,你做到了吗?

世上从来没有恶劣的环境,有的是恶劣的心境。心静自然凉! 心若安定,一切从容;再高的气温,又奈你何!

第三个原因,是一个微信链接。我校办公楼前有个国臣图书馆,里面的书籍全是张国臣先生捐赠。今天中午,他老人家发给我一个微信链接,题目是"孙俪,用4年资助了一匹白眼狼"。

文章中有两个故事:一是孙俪资助一名高一学生上高中、读大学,最后却遭到曝光污蔑;一是歌手丛飞资助183名学生,在自己身患癌症后不仅没有人看望反而催要生活费。

张教授发给我这个链接,是别有深意。因为他曾经拿出5万元资助我校10名考上名校的学生,一晃6年,这些学生早就毕业且已工作,但几乎没有人想起要看望一下他老人家!

也许他资助过的学生没有想这么多,但张教授却会这么想:人心何其凉薄! 同学们何其无情! 滴水之恩,当以涌泉相报! 现在,别说回报,就是一句问候也很稀少!

他发给我的链接虽无一言寄语,却是暗含批评。是我教育无方,才培养出这种不知感恩的学生!

今天,看到同学们这封信,想到同学们在吃爱心餐时的表现,外面是炎炎夏日,我的心却在冰天雪地。我办学育人,育的是敢担当有情怀的头狼,绝不是白眼狼!

我对同学们好,是希望同学们变得更好! 如果你们不好好学习、好好做人,把老师的好心当作理所应当,那就是没有良心! 我嵩阳高中决不培养这样的人!

今天这些话,也许说的有些重,但是响鼓就要重锤敲,希望能敲醒你们!

做人,要有良心,懂感恩;做学生,要有目标,知努力;做事,要敢担责,能做好。学生应该做的事,你把它做到极致;学校不允许做的事,你要收手! 大家记住,学校不轻易开除学生,但绝不是不开除学生! 你好好做学生,自然风平浪静;你若无事生非,必定受到惩罚!

古人有句话,叫善始善终,善作善成。意思是说做事情既要有好的开头,也要有好的结尾;既要善于做事,更要善于把事做成。2018年,我们高一、高二都有一个好的开局,期中考试都取得了优异的成绩,那么在接下来的期末考试中,我们的目标是一本、二本双第一,文理双状元！我想通过广播问问你们,你们能做到吗！是的,我们必须做到,这样才算得上是善始善终,善作善成！

同学们！多少事,从来急;天地转,光阴迫;一万年太久,只争朝夕！

今天晚上高一要进行期末前最后一次模拟,明天后天高二要进行期末前的最后一次模拟。希望你们认真对待,发现问题,分析问题,解决问题,期末考试考出优异成绩！

希望你们抖擞起精神,迸发出活力,为了自己的理想,为了学校的尊严,为了父母的骄傲,勇敢去战！

2018 年 6 月

# 高三和成年需要我们养成好习惯

## ——2016级高三启动仪式上的讲话

尊敬的年级主任、班主任，亲爱的同学们：

大家好！今天，我发言的题目是"高三和成年，需要我们养成好习惯"。

今天我们在这里举行2016级高三启动仪式，意义非凡。这个仪式，昭示着2016级的同学正式进入了一个新的时期——高三；这个仪式，意味着2016级的同学正式进入了人生的一个崭新阶段——成年。

高三和成年，是令人望而生畏的两个字眼。

高三是什么？高三是梦想的阶梯，是人生的起点。高三是黎明前的黑暗，是一个人的奋战。高三就是刷题、熬夜、反思、总结。高三就是碰撞、升华、成长、辉煌。

成年是什么？成年是一副担子，一头系着家庭，一头系着国家；成年是一首乐曲，一面写着欢乐，一面写着艰辛；成年是一种境界，一层放着理想，一层放着责任。

面对这两个沉甸甸的字眼，我想对大家说：不怕！今天的仪式，就是我们征服高三、宣告成年的开端！良好的开端是成功的一半。刚才，两位同学给我们畅谈了人生理想和学习经验，两位主任向我们发出了学习号召和行动誓言，十六位班主任的闪亮登场，为我们开启了高三新纪元。

然而，我深知，不能去掉一个坏习惯，难以有所建树；不能养成一个好习惯，难以有所作为。

就在昨天，因为大家来校报到，从办公楼到教学楼，我弯腰四次捡拾垃圾；开学报到的第一天，我就看到有人开始坐在教室里吃喝玩乐，跑到走道里追逐打闹，趴在栏杆上看风景；今天早上，高三正式上课的第一个晨读，我看不到你们脸上生动的表情，听不到你们读书表现出来的热情……

不管学校纪律怎么要求,不管老师、班主任怎么强调,你们的手放在桌子底下、腿伸在走道中间、脸扭向教室外边的坏习惯一直没有得到根本的改变。

我清清楚楚地看到,时间从你们的指缝中、嬉戏中、呵欠中、恍惚中溜走了,你们不在乎,它也不回头。

同学们,舍不得这些坏习惯,走不好高三;改不掉这些坏习惯,成不了一个好青年!

高三和成年,需要我们养成好习惯!

手捧书本、旁若无人、大声读书的好习惯;认真预习、专注听讲、规范作业的好习惯,谈吐文明、举止大方、张弛有度的好习惯……

让自觉成为一种习惯!父母不催促,你主动到校;老师不要求,你主动思考;同学不提醒,你主动完成。到教室,第一个大声读书的是你;到餐厅,第一个吃完饭回教室的是你;到宿舍,第一个安静下来休息的是你。当自觉成为一种习惯,学习就是乐趣,考好轻而易举。

让乐观成为一种习惯!世上从来没有恶劣的环境,有的只是恶劣的心境。面对作业不应付,面对复习不抱怨,面对考试不紧张,面对进步不狂喜,面对困境不放弃。要知道,天下没有白吃的苦,没有白受的罪。今天的你,熬过了多少苦和累,明天的你就能得到多少笑和美。

让奋斗成为一种习惯!现在很流行一句话:不奋斗,你的才华如何配上你的任性;不奋斗,你的脚步如何赶上父母老去的速度;不奋斗,世界那么大,你凭什么去看看。我们也常说,只有拼出来的成功,没有等出来的辉煌!高三,需要奋斗;成年,需要奋斗;我们正年轻,没有理由不奋斗!

让优秀成为一种习惯!优秀不是天赋,而是一种习惯。雄鹰不甘宇下,骏马难守圈栏,一个志存高远的人,必定将追求优秀作为自己的人生目标。我嵩高学子,自建校以来,一直用自己的行动诠释着优秀二字。如今,走到2016级,走到2019年,我相信同学们定能继承优秀传统,把"优秀"变成自己的行动,化成自己的血统!

同学们,我们走过的每一步,都是人生对我们的测试;我们度过的每一天,都是生命对我们的考验。就从今天开始,让我们记住七月二日。每天去掉一个坏习惯,每天形成一个好习惯,一天一天坚持下去,用好习惯成就高三,用好习惯助你成年!

既然高三和成年，是我们的人生躲不开的字眼，那就敞开胸怀，对着它大声吼一句:来! 风来,雨来,我们不怕! 潮来,浪来,我们不怕! 高三和成年,我们不怕! 因为我们,可以让自觉、乐观、奋斗、优秀成为人生的好习惯!

2018 年 7 月

# 用嵩高精神  绘精彩人生

## ——2018年高考表彰暨决战2019年高考誓师大会

尊敬的各位爱心人士、各位老师,亲爱的同学们:

大家上午好!我是刘秋珍,请允许我代表学校感谢各位爱心人士!感谢取得优异成绩的各位同学!感谢辛勤耕耘的各位老师!感谢支持学校的各位家长!天气炎热,各位辛苦了,谢谢你们!今天,我发言的题目是"用嵩高精神,绘精彩人生"。

2018年的高考数字,是我们学校攀登的又一个高峰!堆起这座高峰的是全体嵩阳高中人,更是2018届高三年级的全体师生!

我依然记得2018年的第一次郑州市质量预测!考试结束,三(8)班的学生要求晚上加自习,从21:50延长到22:50,多学60分钟!有这样愿望的学生,从个位数到十位数,从十位数到百位数,从百位数到全年级,后来延伸到高一、高二,影响到整个登封!这是什么精神?这种为了梦想不遗余力、拼尽全力的精神,我把它叫作实干!

我依然记得2018年高考前的一段日子,学校没有要求,我们的任课老师自觉把晚自习辅导时间推迟到大家离开教室之后;没有别人督促,我们的班主任从一开始就坚持跟大家战斗在一起;更令人感动的是,有的班级甚至同时出现两个、三个、多个辅导老师!这是什么精神?这种为了学生舍家别子、拼搏到底的精神,我把它叫作奉献!

我校成立15年,凝聚了一种精神,叫"嵩高精神"。这种精神的内涵是"踏实肯干、任劳任怨、不计报酬、无私奉献",在我们的学生身上,在我们的老师身上,我看到了嵩高精神的熠熠光芒!

这种精神在全校的49个班,变成了一筐水果、一盒蛋糕、一箱火腿肠、一包棒棒糖、一兜烧饼加豆腐串……这种精神在过去的360天,变成了一次补课、一张试卷、一个拥抱、一节班会、一番交谈……老师们想千方设百计,只为了一个目标——对学生好！

今天，我们在这里表彰 2018 年高考和统考取得优异成绩的优秀学子，对于大家的付出和进步，学校以奖金的形式呈现！但我们的目的并不在于奖金本身，我想让同学们记住的不是金钱，而是想借此弘扬一种精神，"踏实肯干、任劳任怨、不计报酬、无私奉献"的"嵩高精神"！

用这种精神去学习，你必定脑洞大开、精神饱满；用这种精神去生活，你必定日子充实、健康快乐；用这种精神去做人，你必定顺风顺水、梦想成真！

有了这种精神，远行的人不再孤单。我相信，从嵩高校门走出的学生，是一粒粒火种，无论走到哪里，都会释放惊人的能量，活出精彩的人生。

有了这种精神，留下的人更坚强。我相信，你们会勇敢地肩起学校发展的大任，顽强地拔节、生长，创造新的辉煌！

同学们！自今天起，我们都要踏上新的征程，2018 届学子要离开母校到高等学府去深造，2019 届学生要坚持奋斗迎接明年的高考，2020 届学子也要积极备战光耀嵩高。那么，我们用什么实现理想、完成目标？

是的，嵩高精神！踏实肯干、任劳任怨、不计报酬、无私奉献！让我们共同用嵩高精神、绘精彩人生！不忘初心、牢记使命、誓创唯一、超越巅峰！

2018 年 8 月 8 日

# 开启主动模式　彰显人生价值

——在2018—2019年第一次升旗仪式上的讲话

尊敬的各位老师、亲爱的同学们：

大家早上好！今天我们在这里隆重举行新学年第一次升旗仪式，请允许我代表学校向踏实肯干、任劳任怨、不计报酬、无私奉献的老师们表示衷心的感谢！向善思考、会判断、敢担当、有作为的嵩高学子们表示诚挚的祝贺，同时也向刚刚加入嵩阳高中团队的新老师们、高一年级的新同学们表示热烈的欢迎！

同学们，作为新学年的第一次升旗仪式，我最想告诉你们的，不是我校辉煌的高考成绩、强大的教师团队；也不是我校规范的考试训练、严谨的学校管理，更不是我校震撼的励志场面、感人的暖心活动……这些对同学们都不是最重要的，我最想和大家分享的是我近一个月来一直在思考的一个问题，那就是一个人怎样做才能充分显示自己的价值。

我们学校有两种人，一种是老师，一种是学生。身为老师，我知道老师的人生价值就体现在学生的成长中。学生退步了，老师鞭策；学生进步了，老师骄傲；学生失败了，老师鼓励；学生成功了，老师自豪。那么作为学生，你们如何做才能让人生更有价值呢？

我的答案是两个字——主动！主动就是不靠外力推动而行动，使事情按照自己的意图进行。

提主动，是因为在我们身边有太多被动的现象：上学的时间到了，没有家长的催促，我们不会主动起身；上课的时间到了，没有铃声的提醒，我们不会主动进班；该交作业了，没有老师询问，我们不会主动上交；要读书了，没有同学带头，我们不会主动张嘴；吃饭的时候，我们不会主动排队；就寝的时候，我们不会主动息声；看到垃圾，我们不会主动捡起；见到同学，我们不会主动问候……

大家回想一下我们的生活和学习,一天、一周、一月、一年当中我们有几次是主动提高自己?你可曾主动关上电视,你可曾主动放下手机,你可曾主动预习功课,你可曾主动思考问题?

我并非不知道,你们也有主动的时候。可,那是些什么时候?打游戏的时候,吃零食的时候,说闲话的时候,抑或沉迷网络小说不能自拔的时候?

同学们!你们所谓的主动和我所说的主动不在一个平面上起作用。能来嵩阳高中,说明大家的智商都没问题,可是,"智勇多困于所溺",我唯恐那些不良嗜好蚕食了你们大好的年华!

我太渴望你们能健康成长,所以,我希望你们主动:做人主动、做事主动、学习主动,开启主动模式,彰显人生价值。

做人主动,你会打开有利局面。毛遂自荐,才得脱颖而出;曹刿请见,终因一战成名。正是做人主动,两人才留名史册。作为新时代的中学生,我们也正需要这种主动性。主动,能帮我们很快融入集体;主动,能助我们站稳社会根基。

做事主动,你会获取更多机会。开学报到,自觉帮助老师的学生常常会被作为班干部的人选;各种活动,积极服务团队的人总是得到上级的青睐。凡事主动,处处都是机遇;被动等待,很少有人成功。

学习主动,你会实现个人愿景。今年被武汉大学录取的学生贺晨阳在谈毕业感想的时候,说了这样一句话:"学习的主动性在一定程度上决定了你的成绩能够提高的层次""主动学习的学生不但会跟上老师的步伐,而且懂得给自己加餐。"我很认同她的话。她用 4 年悟出来的道理,我希望你们现在就懂。

是的,主动,这个词深深地扎根于我的脑海,无法撼动!

嵩阳高中要成为中原名校,需要主动;同学们要成为同辈精英,需要主动!

所以,从今天起,我希望,嵩阳高中盛行主动之风!主动做人、主动做事、主动守纪、主动学习……

行走校园,看不到乱扔的垃圾,个个举止规范,人人谦和有礼;巡视教室,看不到无所事事的现象,个个奋笔疾书,人人自觉自律;回到宿舍,听不到大声喧哗,个个安静洗漱,人人行动有序。

同学们!什么是主动?主动是我想学习、我要学习,主动是积极进取、从不放弃,主动是勤奋努力、自强不息。什么是主动?主动是三(2)班的同学们用目标卡组成的"冲",是三(14)班的同学们,用目标卡绘出的"拼"！主动就是马不扬鞭自奋蹄！

同学们！请打开你人生的主页,把"主动"镶嵌其中！清晨读书,告诉自己要主动;课外刷题,告诉自己要主动;尊敬师长,告诉自己要主动;帮助同学,告诉自己要主动;让"主动"充实你的生活,用"主动"书写你的人生！

同学们！我的演讲结束了,可是,同学们新学年的学习生活才刚刚开始！我希望我的演讲不仅是一次演讲,它还应该是一个倡议,一个希望大家积极主动的倡议！请大家行动起来,请大家主动起来,这就是我新学年的新期盼！

谢谢大家,我的演讲完毕！

2018 年 8 月 26 日

# 上帝偏爱每一个努力的孩子

尊敬的各位领导、各位老师，亲爱的同学们：

大家上午好！

今天，我们在这里隆重举行2018级开学典礼！值此盛会，我代表学校，向各位新同学表示最诚挚的祝贺和最热烈的欢迎！

每年的八月份，嵩阳高中都有一道亮丽的风景，这风景不是准备绽放的桂花，不是挂满枝头的柿子，不是道旁变黄的银杏；这风景由人组成，他们有一个共同的名字叫新同学，简称"新生"。

我很喜欢"新生"这个词，因为它寓意丰富。听到这个词，我们会联想到新的生命、新的生活，会联想到新鲜血液、新生力量。不管哪一种含义，我觉得都可以用在我们身上。于嵩阳高中而言，同学们的到来，就像为学校注入了新鲜血液，让学校容颜焕发；于你们个人而言，进入嵩阳高中，你们是一支新生力量，开始了新的生活，让生命绽放新的光彩。

因为喜欢，我们每年都对新生充满了期待。大家还记得报到那天校园里的三个彩虹门吧！正门上写着两句话：关怀你成长，帮助你成功——这是我们的承诺；南门上写着八个字：精致管理，以心育人——这是我们的特色；北门上写着八个字——舒心生活，快乐成长：这是我们的希望。

因为喜欢，同学们一来到学校，就吸引了我的目光。无论是教室里的晨读，还是运动场上的军训；无论是行走在校园里的言行，还是遇到事情时的反映，我对这一切都关心。因为，我想知道你们是怎样的孩子，我要把你们培养成什么样的人。

在2018年高考动员时我讲过："从你们踏入这个校门的那一刻，我们就许下了郑重的承诺：家长送我一个美好少年，我要还你一个人中翘楚。"今天，我想跟同学们讲，我初衷不改，矢志不移。我要和老师们一道，把你们培养成会自由思考、独立判断，有担当精神、家国情怀的优秀人才。

因此,作为师长,我想跟大家讲一讲高中未来三年的时光。

——未来三年,是时间最短的三年。这个短,不是数量上的短,而是感觉上的短。人们说日子难过的时候,常常用"度日如年"来形容;而说时间飞快的时候,又会用"白驹过隙"来表达。无论"度日如年"还是"白驹过隙",都是人的一种主观感受。那么,用我们过来人的眼光看,高中三年有多短? 我借用你们一个学姐的话讲,叫作"三年如一日,转瞬即逝"。高中三年有多短? 三年就像一天! 同学们试想一下,如果高中只有一日,你该怎样度过呢? 如果高中还剩一日,你又将如何安排? 同学们刚入高中,可能感觉时间还长、高考还早,殊不知,你在这样想的时候,时光已经悄悄地越过了你的眉梢! 同学们,我真心地劝一句:时光易逝,请君惜之!

——未来三年,是成长最快的三年。这个快,不仅指你的身体长得快,而且指你的思想长得快。如果你的思想是一棵树的话,小学和初中时段,只能算是破了土发了芽,到了高中,它才开始拔节、开花。我还借用你们一个学姐在初入高中时说过的话,她说:"一进入高中,便进入了思维的殿堂。"思维、思想,这两个很抽象的词,会成为你们高中生涯的最佳搭档。培养良好的思维习惯,开始真正的独立判断、形成独到的人生见解,这些都是你成长的表现,是你敲开理想大学之门的法宝。所以,我想说:成长季节,请君重视!

——未来三年,是人生关键的三年。说它关键,是因为这三年决定了你的人生走向。你是从政还是经商,你是务农还是下海,你是搞科研还是当工人,命运让你在这三年里做出选择。这三年的路,要靠你自己走完,社会关系帮不了你,亲戚朋友帮不了你,权势金钱帮不了你。你只能靠自己! 所以,同学们,关键的三年,你要好好把握!

未来三年就是这样,等你们毕业了,也会产生这样的思想。为了更好地度过这时间最短、成长最快、人生最关键的三年,下面,我结合我观察到的同学们的表现,向大家提几点希望:

1. 少一点儿叛逆,多一点儿孝顺。我不止一次地听到家长说:我的孩子有点叛逆,不让说、不服管,一不如意就使性子、耍脾气。犯了错误,说的轻了不起作用;说的重了就不理你。我不知道,我们当中有没有这样的学生。如果有,请你改正。生命是父母给予我们的最大恩惠,是父母把我们带到人间,没有他们就没有我们。从照顾一日三餐,到关心四季冷暖,你可以认为那是他们的义务和责任,但你不可以不懂感恩! 每个孩子的成长,都浸透了父母的心血,同学们,你上了嵩阳高中,你就要学会孝顺!

2.少一点儿懒散,多一点儿勤奋。军训结束回家,我们学校布置了家庭作业。一个孩子说,高中就是不一样了,休息 5 天,发了 20 多张卷子,我上初中就没做过这么多。另一个孩子说,嵩阳高中太严了,放假也不让好好歇歇,这么多卷子,怎么做啊。听听这两个孩子的话,我们就知道,以前我们太懒散了。可是上了高中,不能再懒散下去,我们要勤奋起来! 一勤天下无难事,不管高中有多少门课,不管每门课布置多少作业,只要大家足够勤奋,高中绝对不会给你难堪!

3.少一点儿世故,多一点儿单纯。心理学上说,世故有这样几个特点:表里不一、喜欢奉承、爱说闲话、脸皮较厚。我拿着这四个特点,对照了一下咱们的新同学。我发现好多班都有那么一两个这样的人。我觉得这不是什么好事,学生最重要的品质是单纯。怀一颗赤子之心,为了理想不抛弃、不放弃、坚持到底才是最好的。我喜欢单纯的孩子,不用人猜心思,学起习来聚精会神,做起事来全心全意!

4.少一点儿看破,多一点儿认真。每年我都会遇到这样的学生,刚来的时候还好一点儿,如果学着学着跟不上了,就表现出对什么都无所谓的样子,老师的话听不进去,家长的话也不想听。若讲道理,他懂的似乎比谁都多;若做事情,十件有九件做不成。我不希望大家成为这样的人,因此我劝大家现在就多一些认真! 高中的知识再难,只要你认真听、认真记、认真复习、认真做题,你一定会缩小与别人的差距。毛主席说,世界上怕就怕"认真"二字,只要你坚持认真,你就一定能叩开成功的大门!

5.少一点儿苦闷,多一点儿开心。同学们初来乍到,肯定会遇到许多不如意的事情。可是这又有什么关系呢? 人生在世,不如意事十之八九。如果你只是因为不适应、不熟悉而遭遇了一点儿小小的波折,那就要学会安慰自己:天将降大任于斯人也,必先苦其心志,劳其筋骨。我们遇到的事算什么? 人要学会让自己开心,开心会让你变得聪明。背会一首诗,开心;做对一道题,开心;记住一个单词,开心;开心生活,积极做人,心开了,世界就是你的!

我希望的,我相信也是你们的父母所希望的,也是你们自己所希望的。上帝偏爱每一个努力的孩子,嵩高三年的学习会告诉你一个道理:越努力,越幸运!

同学们！"执大象，天下往"；"吾心安处是吾乡"！来到嵩阳高中，就请接受嵩阳高中、喜欢嵩阳高中！

同学们！嵩阳高中的使命要靠你们担负，嵩阳高中的辉煌要靠你们传承！请大家努力、努力、再努力！期待你们！相信你们！祝福你们！

我的讲话完毕，谢谢大家！

2018 年 8 月 29 日

# 安静  校长有话说
## ——告全体同学书

亲爱的同学们：

你们好！有一件事，我想了很久，今天到了不得不说的时候。这是一件什么事呢？一件很复杂又很简单、很困难又很容易的事情，那就是我想向你们提出一个要求：校园里，请不要大声喧哗！

每当下课的时候，尤其是晚自习下课的时候，我们的校园称得上是人声鼎沸。同学们从每一个教室里走出来，仿佛离开了笼子的鸟儿，尽情地施展着自己的喉咙：有大声吆喝的，有尖声叫喊的，有窃窃私语的，当然，我不排除这里面有讨论问题的、有请教老师的。这些声音汇成了一个声流，在校园的上空漂浮、流转。每当这个时候，你们知道我最期盼什么吗，我最想做什么吗？我最期盼上课的铃声响起，我最想做的是大吼一声"请——安——静——！"可是，每次我都忍住了！为了让大家有所收敛，我会从每个教室门前走过，因为我相信，你们看到我，就会不再那样无所忌惮。可是，这不是我想要的，我想要的是你们能够自觉这样做，不需要人提醒，不需要人要求！因为，你们都知道，公共场合，一个人的最高品质就是：静——悄——悄！

还有一个时候，我觉得是最喧闹的时候，那就是每天晚上就寝的时候。也许是因为一天的学习终于结束，你们的身心得到放松；也许是因为至交的好友一天没有见面，要用这晚寝前的一段时候做个交谈；也许是因为宿舍不像教室那样要求严格，你可以在里面自由唱歌……总之，这个时候，无论是男生还是女生，无论是高一还是高三，我们的宿舍里除了应有的洗漱声、脚步声外，有了太多的高谈阔论和"侃大山"！讲真，我不想做更多的干涉，可是，这声音实在过于刺激耳膜！因为夜晚时分，城市安静下来，我们周围的居民也已开始入眠，这个时候，即使是微小的声音都会闹出动静，何况我们几千人这样的"呐喊"。为了让大家养成不大声喧哗的好习惯，年级曾定过纪律，班级曾做过要求,可是大家总会忽视了这些,一旦回到宿舍就把规则置之脑后!我说这些,并非要批评大家不懂事,我只是想告诉你们:就寝不语真君子!回到宿舍少说话或者不说话,我们可以更早更好地休息!

你可能会说,每个人都有一张嘴,嘴的一个重要功能就是说话。现在下课了不让说话,回宿舍了也不让说话,那让我们什么时候才说话?

是的,每个人都有一张嘴,嘴的主要功能有两个,一个是吃,一个是说。既然,"说"是嘴的一大功能,生而为人,我们就不能不说。那么,什么时候才是我们说话的时候呢?

我觉得有两个重要的时候,需要我们充分发挥嘴"说"的功能。一个时候是读书的时候。我相信,读书不够专注的人,几乎每天早上都会看到我从教室外走过。我在做什么?我在聆听!聆听大家的读书声!我不仅喜欢听大家读书,还喜欢看大家读书!每当看到有的班级生龙活虎样发出抑扬顿挫、铿锵有力的声音时,我的眼前就会呈现出百花丛中蜜蜂劳动的场景!这个时候,嘴的"说"功是通过"读"体现的。同学们,聪明如你,一定知道清晨激情读书有许许多多的好处!它不仅利于你的身体健康,更利于你的思想成长!所以,请大声读书、激情读书、专注读书、忘我读书!

还有一个时候是上课的时候。如果清晨的"说"是"读"的话,那么课上的"说"就是"表达"!这个时候,你要情绪饱满,时刻准备发言。老师提问的时候,需要你主动表达自己的观点;小组讨论的时候,需要你积极表达自己的意见;课堂反思的时候,需要你自觉抒发自己的情感。以前有老师评价某些学生说:这个人,上课一条虫,下课一条龙。意思是说,这类学生一上课就无精打采,恹恹欲睡,像虫子一样蜷伏不动;下课则刚好相反,毫无睡意,精神抖擞,像龙一样高低腾挪。我当然不希望你们是这样的人!相反,我希望听到老师这样评价你:上课一条龙,下课一条虫。这样,你才是把钢用到了刀刃上!所以,请积极发言、主动发言、大声发言!

当然会议发言、旗下演讲、外出访谈、文艺表演等场合,嘴"说"的功能也可能得到淋漓尽致的体现,这些不是我今天要谈的重点。

写到这儿,大家是否明白,我们什么时候该大声说话、什么时候该小声说话、什么时候该不说话?

是的,早上读书要大声,上课发言要大声,自由场合要小声,公共场合不出声!

　　同学们,我知道你们都是懂事的孩子,那么,从今以后,请不要让我再听到教室里班干部为了劝诫大家不说废话发出的"并(甭)吭气儿了——!"请不要让我再听到寝管老师或者年级主任在楼道里大声说的"安静,不要大声说话了——!"以后,如果你在校园里忘了要求大声说话了,看到有老师在,请立刻停下来!如果你在宿舍里太兴奋宣泄你的心情时大声说话了,只要有人提醒,请立刻停下来!一个人的文明、一个班的文明、一个学校的文明,就表现在你的一言一行中!

　　知道我们人为什么有两只眼睛、两个耳朵、一张嘴吗?是的,就是为了让我们多观察、多听取、少说话!诸葛亮说:静以修身。佛家说:静能生慧。歌德说:才能在寂静中造就。我们也经常说:沉默是金!

　　那么,我们还等什么呢?请大家自觉起来!请大家行动起来!请不要大声喧哗!

2018 年 9 月 22 日

# 百尺竿头　更进一步
## ——在2017级高二上期中考试表彰会上的讲话

同学们好：

　　每次参加同学们的会议，我都想着要给你们带点什么。今天，我带来了两个小礼品——笔、镜清华（一支钢笔、一面镜子，两个字"清华"）。我想把它们送给想上、能上清华的学生！谁有这样的梦想呢？

　　很好，感谢陈昱豪、冯世麒两位同学，相信你们！只要努力，清华一定属于你！

　　今天，我想与大家讲几种植物。

　　第一种植物叫苔。有一首诗，大家应该都知道的，就是清朝的袁枚写的《苔》，请知道的同学与我一块把它念下来，不会的同学听后把这首诗抄下来。

> 白日不到处，青春恰自来。
>
> 苔花如米小，也学牡丹开。

　　可能同学们没见过苔花，但是你一定见过桂花。每年的中秋，我们的校园里都会开满桂花。每当闻到桂花浓郁的香气、看到桂花金黄的花瓣，我总是能感到一种蓬勃向上的生命力。那种不顾一切地绽放的精神，总让我想起苔花。它们就是这样完全不顾自己的渺小，热烈地绽放着生命的光华。

　　我说苔花，是因为我们学校就像苔花。从学校的角度讲，我们就是苔花，清华就是牡丹。在清华的校园里，目前还没有一个嵩阳高中的学生。可是我们想上清华的渴望一直强烈，梦想一直高扬！我把这个使命交给了高三，今天也交给你们！希望你们拥有苔花的梦想，释放青春的能量，走进牡丹的王国！

　　第二种植物叫荷花。有一个定律，叫30天定律，又叫荷花定律。今天想讲给大家：

　　在一个荷花池中，第一天开放的荷花只是很少的一部分，第二天开放的数量是第一天的两倍,之后的每一天,荷花都会以前一天两倍的数量开放……

假设到第 30 天,荷花就开满了整个池塘,那么请问:池塘中的荷花在第几天开了一半?

对,同学们很聪明,是第 29 天。

这就是著名的荷花定律。

很多人的一生就像池塘里的荷花,一开始用力地开,玩命地开……

但渐渐地,你开始感到枯燥甚至厌烦。

你可能在第 9 天、第 19 天、第 29 天的时候,放弃了坚持。这时,往往离成功只有一步之遥。这个定律告诉我们这样一个道理:越到最后,越关键。拼到最后,拼的不是运气和聪明,而是毅力。

同学们对照一下自己,高一刚开学的时候,你是不是特别地努力,可是到了后来,你发现高中的学习不是那么容易,你就开始慢慢放弃。到了高二,又想努力,可是发现自己落下得更多了。

同学们,我今天讲荷花定律,目的是想告诉你,做人要懂得坚持。不管过去怎样,从今天开始坚持,定个 30 天计划,看看自己能进步到什么程度。

第三种植物叫芝麻。关于芝麻有一个歇后语,叫"芝麻开花节节高"。我们 2017 级就走了这样一条路。高一的第一次大型考试,我们考得很糟糕,第二次大型考试,依然不理想,第三次大型考试开始有起色,第四次大型考试考了第二名,这是第五次,我们大获全胜! 我们正是像芝麻一样,从最下面往上,渐次开放,开出的花一节接一节的高。这预示着我们日日有成,步步高升! 跟大家讲这个,是希望大家有乐观向上的心态! 大家都知道阿里巴巴的故事,他打开财富的密码就是"芝麻开门"。今天,就让芝麻也成为我们实现梦想的密钥!

拥有苔花的梦想,荷花的精神,芝麻的心态,你们一定能成为嵩阳高中最棒的一届!

接下来,我还想给女生和男生提一点儿要求:

女生当自强。今天一等奖获得者有 3 名同学,没有一个女生。我觉得在座的女生应该感到羞愧! 为什么男生能考第一,女生就不能? 希望你们经得起失败,耐得住寂寞,放得下身段,考得出成绩,出个女状元!

男生当更强。我很喜欢男生! 李明洋(本次考试理科第一名)说得好:说笑带来的快乐远不如学习带来的快乐真实。这句话道出了他取得成绩的真谛。一个热爱学习的人,成绩不可能差!但是考好了,不能骄傲,要有空杯心态,要让成功成为成功的通行证!

同学们,盛年不重来,一日难再晨!我们要珍惜时间、珍惜青春!刚才刘悦祺老师说,让我们激动起来!我想说,让我们强大起来!希望男生继续攀登,希望女生迎头赶上,让我们共同书写嵩阳高中的辉煌!

2018 年 11 月 27 日

# 2019 爱你依旧 爱你永久
## ——2019 年辞旧迎新升旗仪式上的讲话

尊敬的各位老师、亲爱的同学们：

大家好！

今天，我们在这里隆重举行升国旗仪式，回顾过去，展望未来，首先，请允许我代表学校党总支和学校领导组成员向全体师生致以节日的问候和诚挚的祝福！

过了今天，就是新年——2019 年。"2"代表"爱"，"0"寓意"你"，"19"，谐音"依旧""永久"。今天，我演讲的题目是"2019，爱你依旧，爱你永久"。

选择"爱"作为演讲的中心词，是因为嵩阳高中是一个有爱的学校，这里有 200 多个有爱的老师，3 000 多个有爱的学生。著名教育家马卡连柯说：爱是教育的基础，没有爱就没有教育。一年来，无论是作为一个老师，还是一位校长，我对这句话都深信不疑。

因为有爱，我们学校的师生关系更加和谐；因为有爱，我们学校的教学成绩更加突出；因为有爱，我们学校的名声荣誉更加美好。

记得 2017 年的最后一次升旗，我在这里以"齐心协力，上下同欲，超越巅峰，誓创唯一"为题，向全校师生提出了新年的目标，发出了奋斗的呼吁。如今，一年过去，我们战绩如何？让我们共同凝眸，回望史册：

2018 年春天，刚刚过完郑州一测，我嵩高学子自觉自愿向时间发起挑战，每晚学到 10:30，开了登封高中教育学到最晚的先河。自是，兄弟学校争相效仿。

2018 年夏天，高考成绩揭晓，我嵩高学子不辱使命，普通类一本上线 367人，刷新登封历史，再开登封高中教育考得最好的先河。自是，社会人士纷纷祝贺。

2018 年秋天，就在 10 月、11 月间的期中考试上，我嵩高 3 个年级连战连胜,全线飘红。自是,登封学子人人向往。

2018年冬天的现在,一测在即,期末在望,我嵩高学子正秣马厉兵、摩拳擦掌。

这一年,我们的学生不同凡响。且不说孙少飞被录取到西安交大,也不说郝汉被录取到北京电影学院,他们都已成为过往。只说现在——在场的同学们的表现。作文大赛,全国奖、省级奖都有斩获:乔丹丽在"北大培文杯——青少年创意写作大赛"中获全国总决赛一等奖,燕若雨获全国总决赛三等奖;茆康在第二十届"语文报杯"全国中学生作文大赛中被评为国家级二等奖,另有12名同学获得省级奖项。数学大赛,省级奖收获很多。在2018年全国中学生数理化创新能力(数学学科)大赛中,我校姜东甫等137人荣获河南省赛区一等奖。田径比赛,我校以总分第一的成绩夺取登封市田径冠军。

这一年,我们的老师光彩照人。王振凯老师已成为名副其实的画家。赵瑞娜老师参加全国"好教育"联盟上课大赛,获得河南赛区第一名;麻雅婷、何艳老师在"一师一优课"活动中,被评为河南省优质课一等奖;蔺亚莉、董英英老师被评为河南省优质课三等奖;另有47位老师获得郑州市优质课一等奖、二等奖、登封市优质课一等奖、二等奖;还有165位老师分别受到上级部门的表彰。

这一年,我们的学校风光无限。我校顺利通过河南省语言文字规范示范校验收,被评为郑州市普通高中教学创新先进单位,登封市目标管理先进校、争先创优先进校、年度考核先进校、师德师风先进校、校本培训先进校、教育科研先进校等,各项荣誉尽收囊中。

我们为什么能有如此成绩?源于爱,因为爱!老师爱学校、爱学生;学生爱老师、爱学校。

从学校角度讲,这种爱是严格的管理、严谨的态度、严密的精神;从老师角度讲,这种爱是真诚的付出、无私的奉献、忘我的工作;从学生角度讲,这种爱是认真、是规范、是尊重,是责任、是担当、是使命。

因为有爱,我们才做到了上下同欲、齐心协办;因为有爱,我们才实现了超越巅峰、誓创唯一。

老师们,同学们!2018年就要成为历史,但是爱依旧!

2019年是嵩阳高中建校第十六年,是我校"二次创业"第三年,是实现建"质量一流、文化深厚、风景优美的中原名校"的关键之年。我们要同志同力、同心同向,坚持严管,践行真爱,勇往直前,再创辉煌。

在新的一年里,我们要敢于有梦。有梦就有远方,有梦才有未来。我们要有什么样的梦? 刚才同学的演讲告诉我们了答案。他说:无论对学校还是对个人,2019 都是充满希望的一年。就学校而言,我们可以继续拉大与其他学校的差距,我们可以在各个水平线上都超过其他学校,为我们建设中原名校的目标再迈出坚实的一步。就个人而言,我们可以重新定位自己,我们可以为自己的未来做出规划、做出改变,我们可以做那个从前只在想象中的自己。这些话说得好! 它道出了我的心声。在写这篇演讲稿之前,我曾不止一次地想把题目定为"遇见更好的自己",目的很明确,就是想在 2019 年,让我们的学校成为更好的学校,让老师们和同学们成为更好的自己! 这就是我的梦想,我希望它也成为大家的梦想:2019 年,我们就是要更好、更优、更强!

在新的一年里,我们要勇于追梦。有了梦想,怎么去追? 首先,你要勇敢。勇敢改掉上课跑神、睡觉,做事懒散、浮躁的坏习惯,勇敢养成学习认真、专注,做事沉着、冷静的好习惯。其次,你要坚持。坚持向时间发起挑战,即使过一个"纳米"星期也快乐无比;坚持向同学发起挑战,为超过比自己优秀的人竭尽全力;坚持向自己发起挑战,战胜自己的"佛系"心理,做一个有志、有为的好青年。最后,你要执着。面对学习,不要说"我不行";面对考试,不要说"我不会";面对目标,不要说"我不能"。当你执着于梦想,梦想必为你敞开大门。

在新的一年里,我们要勤于圆梦。梦想是用来实现的。如果我们一方面说我想上什么大学或者我想成为什么样的人,一方面又不思进取、不去努力,梦想只能是梦。所以,圆梦需要行动。百舸争流,奋楫者先。我们做任何事情,都要学会勇往直前。只要你一步一个脚印地前行,一定会走到终点。圆梦需要信心。孙中山先生说:"吾心信其可行,则移山填海之难,终有成功之日;吾心信其不可行,则反掌折枝之易,亦无收效之期也。"这句话的意思是移山、填海虽然困难重重,看似无法凭人力完成,但只要有如愚公、精卫一般坚定的信念和必胜的信心,持之以恒,就一定可以成功;相反,虽然反掌、折枝都是极为容易的事情,但若是没有行动的决心和信心,也是难以实现的。学习,正如反掌、折枝,只要你愿意,定会收获满满。

为了帮助大家圆梦,我把高三同学写的"我为学狂"的感想,编辑成书,发给大家,供同学们学习。当你学不进去的时候,请看一看这本书;当你意志消沉的时候,请看一看这本书;当你无所事事的时候,请看一看这本书。它不仅是一本书,可能更像一面镜子,能照见你的未来!为了圆梦,我希望大家能拿出今天早上升旗前读书的那种激情和热情,十分投入、十分忘我,那样你将有一个美好的前程!

同学们,老师们!有梦、追梦、圆梦将是 2019 年的主题曲,爱校、爱师、爱生仍是 2019 年的主旋律。梦是爱的最高级,爱是梦的原动力。2019 年,我们要不忘初心,牢记使命,全校一盘棋,上下一条心,精致管理、精心育人、精准教学、精细服务,将爱进行到底,不断遇到最好的自己,不断创造新的更大奇迹!

2019,爱你依旧,爱你永久!

我的演讲完毕,谢谢大家!

2018 年 12 月 31 日

# 你喜欢嵩阳高中吗

亲爱的同学们：

你们好！今天，我想问大家一个问题，那就是：你喜欢嵩阳高中吗？我不确切地知道你们是否喜欢，但我想，大多数人肯定是喜欢的，因为我看到大多数人上学来时都很积极、上课听讲时都很认真、写作业时都很努力、考试时都很用心，我觉得这些就是喜欢的表现。

可是，让我产生这个疑问的人不是这样的。他经常违纪，上学拿手机、叫外卖、网购，上课睡觉、吃东西、乱说话甚至打牌，回寝室大声喧哗、玩游戏。学校明令禁止的事情，他几乎都做过。当受到"留校察看"处分时，他仍不以为意，即使寒假学校把他留下多上了几天课，即使进了"思想教育行为规范强化班"，都无法让他有所改变或者有所收敛。最后，学校教育无效，他又犯了错误，只能给予他"勒令退学"的处分。

就是在这个时候，当他的家长和他在"勒令退学"处分书上签了字，学校让他拿着书和行李离开学校的时候，他的家长和他来跟我说，他十分想留在学校。为了不耽误他的学业，我告知家长赶紧去给他找学上，私立的、一对一或其他学校都行，总之不要浪费了时间、耽误了学习、影响了成长。这个时候，家长还有这个学生说，他哪儿也不想去，就想在嵩阳高中上学。他喜欢嵩阳高中！

他喜欢嵩阳高中！同学们，当你们听到这句话的时候，会做何感想？反正，我是不信的。我觉得他的喜欢不是真的，至少是不充分的。因为世界上没有一种喜欢是以破坏为手段的。

就像，我们每个人都喜欢自己的妈妈。那么，因为喜欢就去伤害她吗？我相信，大家是做不出这样的事的。如果真有因喜欢而去伤害、去破坏的，就只有一种可能，那就是这个人的心理有问题。

我们中国有个习惯，就是把自己曾就读过的学校称为母校。仔细想想，这个称谓很有道理。如果母亲给予了我们肉体的生命,那么母校就涵养了我们精神的生命。尽管在人的一生当中,母校陪伴我们的时间远没有母亲陪伴我们的时间长,但母校会永远留在记忆里,成为你一生的念想。

我希望嵩阳高中是这样一个地方,永远留在你的记忆里。所以,我当然也希望你们喜欢嵩阳高中,甚至热爱嵩阳高中。可是,在因各种各样的违纪被学校开除的时候,再来向我表白,你觉得这个学校有多好,你对这个学校感情有多深,你有多喜欢这个学校,就显得有点假,有点勉强。如果大家都以违纪的形式,而不是以为学校争光的形式来表达这份感情,我觉得还是不要的好。所以,尽管我舍不得开除任何一名学生,可还是不得不忍痛割爱。

同学们,这个学生不是特例,这样的情况我也不是见过一回。凡是被学校给予"勒令退学"处分的学生,十有八九都会说同样的话。因为见得多了,我便不再相信。因为那些受到"勒令退学"处分的学生,并不是无意犯错,大都是明知故犯。

有家长说,孩子还小,请再给一次机会。当你第一次犯错的时候,学校就已经采取了措施,要么批评教育,要么警告记过,要么留校察看。可能因处分太轻,也可能因还在学校上学,一些学生不思悔改,还要接着违纪,且违纪时总是存不被发现的侥幸心理。殊不知,天网恢恢,疏而不漏。只要你违纪,一次也许不会被发现,但总有被发现的时候。所以,奉劝同学们好自为之,坏自避之,专心学习,做一个学生应做的事情。

有人说,年轻人犯错误,上帝都会原谅的。学校为什么就不能原谅呢?学校是可以原谅的,可是原谅是有前提的。如果你一心向学,如果你真心悔过,在你第一次受处分的时候就应该引起警觉,约束自己不再犯错,而不是变本加厉,挑战学校的制度和纪律。教育只对愿意受教育的人有效,对不愿意受教育的人,教育的作用微乎其微。

为了给同学们一个安全、稳定、美丽的学习环境,为了给同学营造一个积极、认真、浓郁的学习氛围,我想了很多办法,做了很多事情,尤其在严肃纪律方面。为了避免同学们因违纪被开除,学校断了"被开除后还可以回校旁听"的后路,目的是想让你们有所敬畏,不去触碰"勒令退学"处分的底线;为了避免同学们继续犯错,学校办了"思想教育行为规范强化班",目的在于警示、激励,给你们改过的机会。可个别人,进了这个班,并不以为耻,反而觉得无所谓,甚至彼此还开个玩笑,引以为荣。这样下去,能不再犯错误吗?目前,学校还有极少数身上背有处分的同学有这样的心理。今天我讲这个话,既是警示也是激励,希望你们好好表现,早点进步。要知道机会只给有准备的人,你不改过,学校如何给机会?而且,机会稍纵即逝,一旦失去,永不再回。

　　同学们,人非圣贤,孰能无过?过而能改,善莫大焉。学校不是不允许你们犯错误,只是希望你们少犯点行为上的低级错误,只是希望你们犯了错误之后立刻承认、立刻改正,只是希望你们不要把最美的年华浪费在毫无意义的事情上。当前,我们身边有人是手机控,有人是化妆控,有人烫发控,有人是成衣控,有人是网购控,有人是聊天控,有人是外卖控,有人是小说控、有人是香烟控、有人是感情控……"智勇多困于所溺",作为一个独立的人,被任何一种外物所控,你都将失去你自己。不能去掉一个坏习惯,你将毫无建树;不能养成一个好习惯,你将难有所成。

　　同学们,你喜欢嵩阳高中吗?如果喜欢,请向自己的坏习惯宣战吧!如果喜欢,请好好表现吧!如果真的喜欢,就去做一个会自由思考、独立判断,有担当精神、家国情怀的优秀学生吧!期待你们的进步,期待你们的成功!

2019 年 3 月 9 日

# 同学 你要学会逼自己

亲爱的同学们：

你们好！

春节前，我校考上武汉大学的 2018 届毕业生贺晨阳在回校宣讲时说的一句话，对我触动很大。她对在场的高三同学说：上了武大才知道，我不是为自己上大学，而是为国家。作为武大人，我们肩上担负着国家发展的责任。她的话一下子让我想到了我们学校的培养目标——把学生培养成会自由思考、独立判断，有担当精神、家国情怀的优秀学生。我觉得，贺晨阳就是这样的学生。从她身上，我认识到，我的责任和义务，就是尽我所能把同学们送到中国甚至世界最好的大学。

春节过后，不断有往届学生回来探望老师和母校。其中一个正在四川大学读研的我校毕业生高洁这样对我说：老师，考学一定要考好大学。本科读的大学越好，考研考的学校也会越好。如果本科考得不好，想读好大学的研究生很难。现在想想，当时若不是咱学校管得严，可能我就考不上好大学，那现在也到不了川大。她的话，又一次激起了我想把同学们送到好大学的愿望。

2019 年 2 月 19 日，我们学校举行了百日誓师大会。学校在微信公众号上发了关于百日誓师的新闻，有一个叫"破晓炎龙"的微友这样写道：

本科出身对以后的发展影响很大，无论是考研还是工作。所以，高中再苦再累都值得。前年考博，因为本科出身好，在竞争激烈的前提下，幸运地被录取了，十分感谢母校当年的培养。

从这则留言里，我们可以推知这样几个信息：①这个人曾是嵩阳高中的学生；②他当年高考考了一个好本科；③能考上博士，原因是当年考了一个好本科；④他现在已是博士 3 年级或者已经毕业。

我在为他感到骄傲的同时，又一次想到了同学们。高中 3 年，你们会考一个什么样的大学？我敢肯定地说，每个人都想考一个好大学，可是并不是每个人都能如愿以偿。为了让更多的人考上好大学，我想到了一个字——"逼"。在学习这条路上，学校还是要逼一逼同学们！

其实，学校管得严、要求多本身就是对同学们的一种"逼迫"。可是我觉得这还不够，因为无论学校如何用心，它都是一个外力，真正起作用的应该是同学们的内心。所以，我说：同学，你要学会逼自己。

生活当中有很多事都像弹簧，你弱它就强，你强它就弱，学习也是如此。时间就那么多，你把它用来学习，学习就会好起来；你把它用来玩耍，学习就会落下来。没有人天生就是成功者，就看他愿不愿意逼着自己去突破瓶颈，超越自我。不是有一句话很流行吗，不逼自己一把，你就不知道自己有多优秀。这句话也许不是真理，但它说出了很多事实。生活当中就是有许多人，把自己逼出了成就、逼向了成功。所以，我说：同学，要想考上好的大学，你们要会逼自己。

逼自己学习。学习不是美味，含在口里，能立刻让你的舌尖感到快乐；学习不是鲜衣，穿在身上，能立刻让你整个人容光焕发；学习也不是游戏，只要引你上道，你就无法自拔。可是，学习胜过美味、胜过鲜衣、胜过游戏。美味会变质，鲜衣会陈旧，游戏会过时，学习不会。你记住的知识越多，你的成绩就会越好；你解决的问题越多，你的能力就会越强；你背会的诗文越多，你就会越有气质。逼自己学习，其实就是逼自己丰富、逼自己美丽！今天，我向大家发出呼吁，让你们逼自己学习。不需要你们写保证，也不需要你们立誓言，只需要你们行动、行动、再行动。学习就像逆水行舟，稍一松懈，就会下滑；只有不断发力，才能有所进益。希望同学们努力努力再努力！

逼自己坚持。我们常说，难在坚持，贵在坚持。就像做好事，让一个人做一次好事容易，做一辈子好事就很难；就像大家上课，让你一节课坐端正很容易，让你节节课都坐端正就有点困难。可是，若不坚持，很多人将一世庸碌，很多事将无法完成。荀子曰：锲而不舍，金石可镂，锲而舍之，朽木不折。这句话，就是在告诉我们做人要坚持、做事要坚持、学习更要坚持。有很多同学小时候都报过各种各样的兴趣班，并且也曾考过级、登过台，可是现在再回头看一下自己，还有多少人坚持着当初的兴趣？可能你会说，上高中之后，学业过重，没有时间。这也许是一个原因，但更多的原因应该是你没有坚持。正像一朵花，你若盛开，蝴蝶自来。今天，我想跟同学们讲：你若坚持，成功自来！

逼自己优秀。有人说，一个人想要成为什么样的人，就会和什么样的人交往。我相信，同学们内心都是想成为优秀的人的。那我们去哪里找那么多优秀的人交往？我觉得最简单的办法，就是让自己变得优秀。优秀是后天修来的，没有人生来都是，所以，我希望你们把自己逼入优秀的行列。什么是优秀？它表现在方方面面。作为学生，首先表现在你的品质上，其次表现在你的成绩上，最后表现在你的言行上。如果你品质高尚、成绩优异、言行文明，你就是一个优秀的人。你说，条件这么高，我哪里做得到。不怕，只要你给自己定个目标，一天天做下去，终有一天，你会出类拔萃。

我们再来算一笔账，本周三、周四是高三"天一四联"，三月底是高三"郑州二测"，四月中旬是高一、高二期中考试，高三"天一五联"，五月初是高三"郑州三测""天一六联"，六月初是高考，六月中旬是高一、高二期末考。时不我待，再不逼自己努力，机会就会错过去。

同学们，不逼自己，你就不知道自己有多优秀；不逼自己，你就不知道自己有多强大；不逼自己，你就不知道自己有多厉害。高中三年，你要学会逼自己，逼自己考入"双一流"大学，逼自己成为同学中的佼佼者，逼自己变得越来越优秀！加油！

2019 年 3 月 11 日

# 光阴迫 岁月急 传纸条 可休矣

亲爱的同学们：

你们好！今天想跟大家谈谈在学校（教室）传纸条的事儿。

应该说，在今天以前，我从来没有把传纸条儿当回事儿。在我看来，同学们之间传个小纸条儿，写几句悄悄话，无伤大雅。可是，当我真正地见识到同学们纸条上的内容的时候，我做不到置之不理，即使它不是什么大事儿。学校无小事，事事都育人。当前，传纸条这件小事，在我看来不仅没有育人，反而更加误人。

据班主任反映，一年级的某个班，有学生传纸条嘲笑上课积极发言的同学，结果老师上课的时候，没有人发言了。

据一位老师讲，在操场上跑步时拾到一张小纸条，纸条上写的都是骂人的话。

据某同学反映，二年级的某个班，因为传纸条，闹得同学之间关系紧张，情绪失衡，上课都无心听讲。

我也目睹了同学们之间传送的一些小纸条，不用说，你们比我更清楚这些小纸条上的内容，不外乎这么几类：一是谈吃谈玩儿，聊闲天儿；二是说说悄悄话，议论某某某，挑拨同学关系；三是谈论个人感情，跟谁处朋友或者不跟谁处朋友；四是商量着玩儿什么、怎么玩儿；偶尔也有涉及考试或学习的，但少之又少。

除了上面我所说的小纸条儿，还有大纸条，长达几百字上千字，里面翻来覆去说不完的你短他长。

也许是因为关注，就在同一天内，仿佛是预约好的，关于学生之间传纸条的信息从白天到晚上、从一年级到三年级汇集到我面前的有十几条。

看着这些纸条，我能想象的画面只能是这样：上课了，老师转身写板书，教室里某同学赶紧把写好的纸条传给自己所谓的"好朋友"；自习时，班主任刚离开，有人就赶紧直起身从前往后把一团纸扔到某同学的身边或桌子上；

下课了,有人趁机跑到某同学处甚至到别的教室去送纸条……随便一张作业纸、一个卷子角儿都可以是小纸条的材料,撕着好撕,用着好用。

我忽然想起,曾经因打架被开除的一个学生,打架的原因就是一张小纸条儿;曾经有两个学生吵架,吵架的原因也是一张小纸条儿;曾经有两个同班同宿舍两年的同学,临毕业时闹得不可开交,也是因为一张小纸条儿……

同学们,这些小纸条着实害人不少!

那么,我们不妨分析一下这些写纸条儿、传纸条儿的人都是些什么样的人?

第一,不是光明磊落、胸无城府的人。有话讲到当面,无事不嚼舌根。来说是非者,必是是非人。爱写纸条、传纸条的,定是心里阳光太少,阴云较多;坦荡的少,计较的多。此等人不可交!

第二,不是学习优秀、品质高尚的人。把时间用在写纸条、传纸条上,要么是听不懂课,要么是不爱学习,因心里空虚,才把乐趣寄托在搬弄是非上。此等人不可交!

第三,不是团结同学、热爱班级的人。喜欢搞小团伙,拉帮结派,贪小便宜。合着自己了就高兴,不合自己了就翻脸,当面看着没事儿,背后说三道四,是真小人做派。此等人不可交!

也许,同学们觉得我这样说太绝对。是,我不排除有的人传纸条是为了化解矛盾、解除误会、促进交流。如果真是这样,也无可厚非。

怕就怕,事与愿违!

且不说传纸条影响课堂秩序,也不说传纸条影响别人情绪,仅就于个人而言,恐怕也会得不偿失!试想想,别人读书的时候,你在想着写纸条;别人听课的时候,你在想着传纸条;别人做题的时候,你在想着回纸条。你把时间都用在了纸条上,你哪里有时间去学习?

别再为自己找借口!别再为传纸条找理由!

那些传纸条打击别人发言积极性的人,那些传纸条攻击勤奋学习的人,那些传纸条破坏同学团结的人,那些传纸条说三道四的人,那些无所事事以传纸条为乐的人,自今日起,在嵩高的校园里,可以人人瞧不起!

同学们,人生有几个花季?错过了花期,你将再也无法见证青春的美丽!如果你把时间都消耗在这些鸡毛蒜皮的小事儿上,骗的是父母,误的是自己!

光阴迫,岁月急,传纸条,可休矣;学乐观,争积极,勤拼搏,莫迟疑!

2019 年 3 月 29 日

# 希望你们活出自己的"峻极"

## ——在 2019 届高三学生成人礼上的发言

亲爱的同学们：

大家上午好！今天，我们在这里——中国嵩山世界地质公园隆重举行 2019 届高三学生成人礼，请允许我代表学校向一路陪伴我们的领导和老师致以最崇高的敬意！向准时到达中国嵩山世界地质公园的亲爱的同学们、青年朋友们表示衷心的祝贺！

祝贺你们顺利完成成人的体能测试——步行七公里，祝贺你们顺利通过成人的公德测试——胸怀大局，心装集体，祝贺你们正式成为中华人民共和国的一位公民！

同学们！我们千挑万选，把成人礼的时间选在了今天——2019 年 4 月 29 日。这一天春风送暖、阳光灿烂；这一天朝气蓬勃、风景无限。如果把一年看成一个人，今天，他与同学们一样，正是最美好的时期——青年！同学们，请记住这一天！它是你们共同的生日，它神圣庄严、意义非凡！

我们千思万想，把成人礼的地点定在了嵩山，选择嵩山，寓意深远！它不说话，却胜过万语千言。从步道上山，顺公路返回，走一圈，我们就能体会到它的深厚绵远！嵩山胸怀博大、品行巍峨；嵩山风神俊美、沉稳坚毅。我嵩高的青年，就要像这嵩山，坚强自立，活出自己的"峻极"！

同学们！今天，是你们的成人礼！不管你的实际年龄有没有 18 岁，形式上你已经 18 岁！

18 岁，不能不说责任。

"这个世界上有许多你不得不去做的事，这就是责任。"责任不是一个温馨的字眼，它有着嵩山岩石般的冷峻。100 年前的 5 月 4 日，为了民族的独立和解放，北京的青年学生走上街头用拳头捍卫了民族的尊严，这是那个时代每个热血青年的责任。今天，我们举行 18 岁成人仪式，这是你们作为共和国成年公民服务社会、报效祖国的正式开始。它意味着你们将要担负起对社会、对国家的责任,你们的一言一行都将接受道德的审查、人性的考量、科学的考验、社会的评判。

关于责任,梁启超先生这样说:"人生于天地之间,各有责任。知责任者,大丈夫之始也;行责任者,大丈夫之终也。"责任是一个人成年无法回避的字眼。同学们,你们只有把对自己、对家庭、对社会、对国家的责任一肩扛起,才能称得上一个热血青年,才能成为一个顶天立地的大写的人。

18 岁,不能不说家国。

记得有同学问我:老师,我想考清华北大,可是我学习没有动力,上课没有精神,眼看理想越来越远,却不知道该怎么办? 我问他:如果上清华北大,是国家赋予你的使命,你会怎么做? 我记得那位同学当时的回答:竭尽全力,拼命学习。这就是家国情怀。家是最小国,国是最大家。

习近平总书记曾说:"爱国,是人世间最深层、最持久的情感,是一个人立德之源、立功之本。"孙中山先生说:"做人最大的事情,就是要知道怎么样爱国。"

那么,作为已经成人的你们,应该如何去爱国? 答案很简单,那就是做好当下,认真学习,刻苦钻研,用最好的成绩兑现你的诺言。

同学们,18 岁,意味着成年;18 岁,意味着长大!

希望你们懂得感恩,懂得感恩是一个人长大的标志! 感恩,是不可磨灭的良知,是深藏于内心的品质,是战胜困难的力量,是善良人性的标签。鸦有反哺意,羊有跪乳恩。无须叮嘱,你们也要会感恩。感恩父母,感恩老师,感恩学校,感恩每一个出现在我们生命里的人。

希望你们学会自立。18 岁以前有父母为你们遮风挡雨,有老师为你们指点迷津;18 岁以后,你们将独自面对道德的约束,独自承担法律的责任。希望你们从今天开始,学会自由思考、独立判断,理性规划人生,勇敢面对挑战,不断历练自我、完善自我,让自己臻于至善。

希望你们心存敬畏。心存敬畏,行有所止。敬畏应该成为嵩高学子不可或缺的自身修养和道德品质。常怀敬畏之心,常养浩然之气,一个人懂得敬畏法律、敬畏道德、敬畏生命、敬畏自然,才配立于天地之间。

同学们,一代人有一代人的使命,一届学生有一届学生的责任。学校强大,要靠你们;人民幸福,要靠你们;家园美好,要靠你们;国家昌盛,要靠你们！希望你们以实现中国梦为己任，蹄疾步稳，阔步前进！

同学们，没有比脚更长的路，没有比人更高的山，只要你足够努力，你就可以创造你人生的"峻极"！作为你们的引路人和同行者，我们将为你们的成长加油助力，我们将为了六月的高考和你们一道搏击风雨，创造奇迹！

最后，祝贺同学们长大成人！祝福同学们前程似锦！谢谢大家，我的发言完毕！

2019 年 4 月 29 日

# 越努力　越幸运

亲爱的同学们：

晚上好！

下午谷主任说，晚上要开踩线生会，让我来给大家加加油。我说好，我这儿油量充足，给大家加满应该没问题。

今天，我发言的题目是"越努力，越幸运"。相信大家都知道这句话，可能听过也不止一遍，我还要拿过来说，是因为这句话道出了很多人成功的真谛。

同学们能坐在这里是幸运的。

我觉得一个人幸运的标志有这样几方面：生在一个好家庭，碰上一个好老师，考上一个好学校，找到一份好工作，遇上一个好爱人。

生在一个好家庭。我说的好家庭不是说你家得有钱、有权、有势，而是说你们家有好习惯、好传统。父母不见得能力有多强，但他们能告诉你人活着要有尊严；父母不见得学历有多高，但他们能告诉你人活着要勤劳。我觉得这样的家庭就是一个好家庭。当然，生在什么样的家庭，我们是没得选的。可是，我们能改变！如果你们的父母没有好习惯，你们家没有好传统，也不要埋怨，试着改变自己，进而去改变你们的父母。只要你努力，一定会有奇迹。越努力，越幸运！

碰上一个好老师。你们很幸运，不仅有一群好老师，还有两个好年级主任。我这样说，一点都不夸张。一般情况下，一个班级，老师会经常关注两类学生：一类是班级前几名，一类是班级后几名。前几名学习好，老师喜欢；后几名，总出状况，给老师找麻烦，老师很熟悉。被老师忽视的，往往就是你们这些说好不好说差不差的中间生。我们现在叫"踩线生"。正像李老师刚才说的，你们从来不请假，从来不违纪，从来不让老师为你们操心，可是有这么多长处的你们，成绩却总是上不去。搁在以前或者其他学校，不会有人对你们这么关心。可是,我们学校会,我们的老师会。看看刚才那些详细的数据就知道,恐怕你们当中有人自己也不知道自己哪科好哪科不好,可是年级知道,老师知道。所以,我说能坐在这里是你们的幸运! 你们不是遇上了一个好老师,而是遇上了一群好老师! 如果你还不努力,那以后可就不会有这样的幸运了!

考上一个好学校。你们很幸运,考上了嵩阳高中。嵩阳高中是一个好学校,可能你心里还会犯嘀咕,但事实是嵩阳高中就是一个好学校。不仅因为我们取得了优异的成绩,还因为这个学校里有你! 有你的学校就是好学校! 但是,如果你的目标仅止于此,那幸运之神可能就不会光顾于你! 因为真正的幸运是你通过嵩阳高中考上一个好大学! 前几天,全国75所教育部直属高校在各自的信息公开网站上公布了2019年的账务预算,大家知道清华大学是多少吗,297亿! 这是一个什么样的数字啊! 我说让大家上一个好大学,不是因为好大学的资金多,而是因为它能给你们的成长提供一个更高的平台。这个平台越高,意味着你的人生幸运的指数越高! 可是,怎样考上一个好大学呢? 努力! 越努力,越幸运!

找到一份好工作。什么样的工作是好工作? 我的观点是适合自己的才是最好的。怎样才能找到适合自己的工作呢? 考上好大学,学一个适合自己的专业! 看一下我们谷主任,年纪轻轻就统管几百号人,不简单! 他为什么能做到这一点呢? 因为他找到了一份他喜欢的工作——当老师,当一个优秀的老师。记得前年在高三,谷主任曾说过一句话,他说:刘校长,我想做高考专题研究,我要把这些题都进行分类整理。我说好,去做吧! 正是因为他的努力,他才很幸运地取得了优异的成绩。看看刚才谷主任做的各项数据,大家就知道他有多努力! 正是他还有王主任的共同努力,才换来了我们高一期中全面第一的优异成绩。所以,要想找一份好工作,得努力! 越努力,越幸运!

遇上一个好爱人。我妄加揣测一下,在座的各位同学会有谈恋爱的。据我所知,有的人初中就开始谈恋爱了,更别提高中了。为什么学校要处分谈恋爱的学生呢? 因为这些学生谈恋爱的时间不对。我曾对很多谈恋爱的学生做过分析,他们之所以谈恋爱,除了对异性产生的一点点生理好感外,更多的是因为太孤独,想找个人做个伴。若说真爱,别说我不相信,就他们自己也矢口否认。因为,爱是一份承诺,一份责任。在自己还没长大自立的年龄,拿着父母给的一点钱就去说爱,我认为那是不负责任的表现。那么这些学生为什么会感觉孤独？其实是因为学习不够投入或者不愿投入。没有动力去实现自己的目标，只好找个人消磨一下时光。一个好爱人，应该是与自己志同道合的。谈恋爱的相当一部分同学，连"志"都没有，遑论"道"，当然就谈不上"同"与"合"！

那么，恋爱什么时候可以谈？我觉得最好的时段在大学，最适合的年龄在二十岁以后。那个时候，你有了自己的人生观和价值观，你知道人为什么活着，你有能力，你经济独立，你知道什么样的人适合你。所以，遇上一个好爱人，要上一个好大学。要上一个好大学，你们要努力。越努力，越幸运！

那么，作为现在的你们，要想考上好大学，得有一个好成绩；要想有个好成绩，得想办法去努力。那么，该如何努力呢？

我想重点做好两件事。

一是向时间要成绩。我们无法增加时间的长度，但是我们可以提高单位时间的效率。同样一节课，别人做 5 道题，你就做 6 道、做 7 道；同样一篇文章，别人用 30 分钟背完，你就用 25 分钟背完。这样日积月累，你就可以收获满满。

二是向方法要成绩。同学们之所以是踩线生，关键在于有弱差学科。这些弱差学科之所以不好，我分析有两个原因：一是不愿学，一是不会学。根据我对同学们的观察，作为一本踩线生，我觉得不会学的居多。老师讲了一节课，本来已经听懂了。可是隔了一节课，或者过一个时段，再去看，又不太会了，关键的原因就是没有及时复习，没有重复记忆。这其实就是没有掌握学习的方法导致的。要想解决这个问题，首先要了解学习规律，学会及时复习，重复记忆，做到举一反三，触类旁通。

做好上述两件事的前提是你想、你愿、你同意。一个人的主观能动性在成长中起着很关键的作用。都德《最后一课》中的小弗郎士最后能听懂韩麦尔先生的课的原因很简单，就是他很认真地去听了。我们提高成绩的关键也很简单，就是一个字"想"。只要你想努力，想学习，愿学习，你才会真努力，只有真正努力的人，幸运才会如期而至！

大家都知道俞敏洪很幸运，他创造了新东方！可是，我们更应该知道的是他很努力，一年没考上北大，就考两年，两年没考上，就考三年。在北大，他也从不懈怠。正是努力，让他成为时代的幸运儿！

记者问马云：你总是说人要读书，你读了那么多书，读到哪儿去了？马云这样回答:我小时候吃了很多饭,这些饭都吃到哪里了? 当然是长在我的身体里,流在我的血液里了。

所以,同学们! 我相信,每一堂课都不会白上,每一道题都不会白做,每一步路都不会白走,每一篇文章都不会白学! 有多少付出就会有多少收获,有多少努力,就会有多少幸运!

最后,希望同学们努力,希望同学们幸运,希望同学们在期末考试中上一本线!

2019 年 5 月 7 日

# 感恩 童心 奋进
——写给即将参加高考的2019届高三学子

## 此生难忘是师恩

亲爱的同学们:

大家好! 此刻,我的心情十分激动。我想对奋战在高三一线的全体老师由衷地道一声"谢谢!",学生有你们,是他们的福分! 同学们! 我也想对你们说一句"谢谢!"此生有你们,是嵩高的福分! 感谢我们的相聚、相遇、相知!

同学们! 嵩高三年,你们学会了自由思考、独立判断;嵩高三年,你们拥有了担当精神、家国情怀。我知道,你们长大了! 三年前,你们还懵懂无知、不谙世事;三年后,你们已然风华正茂、风采照人。

我知道你们长大了,所以我想给你们讲讲师恩。此生难忘是师恩!

当董英英老师给三(9)班的68个孩子写信的时候,当李紫老师向三(5)班的全体同学表白"我最爱的是你们"的时候,当范伟娜老师每天给三(16)班的同学写一句激励语的时候,作为校长,我深深地为你们感到幸运。幸运你们来到嵩高,幸运你们相遇良师!

何止是他们呢! 从去年7月到今天,300多个日日夜夜,王晓静老师的陪伴、李东强老师的坚守、刘艳老师的执着、魏向辉老师的宽容、贾徐燕老师的热爱、蔺亚莉老师的呵护、李梅老师的急切、李平老师的奉献、张晓静老师的关心、刘秀老师的督促、赵瑞娜老师的追求一直都在你们左右。

还不止,功底深厚的李孟武老师、善于钻研的段金水老师、积极乐观的梁跃玲老师、文质彬彬的刘桢梁老师、认真负责的王晓玲老师、兢兢业业的郭淑珍老师、勤勤恳恳的孙秋云老师、爱生如子的郑秋霞老师……

还有,与你们并肩作战、艰苦奋斗三年的王瑞生主任、张利冰主任……

同学们! 如果你们懂得,如果你们理解,你们就会明白:老师,才是你们一生的贵人。

面对老师,让我们常怀感恩之心!感恩在我们的思想上耕耘、播种的人!

## 人生最美是童心

同学们!我知道你们长大了,所以我想与你们说说童心。我觉得,人生最美是童心!

再过 3 天,我们就会迎来人生的第一次大考——高考。高考时保持一颗什么心最好?我想来想去,童心最好。

**童心纯真**。纯真就是纯洁真挚。在经历过高中三年的磨砺之后,在经历过风霜雨雪的锤炼之后,在经历过无数次训练的洗礼之后,你依然拥有一双清澈明亮的眼睛,你依然保持对美好事物的感怀,你依然充满对人生的热爱,你就拥有了真正的纯真。这种纯真是高考制胜的法宝。很多同学问过我一个同样的问题,"老师,我的作文为什么不能得高分?"今天,我可以很明确地告诉你们,那是因为你的文章里缺了一份"纯真",一份对人生的思考、一份对生活的感悟、一份对未来的好奇。高考是国家选拔人才的考试,如果你把自己变成了机器,便很难从众多学子中胜出。只有你是人,会思考有思想的人,你才会在考场上表现出你的谋略和智慧,展现出你的能力和才干。这才是国家需要的人!

**童心无邪**。无邪就是没有别的念头。读书就是读书,学习就是学习,考试就是考试。无论什么时候都做好当下的事情,专心、专注,没有其他想法进入。考场上,很多同学出现笔下误,很多同学审错题,很多同学漏信息,不是因为不认真,而是因为有"二心"。做着第一题想着第二题,看着诗歌想着作文,写着自己的卷子看着别人的进度,甚至考着综合想着数学,这些都是有二心的表现。无邪是高考制胜的利器。进入考场,只要你不被杂念左右,足够专心,你便可首战告捷、连战连捷。

**童心无惧**。无惧就是不知惧怕。很多人大考考不好,不是因为没学好,而是因为太害怕。怕遇到难题、怕自己不会、怕自己做不好、怕自己考砸了。这个时候,你就需要保持一颗童心,拿出"初生牛犊不怕虎"的勇气,战胜自己的怯懦和软弱,抱着"人难我难我不怕难,人易我易我不大意"的心态,稳住神、定下心、坐下来、钻进去。因为无惧,便会拨开乌云见青天;因为无惧,自然峰回路转、柳暗花明。

**童心就是初心**。初心就是我们最初的梦想,是我们来时的愿望。我知道,不管成绩好坏,每一个同学都有自己的理想。那么,高考就是我们实现理想的桥梁,只要你没有忘记,即便还有 3 天,你也依然可以为了它拼尽全力。

同学们! 不管是面对高考还是面对人生,请保持一颗童心! 童心无敌!

铭记师恩,保持童心,6 月,所有的美好都会如约而至!

## 奋进挥笔写青春

同学们! 我不知道我爱你们有几分,但我知道我的心里除了你们还是你们。我无法忘记清晨率先从三(6)班发出的誓言,我无法忘记深夜最后从宿舍走出的老师,我无法忘记你们面对"纳米"星期的乐观与坦然。所以,我花了一点时间,给每个班写了几句肺腑之言,这里面有赞美、有祝福,但更多的是鼓励、是期盼。

**1**

**写于三(1)班毕业合影之际**

三一学子着红装,合影留念驻时光。

初心不改凌云志,使命牢记背书忙。

眉清目秀意专注,颜和色悦神飞扬。

争分夺秒岂畏苦,师生同力创辉煌。

**2**

**写于三(2)班毕业合影之际**

八角楼前三二班,绿意盎然占机先。

队列整齐超精神,衣着清新胜美颜。

齐心协力为一事,众志成城闯难关。

携手共赴高考去,挥笔写就凯歌还。

**3**

**写于三(3)班毕业合影之际**

时光匆匆岁月短,毕业就在转眼间。

刘郎初心要问鼎,艳姐使命攀峰巅。

过往云烟皆不计,今朝锋芒发硎端。

三班儿女要拼搏,无怨无悔勇向前。

**4**

### 写于三（4）班毕业合影之际

红日初升照嵩阳，其道大光柱栋梁。
扫却以往沉闷气，赢来今朝斗志强。
向前一步奔高考，辉进十日做头狼。
加倍努力从不晚，油满劲足开八荒。

**5**

### 写于三（5）班毕业合影之际

清晨紫气东方来，五班桃李笑颜开。
不浓不艳梦想绿，亦歌亦书学子怀。
凝神屏气要坚持，冲锋陷阵莫徘徊。
今日留影人心聚，唯愿诸君早成才。

**6**

### 写于三（6）班毕业临考之际

天下英雄出六班，击楫中流莫等闲。
运筹帷幄方寸地，决胜考场一念间。
多学多得是至理，天道酬勤非虚谈。
精诚所至金石开，马到功成赋新篇。

**7**

### 写于三（7）班毕业临考之际

少小立志清北园，寒暑往来弹指间。
十年试剑正堪用，一朝露锋破长天。
马上春衫裹侠气，梦里妙笔绘山川。
汝辈豪举风雷动，笑傲群雄若等闲。

## 8

### 写于三（8）班毕业临考之际

八班有志争天下，不负韶华梦为马。
绣口一吐语英生，锦心全是数理化。
聚首龙门金鳞开，独步蟾宫丹桂伐。
乘风破浪济沧海，披荆斩棘进一甲。

## 9

### 写于三（9）班毕业临考之际

嵩高学子风华茂，九班少年心气高。
鲲起沧海千丈远，鹏举九天万尺超。
读书酣畅情自在，挥笔淋漓神逍遥。
鏖战沙场刀锋利，所向披靡意不骄。

## 10

### 写于三（10）班毕业临考之际

历经坎坷意难平，前战不捷负利冰。
从今只应勤当先，往后就凭智冲锋。
有力莫留全用尽，专心方能凌绝顶。
诸君报恩无须他，只要金榜题己名。

## 11

### 写于三（11）班毕业临考之际

班中翘楚三十一，梅姐统领人心齐。
清晨读书人来早，夜晚刷题力不惜。
父母嘱托刻脑海，师长教诲常温习。
拼搏进取攀高峰，众志成城夺第一。

## 12

### 写于三(12)班毕业临考之际

三十二班三楼立,默默无闻有出息。
春夏秋冬无懈怠,日月星辰也称奇。
遇事沉着又冷静,做人大方且留余。
如今将赴高考去,逢题必过占先机。

## 13

### 写于三(13)班毕业临考之际

有勇有谋三十三,关键时刻冲在前。
平时不飞也不鸣,一鸣惊人飞冲天。
练就一身好功夫,沙场搏击力如山。
乘势而上蟾宫地,折桂在手才开颜。

## 14

### 写于三(14)班毕业临考之际

寄语十四众学子,逆水行舟莫掉头。
为人处世礼第一,刻苦求学勤为首。
基础太差不可怕,态度不好才堪忧。
王侯将相本无种,诸君也要争一流。

## 15

### 写于三(15)班毕业临考之际

横空出世三十五,跋山涉水不言苦。
抗拒风浪心劲满,超越巅峰脚力足。
莫顾身边蒜皮事,只追题中梅花鹿。
决意拿下双一流,来日骑乘三足乌。

**16**

**写于三(16)班毕业临考之际**

气度不凡三十六,芝兰玉树堪称优。

诚意正心一直在,格物致知从未休。

还需自信付书事,莫让热血抛东流。

客观冷静加理智,同叙史册传千秋。

老师们,同学们!嵩高儿女多奇志,敢教日月换新天!2019 年高考,注定也必须是我嵩高的骄傲!让我们共同努力,一起朝着目标奔跑!加油,同学们!加油,老师们!祝福你们!

2019 年 6 月 5 日

# 山高路远
## ——2017级优秀学生暑期学习能力提升动员

亲爱的同学们：

　　大家好！今天，我想与大家分享一首诗——《山高路远》

　　呼喊是爆发的沉默

　　沉默是无声的召唤

　　不论激越

　　还是宁静

　　我祈求

　　只要不是平淡

　　如果远方呼喊我

　　我就走向远方

　　如果大山召唤我

　　我就走向大山

　　双脚磨破

　　干脆再让夕阳涂抹小路

　　双手划烂

　　索性就让荆棘变成杜鹃

　　没有比脚更长的路

　　没有比人更高的山

　　这是20世纪90年代最流行的诗人汪国真的一首诗。想起这首诗，是因为今天九班的同学推荐了它；分享这首诗是因为诗中的"大山"和"远方"吸引了我。

　　对在座的同学们而言，大山是什么？大山就是"985"；远方是什么？远方就是"211"。大山和远方合起来就是"双一流"，就是我们高三一年努力奋斗的目标。我希望在座的各位明年都能进入"985""211"高等学府深造。

2020 年高考,学校的目标是什么? 我们先来看一组数据。2016 年,我校一本上线 173 人;2017 年,我校一本上线 288 人;2018 年,我校一本上线 367 人;2019 年,我校一本上线 409 人。那么,2020 年,我校一本上线应该是多少人? 我的愿望不大,希望明年高考,我校一本目标超过 500 人,只要多一个就好。所以,我们学校或者说是年级定的一本目标是 501 人。

这个目标如何实现?

1.向目标要成绩。进入高三,我们要做的第一件事情就是定目标。有了目标,就有了前进的动力,也有了学习的方向。2016 级有个学生曾经说过这样的话。他说:他被录取到嵩阳高中的时候,嵩阳高中高考一本上线 173 人,他就想,只要考到前 160 名就可以;到了高二,嵩阳高中一本上线 288 人,他又想,只要考到前 250 名就可以了。事实上,高二期末考试他考到了 300 名以后。到了高三,嵩阳高中一本上线 367 人,他又开始庆幸,他的名次应该可以上一本。就在一测的时候,他的名次退到 400 名,这时候他才惊醒。如果再这样下去,他可能考不上一本。从这个学生身上,我们可以看到,他给自己定的目标很低。如果他不改变,这样走下去,即使我们学校一本上线突破 500 人,他也有可能上不了一本。就像在座的各位,你们是不是觉得根据今年的高考成绩,作为嵩阳高中优秀学生的一员,自己已经稳上一本了? 如果这样想,我说句不好听的话,你们是太高估自己了。我们可以看看 7 月 4 号,我们参加清华标准能力测试的成绩。且不说其他人,单看第一名。陈昱豪,518 分,全省排名 2 051 名。咱且不说分数,就这个名次与姜东甫相比,相差 1 000 多名。就是说,你们中最优秀的学生与姜东甫的距离还有 1 000 多名。这是多大的差距? 我说向目标要成绩,就是希望大家把眼光放远一点,把格局调大一点,把目标定高一点。你定一个目标大学或者目标分数,也许最终并没有实现,但只要你竭尽全力,你肯定会无限接近。

2.向计划要成绩。古语说:吃不穷穿不穷,计划不到一世穷。我们把这句话化用一下:早也学晚也学,计划不到会白学。这样说,意在强调计划的重要性。2019 届学生从高一到高三,学校做了 3 年的计划。从入学的初高中衔接课程到假期的优班辅导,从学生的兵教兵到老师的专题讲座,从线上一对一到线下一对一。正是有了这样的计划和付出,才有了今年优异的高考成绩。对 2020 届学生,学校也做了如下规划。一是请原高三老师给大家进行专题讲座;二是利用暑期进行学习能力提升培训;三是针对一本踩线生进行专题辅导;四是给大家配最好的师资,让大家享受最好的教育;五是给年级排名靠后的学生上夯实基础课。之所以计划,就是为了实现一本上线501人的目标,就是为了让嵩阳高中的学生能够上更好的大学。前几天,省高招办主任在给我们讲课的时候说,河南省的985、211录取率是1%。大家听听这个数据,是不是会感到有很大的压力。我们要想上好大学,不计划好能行吗?

3.向时间要成绩。最近流行一部电视剧叫《少年派》,我想可能有同学看过。剧中有个学霸叫钱三一。他竞赛获奖、考试回回拿第一;他在学校给老师当助教,给同学做辅导。就这样,一放假,他也没在家休息,而是来到补习班接着学习。他们所处的城市还是在上海,上海考生数没有招生计划多,他们还这样拼。我们处在高考大省,却不愿意多花一点儿时间,怎么跟别人竞争,又拿什么跟别人争?再看年全国有名的高中,哪个学校又不打时间仗呢?有了时间,可能学不好;没有时间,肯定学不好。因为一个人的精力是有限的,对知识的掌握也是有规律的,没有时间做保障,便无法熟练掌握知识并形成能力。今年暑期有3周的时间,有人说21天养成一个习惯。如果这个暑期,你回家养成了一个懒散的习惯,有可能这一个月学的东西会被你忘完。那样再开学,又要重新开始。如果这样,那不就是浪费吗?浪费是最大的犯罪,浪费时间也依然是。今年高考,我校理科平均分比第二名高7分,文科平均分比第二名高10分,这其实是同学们用时间赚来的。大家还记得2019届学生钟琰在升旗仪式上讲的"纳米"星期吗?周末休息两个小时,历史上最短的星期,被她戏称为"纳米"星期。面对"纳米"星期,他们没有抱怨,而是欣然接受。正是因为这样,他们才取得了骄人的成绩。如果你是因为想好好地放一回假,好好地在家休息,我告诉大家,这要等到明年。明年的这个时候,才是你们真正应该享受的假期,而今年,我们必须把它充分利用起来。

4.向速度要成绩。今年高考结束,我带着全校老师到陕西师大进行培训。其中西安高新一中的老师讲到他所带的班级,630分在班里都是低分,一般的学生都能考到660分往上。在介绍经验的时候,其中有一点值得我们借鉴,那就是在做训练卷的时候,规定150分钟做一套,他的学生常常做两套。与他们相比,同学们是不是还停留在老师布置多少自己就做多少的阶段?甚至老师布置的作业到时间了也做不完。做一道题、写一篇文章跟散步一样慢,结果总是完不成任务。今天我讲过之后,希望同学们有意识地提高自己的速度,读书的速度,1 分钟不少于 300 字;写字的速度,1 分钟不少于 25 个;做题的速度,定时定量。时间是有限的,提高了速度就等于延长了时间。

5. 向使命要成绩。2019 届学生身上有一个共同的特点,那就是常常把学校的使命放在肩上。去年,我们曾请过清华、北大的教授和学生来给上一届学生做演讲,并进行交流。最后他们的反馈大多是,你们的学生很优秀。每当谈及学校的时候,都说如果考不好就对不起学校,现在他们圆满完成了他们的任务。接下来就轮到了你们。习近平总书记说,一代人有一代人的使命。那么,作为学生,我们也可以这样说,一届学生有一届学生的担当,一届学生有一届学生的责任。人往高处走,到了我们这一届,嵩阳高中的旗帜要插向更高的高地。因此我提出了 501 人的一本上线目标。大家可以想想,假如上清华北大是国家意志,那我们是不是拼了命也要去完成? 当然,有人会说这不是一回事。表面上看是不一回事,其实道理是一样的。如果你把上一个好大学作为你高三一年的使命和担当,我相信你就不会骄傲自大,也不会偷懒耍滑,更不会推三阻四。使命在肩,请勇往直前。

当然,我们还要向管理要成绩,向课堂要成绩。没有严格的管理,同学们难以养成良好的习惯;没有高效的课堂,同学们难以增加知识的容量。请相信,学校会把最优秀的老师配给你们,学校会把最优质的服务送给你们。

2016 年,我主持学校工作之后,提了三条工作原则:①对学生好;②对老师好;③对学校好。3 年来,学校做的每件事情都是以这 3 条原则为出发点儿的。只要你心里老想着这个出发点,再难的工作到了你这儿也会想出好的办法来。2017 年 6 月,高考成绩揭晓,我校一本上线 288 人。那年,我得出一个结论:你对学生有多好,学生就能考多好。2018 年,我校一本上线 367 人;2019 年,我校一本上线 409 人。有力的数据再次证明了我的话。所以这几年,在不违背原则的情况下,在我的权限之内,我想方设法地对学生好、对老师好。今天,我可以向大家保证,我将一如既往地对同学们好,为了你们的成长和发展,学校将不遗余力!

最后,我想用一句诗来结束我的讲话:

为什么我的眼里常含泪水? 因为我对这土地爱得深沉。

让我们一起加油吧!

2019 年 7 月 17 日

# 乘风好去　长空万里　直下看山河

——2019年高考表彰暨决战2020年高考誓师大会

尊敬的各位爱心人士、各位老师，亲爱的同学们：

大家上午好！值此盛会，请允许我代表学校感谢各位爱心人士！感谢辛勤耕耘的各位老师！感谢支持学校的各位家长！感谢取得优异成绩的各位同学！天气炎热，各位辛苦了，谢谢你们！今天，我发言的题目是"乘风好去，长空万里，直下看山河。"

什么是"乘风好去，长空万里，直下看山河"？意思很简单，就是乘风飞上万里长空，俯瞰祖国的大好山河。

今天，2019届的学生已经乘风飞上了万里长空，2020届的学生将要乘上这股强劲直上的大风，高一、高二的同学们也正在为此积蓄动能。

所以，我想把这句话送给同学们。这句话里有我对2019届学子的期许。离开嵩阳高中进入高等学府去深造就是龙归大海、鹰飞蓝天：那里有更高的平台，那里有更好的资源。希望你们继续发力，勇攀高峰，在大学里打造一片属于自己的天空。

这句话里有我对新一届高三学子的期盼。

期盼你们抛弃不良习惯。没有掌握的知识，不要视而不见；没有形成的能力，不要弃之不管；没有写好的汉字，不要放弃训练。要敢向懒散说"不"，要敢向怯懦说"能"。不要为自己的失败找借口，要相信自己，挑战极限。

期盼你们做事雷厉风行。要敢说，课堂上勇于表达自己的思考；要敢讲，课下主动向同学阐述自己的思想。要敢冲，面对正确的、正义的事情当仁不让；要敢闯，从学习中踏出一条路，挺进清华北大的学堂。

期盼你们拥有家国情怀。接过学长、父母、国家交付给你们的使命，学会担当；把兴家、兴校、兴市、兴国当成自己的事情，学会负责。不要做纨绔子弟，自古磨难出英雄，从来纨绔少伟男；不要做佛系青年，不争会被淘汰，落后就要挨打。

期盼你们立下鸿鹄志向。莫做屋檐下的燕子，只会在房梁间呢喃；莫做树杈上的麻雀，只会在矮墙上跳跃。要做就做"不飞则已，一飞冲天"的大鸟，要做就做"不鸣则已，一鸣惊人"的鸿雁。不畏书山题海，越过急流险滩，学不成名誓不还。

这句话还有我对高一、高二学生的希望。嵩阳高中成立 16 年，每一届学生中都有典范。希望你们以学长为榜样，从他们的精神中汲取营养，早日把自己打造成国之栋梁。

同学们，我说的这些话不是空谈，是誓言。有大地为凭，苍天为证。我希望嵩阳高中的学生，不管是已经毕业的还是正在求学的，都能成为顶天立地的嵩山屹立天地之中。

"乘风好去，长空万里，直下看山河！"同学们！梦想在召唤你们，祖国在召唤你们！愿你们云帆高挂，沧海当中满含书生意气；愿你们青云直上，蓝天之上尽显英雄本色！

同学们，离开的，愿你归来，仍是少年。留下的，愿你努力，勇往直前！新的学年，新的起点，让我们一起乘风破浪，再创辉煌，再续新篇！

我的发言到此结束，谢谢大家！

2019 年 8 月 8 日

# 愿你努力　早成英才
## ——在 2019 级新生暑期夏令营开营仪式上的讲话

亲爱的同学们：

大家上午好！

看到你们觉得特别开心！你们稚嫩的脸庞、期待的眼神、雀跃的身影让我感受到了蓬勃的朝气、昂扬的锐气，从你们身上，我看到了嵩阳高中的希望，看到了登封的希望！我很开心！孟子说，人生一大乐事是"得天下英才而教之"，我的一大乐事，或者说我们嵩阳高中的一大乐事，就是"得登封英才而教之"，而后把登封英才变成天下英才！

今天坐在这里的，都是能成为天下英才的。不管你在初中的时候有没有想过，今天你就要开始想了。想什么呢？想如何从登封英才成为天下英才，想如何从一名初中生成为一名高中生，再从一名高中生成为一名名牌大学的大学生。从某种意义上讲，当你考入名牌大学，即社会比较流行的 C9 院校（九校联盟，中国首个顶尖大学间的高校联盟）的时候，你离天下英才就很近很近了。下面，我对大家进行 C9 院校的第一次普及，它们分别是：北京大学、清华大学、浙江大学（今年姜东甫被浙大录取）、复旦大学、上海交通大学（今年王诗涵被上海交大录取）、南京大学、中国科学技术大学、西安交通大学（今年孟洪利被西安交大录取）、哈尔滨工业大学（今年冯桂圆被哈工大录取），希望大家记住这些学校，并以此为目标，当你成为其中一员的时候，你就离天下英才不远了。

那么，怎样从一名初中生成为一名高中生，再从一名高中生成为一个名牌大学的大学生，最后成为一名天下英才呢？

第一，你要做一个有心人。生活当中，处处留心皆学问。如果你是一个有心人，你就会从学校发给你的录取通知袋里知道学校取得的成绩、了解到学校发展的历史、找到各个学科老师对你的寄语；如果你是一个有心人，你拿起手机的第一件事应该是关注嵩阳高中微信公众号，那里有刚毕业的优秀学子的心得体会和经验介绍；如果你是一个有心人，你就会想起老师在电话家访的时候对你的学业和生活所表示的关心。来到嵩阳高中，成为一个有心人，你就能不断汲取到成长的能量，很快从同辈（这个同辈，不光指你的同学，还包括河南省所有你的同龄人）中脱颖而出。

第二，你要学会做自己。假期当中，偶尔听到一个初中的老师讲，我的孩子在上初中的时候学习还行，一到高中就直线下滑。我问她原因，她说：初中的学生在家父母看着，在校老师看着，从来没离开过大人的视线；到了高中，老师盯得不紧，父母不在身边，一时贪玩儿就荒废了一段，后来想跟就跟不上了。这里面诚然有学校管理的不足，但更多的是因为你们一直都没有脱离父母的庇护成为真正的自己。大家来自不同的初中，虽然校风不同，纪律也各异，但我想经历是大致一样的。如果你以前一直都是在别人的眼光下学习，那么来到高中，你们要长大，要学会做自己。自己打饭吃饭，自己安排时间，自己制订计划，自己努力向前。

第三，你要学会做学问。在此之前，我觉得你们学的都是知识，老师教的也是知识。到了高中之后，我希望你们学会做学问。做学问就是不仅要掌握知识，还要知道知识是怎么来的，既知其然又知其所以然；做学问就是要会研究、会探索、会发现。那样，你的能力才能提升，你才会从已知推未知。高考也是一门学问，如果你研究透了，考个 700 分也不是难事。怎样做学问呢？学校编了一本书叫《严管真爱》，这本书会告诉你做学问的途径，希望你们拿到后认真阅读，还有，今天给大家上课的各位老师也会教给你方法，希望同学们认真听、认真记、认真思考、认真领悟！

同学们，当你接到录取通知书的那刻起，你就是一个嵩高人了。希望你们以嵩高人自居，以自己是一个嵩高人为傲，勉励自己认真学习、努力学习，早日成为天下英才！我相信你们一定可以的！加油！

2019 年 8 月 11 日

# 做自己的英雄
## ——在2019级新生暑期夏令营开营仪式上的讲话（二）

亲爱的同学们：

大家上午好！

就在昨天，我们刚刚送走了第一批学员。在给他们上课的时候，我发现了一个问题，今天与大家做个交流。什么问题呢？就是上课大胆发言的问题。课堂上，老师提问，积极举手的人很少；自习课，给同学们示范读书，主动请缨的人也不多。尽管，大家因为陌生或者害怕不敢在大庭广众面前展示的这种心理我可以理解，可是对这种做法我却并不认同。我想看到的，当然是争先恐后畅所欲言的场面，当然是初生牛犊不怕虎的精神。

我希望你们能做自己的英雄！

有一首歌就叫《做自己的英雄》。歌词是这样的：

我不怕身上的痛/我眼中有泪光闪动/我不怕迎面的风/一步一步向着前方的梦/我喜欢平凡的面孔/我看到自己灿烂的笑容/我喜欢向天空呐喊/我知道我一定会与众不同/做自己的英雄/在我心中有热情涌动/我的舞台我自己来掌控/做自己的英雄/当你们的双手在我身后舞动/我一定会站在最高峰！

为了梦，不怕痛、不怕风，充满热情，学会掌控，你才能与众不同，站在最高峰，做自己的英雄！

如果连上课回答问题都不敢，如果连当众读书都不敢，你们如何站在时代的最高峰？

昨天下午第一期学员学习结束的时候，我发现了一个英雄。他是一个男生，我不知道他的名字，我只是听到了他说话。放学后，他和他妈妈从我办公室的窗外走过，妈妈问：听说宿舍里有蚊子？男同学答：谁说宿舍里有蚊子？没有！宿舍里有蚊子吗？尽管学校已安排宿舍管理员提前打过药，但是一两个从外面误飞进去凑热闹的蚊子，我想是有的。可是这个男生回答他妈妈的语气,立刻让我觉得他就是一个英雄。他想告诉他妈妈,他长大了,他不怕蚊子! 这孩子,将来一定能做自己的英雄!

近段比较流行的一部电影——《哪吒之魔童降世》,我想大部分同学可能都看过。电影中的哪吒就是一个敢做自己的英雄,他打破人们的偏见,他不信命中注定,他把命运握在了自己的手中!

这部动漫的导演——饺子(原名杨宇)也是自己的英雄。为了创作动漫,他几乎 3 年没有出过家门;为了确定哪吒的形象,他设计了 100 多个版本! 没有人能随随便便成功,也没有人能随随便便都成为自己的英雄!

那些能做自己英雄的,首先得胆大、得勇敢! 被授予"排雷英雄战士"荣誉称号的杜富国,在 2018 年 10 月 11 日下午的边境扫雷行动中,面对复杂雷场中的不明爆炸物,毅然对战友喊出"你退后,让我来!"。这种把安全让给别人,把危险留给自己的大无畏精神,正是对"英雄"的最好诠释!

我今天想让大家做的,不是让你去涉险,更不是置你于不顾,只是想让你向自己发起挑战——主动回答问题、积极参与活动、自觉接受考验,只是想让你去尝试、去实践、去做改变自己、战胜自己的英雄!

我深信大家都有英雄梦,我深信大家都能做自己的英雄,那么,还犹豫什么呢? 请赶紧行动起来吧!

为了鼓励大家做自己的英雄,学习结束,年级将根据大家的表现评出优秀学员,希望同学们踊跃一点,给自己一个机会,给人生一个起点!

2019 年 8 月 13 日

# 逆风飞行　向阳而生

亲爱的同学们:

大家上午好!

为了让大家更快、更好地适应高中生活,今年我们举办了三期新生暑期夏令营,分期的依据是同学们的中招成绩。我想大家在关注学校微信公众号上的通知的时候,应该会发现一个细小的变化,那就是前两期学生名单后面有分数,而在座各位的名字后面没有分数,是工作人员太粗心,忘了公示吗?很显然,不是这样的。因为你们的成绩相对较低,不公示是为了表示对大家的尊重,是想给大家留一份尊严!

在座的各位同学,中招成绩都在480分以下,如果再去掉体育和理化生实验分数,纯粹的文化课成绩应该在400分以下,这种分数其实是有点可怜的。可是,我看见这样的分数,心里却有几分欢喜。因为分数低除了能表示我们初中的时候没把书念好外,还有一层表示就是在高中我们的提高空间会很大。

不妨告诉大家,当年,我被登封一中录取的时候分数与大家相比相差无几,进班的名次也是倒着数的。可是高一的期中考试,我成功逆袭,从倒数变成了正数,班主任吴老师还表扬了我。把我的过去翻出来,目的只有一个,就是想告诉大家,不管中招成绩如何,都已成为过去。到了高中,你们和考600分的人一样,又站在了同一起跑线上,只要你用力奔跑,一定可以创造奇迹。

所不同的是,在奔跑的路上,600分的人可能是顺风,而你们基本上是逆风!形成这股逆风的关键因素有三个:一是相对不端的态度,二是相对较差的习惯,三是相对薄弱的基础。三个因素相互作用造就了过去的你,三个因素还会一起努力影响未来的你。在高中,如果要逆袭,你必须向它们宣战!

一要端正学习态度。态度决定高度,高度决定影响力。不管你过去如何对待学习,到了嵩阳高中,你所能持的态度必须是认真的、积极的。英雄不论出处,学习不问出身。老师永远都喜欢爱学习、好学习的学生,即使基础很差,只要你肯努力,一样可以得到同学的认可、老师的肯定。在嵩阳高中当一名学生,就要以学为生,只要你真的去学了,一天天坚持下去,你会比别人更容易走向成功。今年在我校读书的王乔博,当年中招成绩跟大家差不多,也是 400 多分,但高考他考了 509 分,超一本线 7 分。他用铁一样的事实证明,只要你愿意,奇迹就是你自己。

二要养成良好习惯。好习惯使人终身受益。我是相信每一个上高中的人,都有通过努力考上一所好大学的初心。如果你想成为一名优秀的高中生,你想考上一所公认的好大学,就请从今日起:管住自己的嘴,不乱吃东西、说废话;管住自己的手,不乱摸东西、总玩耍;管住自己的腿,不乱跑乱动、坐不住;管住自己的心,不胡思乱想、开小差;要跟懒惰道别,跟手机再见。养成读书的习惯,养成练字的习惯,养成刷题的习惯,养成锻炼的习惯,养成做好人好事的习惯。我校有个学生,高一的时候英语只考 49 分,但他立下誓言:即使英语 49,总分也要过一本。他坚持每天早上第一个进班学习,每天晚上最后一个离开。三年如一日,最终如愿以偿。事实证明,有了好习惯,坚持下去,它们就会推着你不断向前。

三要夯实学科基础。基础不牢,地动山摇。据我的观察,只要是学生,几乎没有人不在乎成绩的,奈何学着学着就成了恶性循环,只好表示自己不在乎,也有人嘴上说不在乎,其实心里很重视,只是看着成绩自己想努力却又无能为力。为了避免出现这种情况,也为了你们的高中生活不枯燥,希望大家脚踏实地,从最基本的公式、最基础的知识学起。如果是跟初中有关系的,把初中的课本拿来再重新看看;如果是高中刚接触的,就提前预习、认真听课。打好了基础,你的学习才会日新月异;学习好了,你在高中才会游刃有余。

同学们! 不管是哪种原因导致你的成绩不理想,我都希望你们能够勇敢地向它们宣战! 战胜它们,其实就是战胜你自己!

同学们! 考入了嵩阳高中,不管学习有多艰难,我都希望你坚持下去,拼尽全力! 逆风飞行,向阳而生! 誓创唯一、超越巅峰!

2019 年 8 月 15 日

# 为了更好地成长

## ——在2019—2020年第一次升旗仪式上的讲话

尊敬的各位老师、亲爱的同学们：

大家早上好！今天我演讲的题目是"为了更好地成长"。

站在鲜艳的五星红旗下，我感到前所未有的骄傲与自豪！我骄傲，我是一名嵩高人，为国家输送了一批又一批栋梁！我自豪，我是一名嵩高人，亲历和见证了嵩阳高中16年的成长！

此时此刻，我想把这种感情传递给你们，踏实肯干、任劳任怨、不计报酬、无私奉献的老师们！会自由思考、独立判断、有担当精神、家国情怀的同学们！还有刚刚进入嵩高的新老师和新同学们！请你们和我一道为这所学校感到骄傲和自豪！

她看起来其貌不扬，硬件不好，设施也旧，过了几十年，几乎没变过样。可是她胸怀宽广，只要你投入其中，便能感受到她的坦荡；她公平公正，只要你愿意付出，就一定能得到相应的报偿；她科学理性，只要你愿意成长，跟着她就不会迷失方向。

今天，为了更好地成长，我想请全体师生思考3个问题：你来嵩阳高中做什么，你为嵩阳高中做什么，你想成为什么样的人？

你来嵩阳高中做什么？一个叫"梦"的微友在学校微信公众号下面有一句留言："立志成才，梦圆嵩高。2020，我来了！"与其说这是一句留言，不如说它是一句宣言。它用简短的语言向人们宣示了自己上高中的志向和使命。

立什么志，成什么才？我想，要立就立鸿鹄志，要成就成栋梁材。什么是鸿鹄志？在高一新生暑期夏令营上，当问及一个学生目标的时候，她说：她要好好学习，将来回到河南、回到登封为家乡做贡献。这就是鸿鹄志。什么是栋梁材？托得起家、扛得起国、撑得住社会大厦的人，就是栋梁材。

我们来到嵩阳高中，不管是读书还是教书，都要有成才的志向、圆梦的思想。学生要考好大学,老师要当好老师!给自己定个目标,然后坚定不移地走下去,那样,你在嵩阳高中的生活才会有意义!

你为嵩阳高中做什么?

今年3月22日,习近平总书记面对意大利众议长菲科:"中国这么大,您作为世界上如此重要国家的一位领袖,您是怎么想的?"的提问,他目光沉静而充满力量地说道:"这么大一个国家,责任非常重、工作非常艰巨。我将无我,不负人民。我愿意做到一个'无我'的状态,为中国的发展奉献自己。"

今天,当着全校3 000多名师生的面,我也做出郑重承诺:身为校长,我愿意做到一个"无我"的状态,为师生的成长、为嵩高的发展奉献自己。我相信,我们嵩高的所有老师都愿意跟我一起踏实肯干、任劳任怨、不计报酬、无私奉献。

那么,作为学生,你们能为嵩阳高中做什么?刚刚毕业的优秀学生毛浩宇在微信公众号上写的一篇《嵩高梦华录》里有一句话:也许可以给你们一个启发:不期休息,不惧难题,不畏将来,不言放弃,超越巅峰,势争第一。他的话道出了一个嵩高学子的必备素质。学校所要求的,其实就是你们能够尽己所能,做最好的自己!

你想成为什么样的人?可能你会毫不犹豫地回答——优秀的人!这当然也是我所希望的!而且我也相信,每一个嵩阳高中人只要愿意都会成为一个优秀的人!但是,优秀是一个抽象的概念,我们应该赋予它具体的特征。在《严管真爱》德育读本的首页,有这样几句话:嵩阳高中人,人品高尚;嵩阳高中人,志向远大;嵩阳高中人,自立自信;嵩阳高中人,善待他人。一句话,嵩阳高中人应该成为会自由思考、独立判断,有担当精神、家国情怀的新时代的典范。你做到了这些,你就是一个优秀的人!

老师们,同学们!想清楚这3个问题,对我们而言意义重大。它让我们看清了前进的目标、人生的航向;它让我们的成长显得有价值、有分量!

什么是更好地成长?更好地成长就是听得见拔节的声音,看得到长高的身影,闻得到奔跑的芬芳;更好地成长就是不断追求新的业绩,不断实现新的跨越,不断攀登新的高峰!

老师们,同学们!2019年高考,我们所创造的嵩阳高中现象,我们所书写的嵩阳高中辉煌,都已成为过往!作为嵩高人,为了把学校办成质量一流、文化深厚、风景优美的中原名校,我们每个人都有义务和责任,都有使命和担当,我们每个人都得更好地成长!

老师们,同学们!大鹏之动,非一羽之轻;骐骥之速,非一足之力。新的学年开始了,为了更好地成长,让我们齐心协力共同托起嵩高腾飞的翅膀!

我的演讲完毕,谢谢大家!祝同学们学习愉快,祝老师们身心健康!谢谢!

2019 年 8 月 19 日

# 如何成为一个学习者和奋斗者
## ——在2019级新生开学典礼上的讲话

尊敬的各位领导、各位老师,亲爱的同学们:

大家上午好!

今天,我们在这里隆重举行2019级开学典礼!值此盛会,请允许我代表学校第三次向各位新同学表示最诚挚的祝贺和最热烈的欢迎!祝贺你们成为嵩阳高中的一员,欢迎你们加入嵩阳高中!

第一次欢迎同学们,是在暑期夏令营的开班仪式上;第二次欢迎同学们,是在军训前的升旗仪式上。在嵩阳高中的历史上,没有哪一级的新生像你们一样仅在开学之初,就受到学校的三次热烈欢迎!这份看重、这份用心,我想,聪明如你们,一定会感受到!

嵩阳高中就是这样一个地方:她善于创新,会不断地给同学们提供成长的机会;她勇于进步,会不断地向同学们输送学习的快乐。从一份可以留作纪念的录取通知书,到一本帮你适应学校的《校长演讲录》;从开学迎新搭建的彩虹门,到精心准备的暑期夏令营,每一次细微的变化,每一年成功的改进,都指向一个目标:你是嵩阳高中的学生,嵩阳高中热爱你;你是嵩阳高中的学生,嵩阳高中要成全你!"为学生服务,让学生满意"是我们的宗旨;"关怀你成长,帮助你成功"是我们的承诺。

16年来,嵩阳高中人秉承着"踏实肯干、任劳任怨、不计报酬、无私奉献"的嵩高精神,用行动和数字创造了嵩阳高中现象,书写了嵩阳高中奇迹,续写了嵩阳高中辉煌。每一个从嵩阳高中走出去的毕业生,在"严管真爱"的引领下,都得到了应有的发展。把平凡的孩子接进来,把杰出的孩子送出去,不仅是学校的一种理想,更是学校的一种现实。

同学们!嵩阳高中就是这样一个地方,一个学习者的欢乐场,一个奋斗者的大舞台,一个青年人的用武地!来到了嵩阳高中,你们要让自己变成一个学习者、奋斗者，进而成为一个成功者！

我今天想告诉你们的，就是如何成为一个学习者和奋斗者。

这两天我一直在观察你们，在校园的你们，在教室的你们，在宿舍的你们，上课的你们，上操的你们。我很欣慰的是绝大多数同学的表现都很优秀，虽然是刚刚入学，但谈吐文明，学习用功。可是还有一种普遍现象令我担忧，那就是你们当中的一些人清晨读书不太用心，上课听讲不太认真，中午吃饭浪费较多，晚上睡觉动作太慢；宣誓时激情不够，跑操时步伐不齐……这些不好的现象如果不根除，它就会像瘟疫一样蔓延，影响你、干扰你、腐蚀你。长此以往，你会怠惰、会消极、会退步，会成为一个你也不想成为的人。所以，我希望你们成为一个学习者和奋斗者，用人生之火点燃青春之血，把高中3年变成一段激情燃烧的岁月！

那么，如何成为一个学习者和奋斗者？

第一，对成长的渴望。我所说的成长偏重于思想。高中阶段的成长有一个明确的指向，那就是学生发展核心素养。它以培养"全面发展的人"为核心，分为文化基础、自主发展、社会参与3个方面，综合表现为人文底蕴、科学精神、学会学习、健康生活、责任担当、实践创新6大素养。这个指向不仅是你成长的指向，也是高考的指向。要想拥有这6大素养，你要有自己的发展计划和思想。在初中，靠死记硬背也许可以掌握一些知识，也能考到一个不错的成绩。可是到了高中，如果你不积极思考、不深入理解，你就会陷入知识的海洋，迷失前进的方向。有个同学说：一进入高中，便进入了思维的殿堂，我觉得很有道理。在高中，你必须有自己的见解和主张。你可以高谈阔论，但不能人云亦云；你可以见贤思齐，但不能盲目跟风。一切都要过过脑子，不唯书、不唯师、不唯上。如果你有了自己的思想，你做了你自己的主人，短短3年，你在人文底蕴、科学精神、学会学习、健康生活、责任担当、实践创新方面，有所尝试、有所发展，你便是实现了真正的成长。如果我说的这些你没有做到，不是因为你不能，而是因为你不愿、不想，你对成长的渴望不够强！

第二，对梦想的追求。梦想是一个人的精神支柱，是帮助一个人走向成功的翅膀。作为嵩高学子，你们要敢于有梦、勇于追梦、勤于圆梦！近了说，你们要有大学梦；远了说，你们要有人生梦。大学梦要高一点儿，别怕考不上，只要你想考，3年足以让你如愿以偿；人生梦要美一点，别怕实现不了，只要你紧盯目标，从不停步，终有一天会走到。同学们，当你真心想要某种东西时，整个宇宙都会联合起来帮你完成，有梦就要追，不追会后悔。从今天开始，高一上学期还有100天的时间，这100天可能是你甘于平庸的100天，也可能是你追求不凡的100天。我当然希望，这100天是你追求梦想的100天，是你走向卓越的100天。习近平总书记在2019年新年贺词中有一句话：我们都在努力奔跑，我们都是追梦人。这句话用来形容我们嵩阳高中的全体师生，我觉得非常贴切。我们都是追梦人，我的梦是把你们培育成国之栋梁，你们的梦是让自己成为国家栋梁。不管你曾经历什么，也不管你会经历什么，我都希望你们保持对梦想的追求，有梦就有希望，有梦才有远方。

第三，对学习的坚持。为什么要坚持学习？因为学习可以提高自己、改变自己、弥补自己的不足。荀子在《劝学》中说："青，取之于蓝，而青于蓝；冰，水为之，而寒于水。木直中绳，輮以为轮，其曲中规。虽有槁暴，不复挺者，輮使之然也。故木受绳则直，金就砺则利。"这些看似跟学习无关，但说的其实就是学习带给人的改变。既然学习的好处不言而喻，那我们就要热爱学习，坚持学习。有人把曾国藩的成功概括为6个字：坚持、专注、渐进。这6个字中，坚持排在第一位，坚持最为重要。有人说，难在坚持，贵在坚持，说的也是坚持的必要性。我们也常说，坚持到底就是胜利！由此看来，只要你坚持学习，你就一定能最大限度地接近梦想或者实现梦想。这样的例子，在你们的学长学姐身上不胜枚举。被我们学校录取的学生，无论分数高低，只要坚持学习，3年之后，一定会取得一个令人满意的成绩。

同学们！有人说，成功需要3个条件，第一是强烈的渴望，第二是强烈的渴望，第三还是强烈的渴望。只要你们强烈渴望成长、渴望实现梦想、渴望学习，这世上就没有什么能够阻挡你们前进的脚步！有了这些渴望，你会去学习；为了这些渴望，你会去奋斗。那时候，你就是一个真正的学习者和奋斗者！

黄埔军校门口曾有一副对联：升官发财请往他处，贪生怕死勿入斯门。今天我想化用一下：吃喝玩乐请往他处，偷懒耍滑莫入此门。渴望成长追求梦想，坚持学习必成栋梁。

同学们！一代人有一代人的长征，一届学生有一届学生的使命。今年，你们来到了嵩阳高中，意味着你们接过了嵩阳高中的大旗，希望你们接受嵩阳高中，爱上嵩阳高中，为了嵩阳高中愿意竭尽全力、毅然前行！

周一升旗的时候,吴向辉校长说:努力很苦,努力很累,但努力之后的收获,很美! 所以,最后,同学们! 我向大家发出呼吁,请你们努力! 努力! 再努力! 期待你们! 相信你们! 祝福你们!

我的讲话完毕,谢谢大家!

2019 年 8 月 28 日

# 2020 超越巅峰

## ——2020年新年致辞

------------------------------

各位老师、亲爱的同学们：

大家好！

"今岁今宵尽，明年明日催"（唐·史青《应诏赋得除夜》）。2019年马上就成为历史，2020年很快就变为现实。如果今晚，我不以这种方式跟大家谈谈2019、谈谈咱们学校、谈谈我和你们，我将无法在2019年完成我跟大家谈心的愿望。时间过得太快了，明天就是明年，所以我要抓住今天，抓住现在，抓住2019年的最后一个我可以支配的时段！

想跟大家谈心的愿望是在2018年的12月31日立下的。那天是周一，我在升旗台上做完演讲就想，2019年的最后一个周一，我还要站在这里演讲，站在这里告诉你们这一年来学校的发展，告诉你们这一年来我最大的收获。可是，很遗憾，2019年的最后一个周一是12月30日，这天，2018级的学生正在进行学业水平考试！怎么办？我这个人有个习惯，做事要善始善终，做人要善作善成。所以，今天，我站在这里，通过广播来完成我的心愿，更重要的是通过这种方式向大家提出我的希望并致以新年的美好祝福！

2019年，是值得我们骄傲的一年。最值得称道的当然还是我校的高考成绩。2019年，我校一本普通类上线409人，较2018年增加42人，实现均衡生源一本上线8连增！二本普通类上线978人，较2018年增加12人，加体艺类本科共1 001人，突破千人大关！600分以上59人。理科姜东甫670分，王诗涵661分，范云龙658分，囊括全市前三名；王文奇，650分，位居全市第五名；文科钟琰625分，付丽608分，刘玉奇604分，荣获全市第二、第三、第四名。应届一本上线394人，较2018年增加50人；二本上线897人，较2018年增加27人，以绝对优势雄踞全市之首！重复是因为重要！我们曾在不同场合、以不同形式向同学们讲起过我们的成绩。今天，我再次重复这些数字，不是为了炫耀,而是为了铭记、为了超越。我希望现在高三的各位同学记住这些数字,并勇敢向这些数字发起挑战,在剩下的 100 多天里,用行动践行一本上线 501 人的承诺,用奋斗谱写嵩阳高中新的诗篇!也希望高一、高二的同学们以发展的眼光看自己,在新的一年里抛弃懒惰、勤奋学习,未来的嵩高要靠你们创造奇迹!

2019 年,是学校蓬勃发展的一年。从外表看,学校的面积没有增加,教室和寝室还很简陋,各种硬件也都不优秀,尤其今年冬天,连续停水让我们感觉到了生活的艰难,但"腹有诗书气自华",我们嵩高人的精神气质却非常光鲜!这表现在我校连年高比例完成上级分配的各项指标任务的嵩阳现象更加突显,师生们身上所表现出的"踏实肯干、任劳任怨、不计报酬、无私奉献"的嵩高精神更加饱满,以精致管理、精心育人、精准教学、精细服务为实施路径的"严管真爱"理念更加深入人心。嵩阳高中的管理被人学习,嵩阳高中的做法被人借鉴,嵩阳高中的学生被人羡慕,嵩阳高中的老师被人赞美!《中国教育报》的编辑说,嵩阳高中人很真诚;清华大学的老师说,嵩阳高中人很纯粹!今年 11 月 22 日,《中国教育报》用二分之一的版面从课改、教育、管理三方面对我校做了比较全面的报道!16 年的默默耕耘,300 名(从建校至今在嵩阳高中任过教的人)教育人的教育情怀,共同创造了嵩阳高中美好的现在,也将创造嵩阳高中美好的未来!同学们,学校有幸拥有你们这样的学生,你们有幸遇上最好的学校!你们和学校,一个恰青春,一个正年少。此时此地,正是我们携手拼搏的好时机!

2019 年,有几个人让嵩阳高中大放异彩。一个是出彩登封人董英英老师,身为高三(9)班的班主任,临近高考,她给每个同学写了一封信。其言谆谆,其心真真,她用一腔热爱、一颗红心感动了学生、感动了嵩高!身为"廉政模范"的董老师,是教育系统唯一一位入选廉政教育宣讲团的成员。她代表教师向全市人民讲述的老师"舍小家为大家,舍自己为学生"的故事感动了现场、感动了家长!在"不忘初心、牢记使命"主题教育活动中,董老师又站在了更高的讲台上,从全市各学校,到全市各单位,她的故事感动了教育、感动了登封!董英英老师,她就在我们身边,她是我们的模范!一个是 2019 届三(7)班的学生姜东甫。作为一名高三学生,他以高考 670 分的优异成绩勇夺登封市理科状元,且刷新了我市第一名在全省的位置,为登封教育质量的提升提供了有力的证据;作为高三(7)班的班长,他带领 7 班创造了优异的成绩——2019届高考囊括全市理科前3名,他用自己的行动告诉所有的优秀学子,当班长不仅不影响、反而能促进学习;他乐观自信、积极向上,他勤学好问、尊敬师长,无论是学习还是做人,无论是思考还是行动,他都不愧是全体同学学习的榜样!当然,在我嵩高这片神奇的土地上,优秀的人才还很多。高三文科的郑鹏举已经在联考中在一测中连续夺得几次全市第一,高二的崔智建通过了中科大少年班的报名,赵泽睿被中国妇女发展基金会授予"未来科技女性领袖"称号并通过层层选拔于2020年2月出访意大利。

还有两个人,虽然我不知他们的名和姓,但我觉得他们也是让我骄傲的嵩高学生。今年教师节的时候,我收到了一张贺卡。卡被塑料包裹着,正面是一枝不知名的粉色小花,花外面写着"especially for you",卡的背面写着这样几行字:亲爱的刘老师,节日快乐!在写这封贺卡之前,我一直在纠结要给哪科老师写,班里(的同学)也在激烈的(地)讨论自己的贺卡要给谁,但是我却突然想起了你。虽然我们互不认识,也没有什么交际,但您也是一名老师啊!这也是你的节日,不是吗?话也不多说了,虽然,只有短短的几个字,却代表我们一(2)班全体学子对您真诚的问候,有可能您对我们不以为然(不以为意),但是只要您记得,有一班可爱的学子们问候过你,在此,再对您说一句:老师,节日快乐!落款是"——2019级一(2)班"

今年10月11日,我收到了一封信:

校长:您好!我是那个把高三院东面墙上那个"超"字弄坏的学生,在此向您说一声"对不起!"我是在10月10日晚上下晚自习时,把它给弄坏的;当天晚上回到寝室后,我羞愧难耐,第二天,学习也心不在焉,心里总觉得丢人和愧疚,思前想后,我觉得我应该承认错误。对不起,在此先赔偿您50元;有可能不够,下周等我回家拿了生活费后再赔偿50元,对不起!

信里夹了50元钱;10月13日,我的办公桌上又多了一封信:校长:这是剩下的50元,希望能够得到您的原谅。信里又夹了50元钱。

到目前为止,我也不知道这位学生是谁。但他们的言行一直激励着我、感动着我!一个善于思考、一个敢于认错,这是多么难得的品质,这是多么优秀的学生!关于这100元钱,尽管三年级院东面墙上的字重做的时候确实是100元一个,但念及同学的态度十分好,学校出钱修复。希望这位同学听到我的讲话后到我这儿把钱领回去。如果没有人认领,那么这100元钱将会存入我校的档案,将来我们有条件建校史馆的时候,将一并陈列!

同学们，我们都很平凡，但平凡并不意味着平庸。只要我们想并愿意努力，任何人都可以打造出属于自己的天地。董英英老师是这样，姜东甫同学是这样，郑鹏举同学是这样，崔智建同学是这样，赵泽睿同学也是这样，不知名的两位同学也是这样。明天就是新的一年，我希望你们分秒必争，创造并超越你们人生的巅峰！

2019 年，对我个人而言也是非同一般。前几年很流行一句话：世界这么大，我想去看看。今天，我想对大家说：世界很大，我替你们去看了看。今年10 月 26 日至 11 月 16 日，我因为培训去了一趟美国。从小到大，我从未想过出国，也从未想过我会出国，当机会来临的时候，我是怀着好奇走出去的。走出去了才知道，世界很大，自己很小；世界很丰满，自己很骨感。我不是想说出国有多好，我是想告诉同学们，一个人凭空想象世界很大远没有用脚丈量、用眼观察给你的体验深刻！无论现在信息多么发达，环境和条件还是限制了我们的想象力，坐井观天总难免视野狭窄或认识片面！当我们还盯着清华北大、为了上一本苦口婆心劝说你的时候，有很多你们的同龄人已经站在科技的前沿开始写论文、做研究。我想学校得改，你们得变！为了帮助同学们对世界有更多的了解，我把去美国的见闻做成了一本小册子，取名就叫《带你走近美国教育》，作为新年礼物送给你们！我希望在你们眼前打开一扇窗，我希望你们通过这扇窗看到自己未来的发展方向！我希望你们变得更文明、更健康、更上进、更要强！

同学们，按照我们习惯的说法，过一年就长一岁！我想这一岁不应该只长在年龄上，还要长在你们的思想上。每当我看见教室里或者校园里充斥着垃圾，每当我在校园里看到有人想方设法把吃的东西带往教学区，每当我看到个别学生无所事事、不专注于学习，每当我想起学校要把大把的时间和精力用在监管、约束、引导部分学生不文明、不规范的言行上；每当这些时候，我都会觉得又痛苦又惋惜。痛苦你们长大了却不思进取，惋惜你们大好的青春都消耗得毫无意义！尽管我知道教育不可能教好每一个学生，教育不可能解决一个孩子所有的成长中的问题，但是我多么想我嵩阳高中的学生，我多么想你们全都成为会自由思考、独立判断，有担当精神、家国情怀的人！如果大家都是懂纪律、守秩序的人，学校将不在维持纪律上投入时间；如果大家都是讲文明、知礼貌的人，学校将不在督查规范上投入时间；如果大家都是能自觉、爱主动的人，学校将不再督促学习上投入时间。那么，这些省出来的时间做什么？做课题、做科研，做如何让大家成绩更好、能力更高、素质更优的事情。我们的老师都是本科或者研究生毕业，让他们把时间花在天天管你言谈举止、天天劝你专心致志上面，显然不值。同学们可以想一想，我们为什么就不能做点高智商的事情？

同学们，明天就是新年了。今天我讲话的主题是"2020，超越巅峰"！之所以定下这个主题，是因为我相信我嵩高学子会在关键时候创造生命的奇迹！我刚才讲的那些鸡毛蒜皮的事情，如果大家能放下、能改正，2020年的嵩高，我们一定能再创高峰！我们定当再攀高峰！每周一升旗宣誓的时候，我们都会大声喊出"不忘初心、牢记使命、誓创唯一、超越巅峰"的誓言，苍天为凭，大地为证。我们要记住：学校不可辜负！师长不可辜负！父母不可辜负！誓言不可辜负！青春不可辜负！我们要知道：现在读书所受的苦，都是通往未来的路；那个管你最严的人爱你最深。

同学们！2020年，奋斗依然是我嵩高的主旋律，爱依然是学校的主题曲！学校将一如既往为了大家的成长倾尽全力！我和我的同事们将一如既往为了你们成才倾尽全力！长风破浪正当时，高挂云帆济沧海！同学们，上下同欲者胜，新的一年，让我们一起拼搏到底！

同学们，未来已来，日生不殆。习近平总书记说："青年兴则国家兴，青年强则国家强，青年一代有理想、有担当，国家就有前途，民族就有希望。"在嵩阳高中走向中原名校的历史节点，在中华民族实现伟大复兴的新时代，你们将是重要的见证者、参与者，更是推动者和创造者。这注定是一次充满艰辛而又美妙的旅程，远方有梦想，眼前有阳光，身边有榜样，脚下有力量。我愿与你们同行，与你们一起共同托起成功的翅膀！

最后，请允许我代表自己、代表学校向每一位领导、每一位年级主任、每一位班主任、每一位老师、每一位员工、每一位热爱嵩高的学生致敬！

祝福你们！祝福嵩高！

谢谢大家！我的发言完毕。

2019 年 12 月 29 日

# 永远前进　勇敢前进
## ——2020 年郑州一测表彰暨二测学生动员

亲爱的同学们：

晚上好！今天我发言的题目是"永远前进，勇敢前进"。我讲完，你能把我的话写成一篇文章，你们这节课的任务就算是完成了。

2018 年 10 月 11 日下午，在人工搜索排雷时，南部战区陆军云南扫雷大队战士杜富国让战友后退，自己来做进一步处理时，手榴弹突然爆炸，杜富国失去双手和双眼。受伤一年后，他一次要打 60 针，但被子仍要叠成"豆腐块"，他歪歪扭扭写下的是这样四个字："永远前进"。

一个失去双手和双眼的人，如何前进？他看不见方向，摸不到路标，他凭什么永远前进？

大家想一想，他凭什么？

我认为，他凭的是他的初心，他的意志，他的精神！

这"永远前进"四个字里透露出来的大无畏、勇敢，是不是令我们这些四肢健全的人汗颜？！

杜富国面临的是失去生命的危险，而我们只是要经受一道道题的考验，孰轻孰重、孰易孰难，我相信同学们的内心一定会有自己的价值判断！

所以，我想借他这句话，再加上 4 个字，作为我今天的标题：永远前进，勇敢前进！

刚才，许月圆同学的发言里有两个关键词：放下和拾起。他放下将信将疑，拾起自信，拾起"清华"梦，闯进全市前十，夺得年级第一！他心无旁骛，永远向前，靠的就是勇敢！三(7)班一个同学在分析自己失利时提到许月圆，说他学习专注、拼劲十足，他不拿第一都不可能！想考第一，需要勇敢！

刚才三(3)班谢普宇同学面对一测失利，深刻剖析自己，站在讲台上，面对大家发出自己的誓言，这也是勇敢！她说，世界这么大，她会替我去看看。

如果这是一个使命,交给她我放心!因为她很勇敢!

在人生的路上,在学习的路上,每个人都不能停步不前。只有永远前进、勇敢前进,才可以攀至人生的峰巅!

永远前进、勇敢前进需要我们做到三点:

一、永远前进、勇敢前进,需要我们摒弃杂念!课间不说话、自习不抬头、课上不袖手,只是最基本最肤浅的要求!我觉得这是一个小学生都应该做的事情,何况我们现在已经高三!都扪心自问一下,进入高三、进入教室、进入课堂,你都产生了多少私心杂念?不该想的事不想,想了没用的事也不要想。如果你天天想着考不上学怎么办,同学关系处不好怎么办,放学没人一起吃饭怎么办,你哪还有时间专心学习,哪还有时间攻克难题?摒弃杂念,万念归一,自然学有所成,马到成功。

二、永远前进、勇敢前进,需要我们严谨规范!看看你们的书桌、看看你们的答题卷、看看你们的错题本,我想大家都可以开一个失误博物馆。让你写好字,你就好好写,让你不要连笔,你就不连笔,为什么重复多遍,你都心不在焉?错题本上的问题,上次考试是这样,这次考试是这样,下次考试还是这样,为什么没有改?因为不重视,因为心不在焉!请大家想一想,这有什么难?做一道数学题,你会抄错数;写一个化学方程式,你会漏掉一个符号。这样的失误,你为什么就不能避免?学习不严谨,做题不规范,考试怎么能顺利通关?我们不能一边发誓要考多少分,一边还失误不断。如果这样,誓言就是谎言!

元旦致辞的时候,我跟大家说,我们的老师都是本科或者研究生毕业,不要因为鸡毛蒜皮的事,耗费他们大量的时间和精力,让他们为你们做点高智商的事情。今天我再重复一遍,不要让老师为了你的言谈举止天天心烦,你做什么都多一些严谨、多一些规范,也可省出时间来让他老师为你多出几道好题,多上几节好课。

三、永远前进、勇敢前进,需要我们大步向前!慢慢腾腾地走路,慢慢腾腾地读书,慢慢腾腾地做题,已经跟不上社会的进步、国家的发展。要想不被淘汰,必须提高速度、提高准度。郑州一测,我们有进步,但步子太小。但我不相信,我们走不快,我不相信我们不行。今天,我模仿了一首《我不相信》,读给同学们:

## 我不相信

成功是成功者的通行证
失败是失败者的墓志铭

看吧
在那教育的天空中
飘满了胜利者的笑容
确实已经努力了
为什么没有大获全胜
明明是进步了
为什么到处都是忧虑的神情

我站在这个讲台上
只带着本和笔
为了在每一天的每一刻
记录平凡人创造的奇迹

告诉你吧，同学
我不相信
纵使前方有关山万重
就让我来做闯关夺隘的英雄

我不相信汗会白流
我不相信路会白走
我不相信题会白做
我不相信梦会成空

如果成绩注定要低迷
就让我承受所有的批评
如果理想注定要付出
就让我做奉献的先锋

新的转机已经出现
正在缀满一月的星空
那是教师踌躇满怀的壮志
那是学生渴望成功的眼睛

这次考试，我们理科第一名 660 分，文科第一名 624 分，只要到高考的时候，都再多考 30 分，我们的清华梦、北大梦就会成真！况且我们有的是时间，今天距高考还有 154 天，大家要相信自己，相信我们的老师，相信我们会成为最后的胜者！

同学们，如果明年，你想加入嵩阳高中"优秀学子"宣讲团；如果八月，你想站在新高三开学典礼的领奖台上，那还等什么？

请自今日今时起：永远前进，勇敢前进！

2020 年 1 月 3 日

# 坚定信心  化危为机  奋战百天  创造奇迹
## ——2020年高考百日誓师致辞

尊敬的各位老师、各位家长,亲爱的同学们:

大家好!

今天是2月27日,距2020年高考还有整整100天。听到这个数字,你的内心是不是会有异样的感觉,怎么就这么快,时间都去哪儿了?马上就要高考了啊!是啊,马上就要高考了呢。诸位,你们准备好了吗?

此时此刻,我的脑海浮现出历年百日誓师的情形,那声嘶力竭的呐喊,那震撼人心的誓言,那热血沸腾的场面,那不考名校不罢休的青年……真的,我多想搭起一方舞台,铺上红色地毯,擂起惊天的战鼓,让老师冲上去,让家长冲上去,让同学们冲上去,让我们从四面八方冲上去,对着嵩高、对着嵩山、对着青天,从心底里吼出我们的心愿:为了青春理想,为了父母期望,我们要战!为了学校发展,为了国家富强,我们要战!我们不怕流血,我们不怕流汗,我们要战!

然而,我知道,这一切都是空想!老师不在学校,家长和同学们也不在现场!一场没有硝烟的战争把我们隔在了两端!它的名字叫"新冠肺炎"!从1月20号到2月27号,这一个多月的时间,我在学校,你们在家,我们在不同的地方跟它鏖战!疫情正在消退,太阳已上中天!我们以前所未有的团结、前所未有的规矩,在政府的英明决策和科学指导下,战胜了它!确诊病例越来越少,治愈病例越来越多,病毒从我们团结一致的行动里,从走街串巷的广播里,看到了我们热情的火焰,听到了我们胜利的信心!

老师们,家长们,同学们,我们在家里不知不觉躲过了一场浩劫!为了不给病毒死灰复燃的机会,为了让战"疫"赢得更彻底,我们暂时还不能相聚在一起!可是,这又有什么关系?我们的心永远在一起!都说不开学对高三是一场危机,怕今年高考一败涂地!殊不知,我嵩高人偏偏能化危为机:你们可以通过网络听课，我们可以通过微信发题；你们可以拍照上传答卷，我们可以通过手机进行评判；疫情隔开的是距离，加深的是情谊！想一想，从小到大，什么时候见过这么紧密的家校联系，什么时候见过这么亲密的师生关系？

是的，我嵩高人就是要化危为机，在仅有的100个日子里，创造属于每个人的奇迹！我嵩高学子更要坚定信心，化危为机，奋战百天，创造奇迹！

首先，你要聪明。我曾不止一次、曾在不同场合就"聪明"说过一句不是真理的真理。什么是聪明？聪明就是先行一步。你和他，他和我，我们都在一个班，同在一个校，智商差不多，基础差不多，为什么过了一个月、三个月，两个人就会出现优劣？在我看来，道理很简单。优秀者总是比低劣者早一步！预习新课早一步，上交作业早一步，完成任务早一步，发现契机早一步，就是在这一点点的"早一步"中，一般者慢慢成为优秀者！今年寒假特别长，没有老师守班，没有铃声催促，没有领导监督，大家会变成什么样？三次考试成绩出来了！有人从一般变得优秀，有人从优秀滑到一般。这一般到优秀之间，就写着两个字——聪明。有人天天完成老师的任务，甚至还嫌不够，要多看一点，曾被人看作愚蠢，却不知是大智若愚；有人能偷懒就偷懒，能少看就少看，曾私下认为聪明，却不知是真正笨到了家。抓住在家的机会培优补差的人，是真聪明；等着开学再学习的人，是真糊涂。在距高考还有100天的日子里，聪明的，希望你更聪明；不聪明的，希望你变聪明。同学们，我今天的话，就是一声呐喊，如果唤醒了你，希望你开足马力向前向前向前！

其次，你要勤奋。老师们私下里评价现在的学生，聪明的不勤奋，勤奋的不聪明。如果聪明的再勤奋一些，勤奋的再聪明一些，便没有我们考不上的学，也少有我们做不成的事儿。那么，我上面讲了什么叫聪明，这里我想讲一讲勤奋。这都是老生常谈，可重复是因为重要。一勤天下无难事，一懒万事都成空。不管你以前懒到了什么程度，不管以前你虚度了多少时光，现在，立刻，马上，你要勤奋起来！勤奋的第一个标志，是自觉。自觉，就是要自己觉悟。不等老师电话，不等家长发话，不等闹铃催促，你就乖乖地做好计划、乖乖地完成任务，你就是一个自觉者；勤奋的第二个标志是自律。自律，就是自己管住自己。与同学们在一起的时候有比较最容易奋起，一个人在家没有比较最容易懈怠。自己管住自己，就是严格规定作息时间，严格要求学习纪律，不因为在家就随心所欲。勤奋的第三个标志是自强。自强，就是自我勉励，奋发图强。每天都给自己一个小目标，每天都站在新的起点上，不断进步，才能登堂入室。同学们,书山有路勤为径。勤奋有你,金榜上就有你;勤奋有你,成功者就有你。高考在前方,让我们素履以往!

　　最后,你要执着。一生只做一件事是执着,一时只做一件事也是执着,这100天里,你只做一件事也是执着。是的,这件事就是高考。为了高考,你可以把同学友情放起来,你也可以把父母恩情存起来,你还可以把私人感情封起来,你知道,我不是让你六亲不认,我也不是让你冷酷无情,我只是在强调你要专一、专注,要咬定目标不放松!要只为成功想办法,不为失败找借口!走到现在,其实你已无路可退!不管你的基础是怎样的,只要你拼到了最后,国家都会给你一个机会!所以,不要想能否成功,却只管风雨兼程!这就是执着!84岁的钟南山带着院士的专业、战士的勇猛、国士的担当再战疫情,这就是执着;73岁的李兰娟亲赴一线争分夺秒和病毒抢时间,这也是执着;白衣战士一进病房就8个小时不吃不喝,这也是执着。同学们,你们正青春,有的是精力,有的是精神,精诚所至,金石为开!成绩是一面镜子,你付出多少,它都能照得出。只要你执着于学习,它就会带给你惊喜!那么,还等什么?即使高考路上有泥泞,有师长在前,有家长在侧,何妨执着前行!

　　老师们,家长们,同学们,习近平总书记说:"中华民族的历史上经历过很多磨难,但从来没有被压垮过,而是愈挫愈勇,不断在磨难中成长、从磨难中奋起。"我想,我们每个人都是中华民族的一分子,在距高考还有100天的日子,在人生的每一个日子,我们都要学会愈挫愈勇,在磨难中成长、从磨难中奋起!没有一个冬天不可逾越,没有一个春天不会来临,没有一个困难不能战胜,没有一个学生不会成功!加油!嵩高老师!加油,嵩高家长!加油,嵩高学子!相信奇迹,奇迹就能发生!嵩高必胜!中国必胜!

2020年2月17日

# 坚持就能迎来胜利的曙光

各位同学：

大家好！

今天，我想带着大家重新认识一个词——"坚持"。我想问问大家，谁能准确地解释什么叫"坚持"？我估计在大家的心里，它会是一个只可意会不可言传的词：谁都知道它的意思，却又不能准确说出它的意思。

当我想到这个问题的时候，我开始到360搜索。360百科给出这样的解释：坚持，即意志坚强，坚忍不拔，持即持久，有耐性。坚持的意思是不改变不动摇，始终如一。坚持是意志力的完美表现。坚持也是有毅力的一种表现。

就是它——"坚持"，在今年这段特殊的时期，常常引起我的深思。

我想，疫情暴发的时候，谁能坚持按照公共卫生事件一级响应的要求管住自己；线上教学的时候，谁能坚持准时坐下来打开手机或电脑跟着老师的步伐认真学习；网络考试的时候，谁能坚持不传试题、不抄答案、不受影响，考出自己的真实水平和成绩……

是的，同学们！我常常这样想。我不知道，隔着网线，这端坐着的是老师，那端坐着一个怎样的你！

一个天天记得准时健康打卡的你？一个天天按时上交各科作业的你？一个听话懂事天天追求进步的你？

我希望你们是这样的。可是，我听到的看到的事实却残酷地告诉我，我的想是理想，现实并非这样。

我的办公室对面坐着李光辉副校长和张伟欣副校长，他们既是副校长也是班主任，每天我都能听到他们两个催促学生或家长进行健康打卡，追问学生听课和交作业情况；学校办公室每天上午都要召开疫情和教学工作会，值班人员反映，学生在家不听家长的话，上课不听老师的话，深陷手机游戏不能自拔；我建了一个好好学习语文群，每天都会往群里发一个早读知识清单，让完成任务的同学每天按顺序在群里报告，迄今为止，没有一天是全部完成任务的……

同学们！你们是不是跟我有同感，原来坚持去做一件正确的事情那么难、那么难！

我知道，你们每个人都是一个好孩子，这一点，我从来都不怀疑。我相信，当责任落在你们肩上的时候，不管你有多柔弱，你都会义无反顾地扛起；我相信，当家人、同学、社会、国家有需要的时候，不管你行不行，你都会毫不犹豫。可是，如果除了吃什么都不会，除了玩儿什么都不做，家如何兴，国如何强，你如何实现自己的理想？

此时此刻，我的脑海浮现出苏轼的一句话：古之成大事者，不惟有超世之才，亦必有坚忍不拔之志。在苏轼看来，成大事的两个条件，一是超世之才，一是坚韧之志。也许你并不想成什么大事，可就是做成一件小事，离开了坚持，也很难做到极致。

所以，我希望你们学会坚持，坚持积极进取，坚持乐观向上，坚持不让老师催促就能早一点起床！

面对自己的人生理想，面对自己向往的大学殿堂，只有不改变、不动摇，始终如一、矢志不渝地去努力、去奋斗，才有可能活成自己理想的模样。

同学们！不管以前虚度了多少光阴，不管曾经多少次两天打鱼三天晒网，从今天起，接下来的学习路，接下来的人生路，让我们一同坚持！坚持！！坚持！！！坚持就能迎来胜利的曙光！

谢谢同学们！再见！

2020 年 3 月 29 日

# 居安不要忘忧国

尊敬的各位领导、各位老师,亲爱的同学们:

大家好! 今天我演讲的题目是"居安不要忘忧国"。

新学期的第一次升旗仪式放在 4 月举行,这在我校的历史上是第一次;升旗的时候,在校生一半在现场、一半在教室(高三年级在校,高一、高二在家),这在我校的历史上也是第一次。然而这"第一次"并非什么值得炫耀的事情,因为我们这样做不是自愿而是被迫!

被新型冠状病毒所迫。截至今日,全世界确诊病例超过 160 万,死亡人数逼近 10 万。同学们,听到这个数字,你有何感想? 你可能会想,不管世界怎样,至少我是安全的。

是的,我们是安全的。可是,你知道这安全背后是什么吗? 是 84 岁依然亲赴一线来回奔波的钟南山们,是 73 岁还奔向战"疫"前沿的李兰娟们,是将生命定格在 34 岁的李文亮们;是 42 000 多名逆行武汉的医护工作者的付出,是大街小巷亿万人民的坚守!

同学们,如果你对我说的这些进行了认真思考,你就不会一进班就摘下口罩,一出门就打打闹闹,一下课就大声喧哗,一有空就扎堆闲聊! 国家有难,当别人迎难而上、逆行拼命的时候,我们不扎堆、不聚集,减少说话、保持距离,不仅是为了保护自己,也是为了表示对他们的尊重。无数人用时间、汗水、生命换来的安全,我们不能随意糟践!

今年以来,我一直在想一个问题:病毒来了,我能做什么? 我不是工人,不会生产防护用品;我也不是医生,不能去救治病人;我更不是专家,不能给出科学的诊治方案;我什么都不是……忽然觉得自己很无能! 国家有难,我能做的就只是待在家里或学校,看本该安享晚年的老人为国出战,看本该回家的孩子逆行武汉! 国家有难,我什么忙都帮不上,且一出门很有可能还会给国家添乱!

想到这里，忽然想起"百无一用是书生"的古话，忽然就有点不安。国家有难，我竟然什么都不会做！然而，国家有难，我岂能袖手旁观？

最后终于想明白，每个人有每个人的事情，每个人有每个人的使命！疫情面前，我当不了医生，当不了护工，那就好好当一名老师，当一个校长。当一名老师，我要守好一个班。于是，我以前所未有的认真备课、上课、改卷、讲评；当一个校长，我要护好一校人。于是，我以前所未有的用心做制度、拿方案、画路线。今天，我可以很骄傲地对大家说：那一树一树的樱花、一朵一朵的牡丹，都是我看着盛开起来的。

同学们，国家兴亡，匹夫有责。你可曾想过，国家有难的时候，你能做什么？你是学生，你是被保护者，你什么都不会做；可你也是青年，你是国家的未来，现在倾尽一切保护你是为了你将来能更好地保护别人，你不能什么都不做！

你要好好学习，学到了知识报效祖国。不要让父母的希望变成失望，不要将老师的付出付诸流水，不要让自己的梦想变成空想！

你要发奋图强，练成了功夫保家卫国。不要让时间见证你的懒惰，不要将青春随意蹉跎，不要让目标被任性淹没！

你要心怀敬畏，拥有了本领守护中国。不要得过且过，不要无所事事，不要敷衍塞责！

居安不要忘忧国！你是学生，你能做什么？学习，学习，再学习！你是青年，你能做什么？努力，努力，再努力！

今天距高考还有 85 天，春光正好，春色正浓，"一年之计在于春"，刚起头儿，有的是工夫，有的是希望，你们没有理由不自信、不自强！

同学们！梁启超说：故今日之责任，不在他人，而全在我少年。少年智则国智，少年富则国富；少年强则国强，少年独立则国独立……你们就是这样的少年！有你们，国家就有前途，民族就有希望！

位卑未敢忘忧国，居安不要忘忧国！同学们，奋斗起来吧！

我的演讲完毕，谢谢大家！

2020 年 4 月 13 日

# 我相信爱的力量

亲爱的同学们：

大家晚上好！12月，我校的主题月活动中有个名字，叫"全员育人月"。为了做好这个活动，我提出来一个目标，即：每个老师都育人，每个学生都受教。今天晚上我的讲话是这个活动的一部分，我演讲的题目是"我相信爱的力量"。

有人说，没有爱就没有教育。我很认同这句话，所以，作为校长，我提出了三个工作原则：对学生好、对老师好、对学校好。我认为爱谁就要对谁好，"对谁好"是爱的通俗表达方式。

在生活上我是如何表达对你们的爱呢？

先讲两个小故事。

去年一个周一，我上完课正要从教室出来，一个外班的女生找到我，递给我一封信。信上写道："校长，我不知道该找谁帮忙，想来想去，就想到了您。昨天返校我带的205元生活费丢了。我不想跟我妈说，来的时候我爸和我妈还因为给我生活费吵架。如果他们知道我把钱丢了会骂我的。您能不能给我些生活费，让我给干什么都行。扫地、擦桌子、帮您搬东西、打字，什么都可以。我会干活儿！"我看着她问："为什么是205元呢？给你200元行不行？"她说："因为我丢了205元。"我就笑了，觉得她很真实，看着她着急的样子，就答应了她，让她下午还到这个教室找我。下午，她拿到钱说："校长，您说吧，让我干什么？"我说："现在你就好好学习，等哪天你有时间了，我这儿又有活儿了，你再来给我干活儿吧。"就这样，我把钱给了她，当时也忘了问她叫什么。后来，她在校园里见到我，还问我什么时候让她来干活。现在，她已经上大学了。这个学生，我不知道她叫什么名字，我想她能问我要钱就是对我的信任，学生的信任很珍贵，校长不可辜负！

还有，前年冬天，我带的班上有个学生，我无意中观察到她的上衣很奇怪:背后的蝴蝶结掉了一半儿,后袖那儿开了好长一道缝,仿佛没人照料的孩子。下课后,我问她家里的情况,果然她爸妈都在外地打工。于是,我回家把我女儿给我买的一件新的白色羽绒服拿给她。她试了试,正合身,而且很好看。为了不伤她的自尊心,我就跟她说:你这段学习有进步,老师送给你的奖品! 以后要好好学习啊! 学生有困难,校长不会袖手旁观!

当然,这都是个例,不是所有人都能感觉到的。下面,我说的大家应该都有体会。

我知道,你们是孩子,都喜欢好吃的。所以,学校搞活动,以前都是发个荣誉证书,现在不仅发荣誉证书,还发奖品。饼干、石榴、橘子、苹果……没获奖的发什么呢? 发柿子。每年十一活动,参与活动的班级都会领到学校柿子树上摘下来的柿子。还有每月一次的免餐活动。刚开始,免餐的标准是5元,现在变成了10元,要求有水果、有鸡腿、有青菜。还有高考两天,早上是火腿肠和鸡蛋,中午是菜品丰富、营养健康的正餐,全部免费。

当然,这些还不够。因为你们不是为生活而来,而是为学习而来。

在学习上我是如何表达对你们的爱呢?

举办新生暑期夏令营。今年暑假,离新生开学还有一周时间。怎么让新生提前适应高中生活呢? 我想到了暑期夏令营。1 000多个学生,根据成绩,每期400人,学习时间3天,我们组织学校最优秀的老师,分科向高一新生讲述如何适应高中生活,受到了家长的一致好评。

把图书放到教室里。为了弥补你们没时间看书的不足,我校专门在教室里做了一个书架,可放图书1 000余本。为了让你们看好书,这几年我每年都会关注《中国教育报》《教育时报》《人民教育》,还会通过一些网络公众号,给大家选书,甚至想到了哪些书你们看了会有思想上或学习上的进步。选好后,把这些书直接分配到教室里,并提出一个口号:下课哪里去,后面书架等着你。

除了每个教室配备书籍之外,学校还有选择地在教室里配备了《中学生数理化》《作文素材》《时事政治》《中国青年报》《郑州晚报》《高考语文》《诗刊》《中学生数学》《中学生物理》等报纸杂志,学校的报纸《嵩阳高中》、杂志《阳光》,也会定期发到你们手里。但对于爱看书的人来说,这是最直接表达爱的方式。

给需要的学生配备学习导师。走进高中,总有人因为各种各样的原因,跟不上学校的步伐,或者进不了优秀的行列。怎么办呢?为了让每一个走进嵩阳高中的学生不掉队,学校启动了导师制。我相信,有很多同学都遇到了自己人生的导师,他们要么是分配给你的,要么是你选择的。让你遇到好老师,这就是我想送给你们最好的礼物。

同学们!我常常想:什么是对学生好?急学生所急,想学生所想,这就是对学生好;凡学生有求,学校皆有所应;凡学生有需,校长皆去满足,这就是对学生好。

念念不忘,必有回响。我相信爱的力量!

有一年感恩节,一个学生写给我一封信,信尾这样写道:"今天是感恩节,我想说:谢谢您!我爱您,我们爱您!老师,有些东西,你柔弱的肩扛不下了,就分一点点给我们吧,哪怕是一点点,我们想和您一起分担。并且我们有能力和您分担,这种能力越来越强,我们团结的力量越来越大,老师,您要加油,我们永远做您坚强的后盾。我们也要加油,这个后盾要愈做愈刚硬,我们62个同学抱在一起,什么都难不了我们!"

还有,前年的某一天,一个班主任对我说:"刘校长,你被表白了!"然后,她发给我一封信——写给校长的情书,信的全文如下:

会议最让我期待的,莫过于您的总结讲话:语言风格简约,但深富内涵,又带着几分俏皮;声音婉转动听,给人一种迎面而来的亲和感;您一张口,莫过于一场听觉盛宴。一听见您熟悉的声音,所有的烦恼便抛之脑后,说您是我最爱的人,这一点都不夸张。

您上次讲话,应该是在11月13日晚,为我们的期中考试"加餐",并为我们加油打气。转眼两周过去,可能是我不爱在校园转悠,14天没有见到您那张熟悉的面孔,没有听到您有感染力的声音,心中甚是想念。

您是我最敬佩的人。我的语文老师曾经赞扬过您:"咱们校长的第一职业不是校长,而是老师。"这话,我足足琢磨了一天,"校长"和"老师"的区别在哪?"师者,所以传道受业解惑也。"一位老师与学生的相处,我想要比一位校长多。换句话说,您离学生更近。我们更愿意追随一位思想更先进的"师者",这让我们之间的交流更多,更了解彼此的内心,师生关系更融洽,全校上下一条心,这样学校才能向更棒的方向发展。少了一点领导架子,多了一份对学生的真爱,这才是一位好校长!

爱人者，人恒爱之！

2017年初来时，我对您的印象并不好。什么"严管真爱"？把"管得严"起个好名字罢了。渐渐地，尤其是到了高二，我真的体会到您对学生的真爱，处处都在为我们着想，一点点地让我们的学校变得更加美好，这是全体学生有目共睹的。我渐渐爱上了您，也爱上了嵩阳高中；也有更多的学生爱上了您，我们变成了一个大家庭，一个其乐融融、关系和睦、一心向上的团体。一位能领导好3 000多人大部队的智者，能够让我每天与您一起学习进步，无疑是我此生难遇的荣幸。

平复一下我今晚又见到您时激动的心情，我想发自肺腑地表达我对您的爱和敬佩之情，祝我们的"刘妈妈"身体健康、工作顺利，祝我们的大嵩高蒸蒸日上、再创佳绩！

有生如此，夫复何求！我喜欢这样的学生，喜欢这样的你们！不只是因为你们表扬了我，而是因为我发现了爱的力量！我从你们给我的书信里、见面的问候里、看我的眼神里、优异的成绩里看到了爱的力量！

知道我为什么能当好校长吗？今天，我不妨把这个秘密告诉你们：因为我的背后有你们！你们是我的动力之源！校长不是钢铁之躯，校长也会生病，校长也会生气，校长也有情绪，可是一看到你们善解人意的样子，一想到你们努力上进的劲头，所有的不快和不适便都烟消云散。只要你们健康成长，怎么付出我都心甘情愿！

同学们！聪明如你们，一定听懂了我今天晚上的讲话。那么，还等什么？和我一起做一个有爱的人吧！付出爱、传递爱。我坚信：爱可以缔造奇迹！爱可以创造精彩！我对你们充满了期待！

2020年6月19日

# 嵩高少年　扬帆起航　星辰大海　乘风破浪

亲爱的同学们:

大家早上好! 今天,我演讲的题目是"嵩高少年,扬帆起航,星辰大海,乘风破浪"。

是的,这16个字,是我送给即将高考的1 120名高三同学的寄语,当然也是我对高一、高二2 300名同学未来的期许。

我很庆幸,学年的最后一个升旗仪式是在今天,6月22日,距高一、高二期末考试还有一周,距高考还有14天。我在这里把我的愿望说出来,大家都有足够的时间去准备、去实现。所以,我觉得,不管是6月底的期末考,还是7月初的高考,对同学们而言,一切都是最好的安排!

2017年8月17日,嵩阳高中敞开怀抱,迎来了如今的高三学子。同学们,还记得你们稚嫩的面庞吗,还记得你们军训时的模样吗,还记得第一周班会上老班都讲了什么吗? 是啊,有谁会记得这些呢? 然而,这些你们的曾经却无时无刻不浮现在我的脑海,闪烁在我的眼前。

我不能忘记你们第一次来到嵩阳高中时那怯生生的眼神,不能忘记你们第一次上课回答问题时那脆生生的声音,更不能忘记你们来到这里时我立志要把你们培养成什么样的人。

我想,你们也会记得,你们要成为的应该是这样的人:会自由思考、独立判断,有担当精神、家国情怀。这不仅是我的愿望,也是家长的愿望,更是国家的愿望。

同学们,3年已逝,你们可曾成为这样的人?

我知道,你们不曾想过这个问题,很多时候,甚至不记得这句话。今天,我旧话重提,是想告诉你们,你们中的很多人,很多很多,在经过1 000多个日日夜夜的成长后,思想里早已种下了"自由思考、独立判断、担当精神、家国情怀"的基因。

还记得"高考前 30 天励志动员会"吗？那天，你们自发地冲到台子上朝着天空大声吼出自己目标的时候；那天，你们在班长的带领下全班挥舞着拳头向高考发起挑战的时候；那天，你们在父母和班主任面前表现得像个英雄的时候：我知道，你们长大了！你们学会了判断，有了自己的思想；你们学会了面对，有了自己的担当。我原本以为你们会胆小、会害羞、会紧张，没想到，你们的表现，超出我的想象！看着你们为了梦想不顾一切的神情，我不止一次热泪盈眶！

高三的孩子们，你们真的很棒！你们不仅接过了嵩高发展的接力棒，还用行动向我证明：嵩高学子是一届更比一届强！

回想进入高三的点点滴滴，每一次考试都值得铭记。从"天一一联"到"天一七联"，从"郑州一测"到"郑州三测"，从"周单考""周双考"到"九连考"，一次考试就是一道关卡，一次考试就是一次考验。这些考试表面上看是在考知识、考能力，实际上是在考毅力、考意志，考你对一件事情的坚持！我相信，这些考试难不倒你，人生的任何考试你都会经受得起！很多人都怕考试，殊不知，人生无处不考试。上大学，要考试；找工作，要考试；开汽车，要考试；晋职称，要考试：你迈向人生的每一个台阶，迎接你的都将是考试。考试没什么可怕，只要你们做好了准备，找准了问题，就会给出令人满意的回答！很欣慰的是，面对考试，我看到你们越战越勇敢，越战劲越大，越战越强大。我知道，你们长大了！

你们长大了！面对突如其来的新冠病毒，你们用乐观告诉我，你们长大了！面对没有教室和老师的学习环境，你们用勤奋告诉我，你们长大了！面对疫情期间返校后的特殊要求，你们用自律告诉我，你们长大了！面对郑州二测、三测，你们用骄人的成绩告诉我，你们长大了！

你们长大了！眼神从犹豫到执着，脚步从跟跄到铿锵，行动从迟缓到敏捷，意志从薄弱到坚强……

同学们，此时此刻，我想告诉你们，你们已从嵩高之少年，成长为中国之少年；你们已经学会自由思考、独立判断；你们已经拥有担当精神、家国情怀；你们完全有实力、有条件走向更远的星辰大海！

再有 14 天，你们将迎接人生的第一次大考。有人说，该高考了，我睡不着觉；有人说，快高考了，我静不下心；有人说，要高考了，我学不进去……请不要把这些情绪强加给自己。一年还是 12 个月，一天还是 24 小时，一切都在正常运转,没有因高考而有丝毫改变。如果真的有什么不一样,那也是高考比平时的考试更公平、更科学、更合理,更能测量出你的付出和能力。所以,请不要担心,也不要焦虑,该读书了读书,该做题了做题,该学习了学习,该休息了休息,要简单,要沉稳,要大气,要相信自己!我告诉你们,你们可以!

楼前的桂花谢了又开,园里的石榴青了又红,3 年的嵩高生活,在人生的长河中只是很短的一段.可就是这短短的一段,同学们,我的奢望却很多很多。我奢望这 3 年的学习,奠定你一生做人的底气;我奢望这 3 年的磨砺,催生你干事创业的勇气;我奢望这 3 年的训练,练就你献身理想的志气!我相信,有了底气、勇气和志气,你的人生就充满了运气!3 年过去,请你们带上底气、勇气、志气前行,我祝你们高考高运、一生好运!

高一、高二的同学们,转眼之间,你们已在这里生活了一年、两年。当我看到你们上课不专心一边听课一边贪玩的时候,当我听到你们下课说废话口不择言的时候,我总是要求年级管得严一点再严一点,因为我害怕你们在不知不觉间放走了时间,虚度了青春。时间很短,容不得你偷懒;青春很贵,经不起你浪费。如果你不想在高三的时候后悔高一、高二没学好,如果你不想在高考后遗憾上不了好大学,就从现在开始改变吧!发挥你们清晨进班读书的精神,所有的一切都来得及!

同学们,习近平总书记说:山再高,往上攀,总能登顶;路再长,走下去,定能到达。高考就在前方,请拿出“咬定青山不放松”的韧劲,扬帆起航;成功就在前方,请使出“初生牛犊不怕虎”的闯劲,乘风破浪!

同学们,请牢记我们的誓言:不忘初心,牢记使命,誓创唯一,超越巅峰!高一、高二的同学们,祝你们期末门门优秀,科科第一;高三的同学们,祝福你们圆梦高考,圆梦青春,圆梦人生!

我的发言完毕,谢谢大家!

2020 年 6 月 21 日

# 2020 年高考组诗
## ——校长寄语 2020 届毕业班

### 三(1)破釜沉舟

英雄三一志凌云，定要考上廿重本。
晨起进班兵来早，休后返校将到勤。
教室读书声动野，操场跑步势惊人。
破釜沉舟决心大，背水一战捷报频。

### 三(2)笑傲苍穹

二班儿女气不凡，后来居上若等闲。
听课一直很专注，做题常常爱领先。
聚精会神愿吃苦，齐心协力肯登攀。
笑傲苍穹非海口，题名金榜尽开颜。

### 三(3)虎狼之师

三班霸气冲霄汉，越是艰险越向前。
铁杵磨针功夫硬，水滴穿石意志坚。
小考大考都不惧，单科综合掌握全。
虎狼之师出战阵，闯关夺隘不怕难。

### 三(4)鹏翔无疆

四班沉稳有后劲，一招一式显精神。
不骄不躁坐得住，无畏无惧狠下心。
坚持到底力有余，聪明绝顶智超群。
鹏翔无疆真境界，蟾宫折桂喜光临。

## 三(5)一鸣惊人

五班表现不寻常,人人眼中自带光。

意气风发精神好,神采飞扬斗志强。

全神贯注迎高考,持之以恒遇良方。

一鸣惊人属易事,一飞冲天不夸张。

## 三(6)笑书人生

六班基础最牢靠,经风历雨不动摇。

练成六门文武艺,修来一生德才高。

回路坎坷成过往,前途坦荡任逍遥。

笑书人生快哉事,首推高考占头鳌。

## 三(7)志在清北

七班人人有梦想,书山题海嗅芬芳。

栽下青松柱长天,种上梧桐引凤凰。

卧薪尝胆浑不怕,披荆斩棘意昂扬。

志在清北肩大任,心系家国成栋梁。

## 三(8)展翅高飞

八班羽翼早丰满,隐在潜谷未彰显。

晓来读书人未至,晚上练习鸟已还。

注重反思成长快,强调积累进步繁。

展翅高飞青云上,鹏程万里叹为观。

## 三(9)天道酬勤

九班状态人称好,壮志满怀士气高。

善思敏行有主见,秣马厉兵不傲娇。

奋斗精神诚可贵,青春少年竞折腰。

天道酬勤是至理,争分夺秒逞英豪。

### 三(10) 热血人生

十班风采数一流,乐观进取有追求。
微笑备考情绪好,积极请战心态优。
自信满满下考场,谨慎步步上层楼。
热血人生汗谱写,辉煌业绩照春秋。

### 三(11) 创造奇迹

十一沉稳兼大气,勤奋学习力不惜。
书行秋冬山河动,笔走春夏乾坤移。
砍下蟾宫三枝桂,登上鳌头一方席。
创造奇迹心所向,肯为人生种根基。

### 三(12) 把握现在

十二学风最是浓,师生合力精彩呈。
背诵默写无遗漏,检测纠错均完成。
见仁见智善思考,稳扎稳打勇攀登。
把握现在真正好,创造未来慰平生。

### 三(13) 自信成功

十三简静又沉默,朝夕读书势磅礴。
拒绝浮躁眼光远,选择勤奋见识卓。
向内发掘潜力大,朝外突破能量多。
自信成功前程好,学会担当报家国。

### 三(14) 志在必赢

十四气质秀于林,玉树临风出凡尘。
心有山海胸襟阔,思无杂念意向纯。
左右寻路不畏难,上下求索主义真。
志在必赢七月七,八日一并跃龙门。

## 三(15)勇者无畏

十五携梦奔青云,考场运笔如有神。

因便攻取六高地,乘胜追击夺满分。

自强不息安天下,厚德载物定乾坤。

勇者无畏生锐气,势不可挡英名闻。

## 三(16)笑傲群雄

十六利剑已出鞘,百兽震惶潜欲逃。

倒海翻江刃有余,乘风破浪技无超。

沉着应战有韧劲,咬定青山不动摇。

笑傲群雄意未尽,凤舞九天竞妖娆。

2020 年 6 月 28 日

# 认识自己　发展自己　超越自己

## ——在2020级新生暑期夏令营开营仪式上的讲话（一）

亲爱的同学们：

大家上午好！

今天我发言的题目是"认识自己、发展自己、超越自己"。

大家都知道，在新生分配的时候，我抽到的是C号名册！有人说我的手气不好，没有抽到A，也没有抽到D，因为A册和D册里有全市第一名！我却觉得我手气很好！为什么呢？因为我觉得"C"意义丰富。

大家知道，现在很抢手的一个位置，叫"C位"！什么是"C位"？"C"是英文单词"Center"的首字母，它的汉语意思是"中心、中央、领导中枢"。顾名思义，"C位"就是中心位置、关键位置，是所有位置当中最好的。除此之外，"C"还有其他含义，它可以是"Creativity and Imagination"——创造力与想象力；也可以是"Critical Thinking and Problem Solving"——批判性思维与问题解决能力；也可以是"Communication and Collaboration"——沟通合作；也可以是"Character Education"——素质教育、品格教育；也可以是"Citizenship"——公民的权利与义务。同学们，我说的这几个单词所拥有的含义，恰恰就是21世纪你们应该具备的素质和能力！通过3年的高中生活，如果你们拥有了丰富的创造力和想象力，学会了批判性思维和解决问题，善于跟别人沟通合作，锤炼出了坚强的意志和品格，能做一个优秀的公民，在人生的发展中常常位于"C位"，那将是我人生当中最快意、最幸福的事情！

我这样一分析，大家是不是也觉得"C册"是最好的？

我认为"C册"是最好的名册，并用充分的理由来证明它是最好的。这就是我对你们这届学生的一个整体定位。这就叫认识自己！

那么，如何发展自己呢？

为了更好地发展，学校有一套成熟、完善的管理体系。在学生管理方面，学校有个人、小组、班级三个量化考核,你的一言一行一举一动都会有记录、有分数;有主题月活动:第一个月叫习惯养成月,第二个月叫管理规范月,第三个月叫全员育人月,第四个月叫开放办学月。有激情教育,包括激情读书、激情宣誓、激情跑操、激情班会、激情课堂等等。正是在这样的管理中一届又一届的优秀学生走出嵩阳高中走进了高等学府!

到了你们这一届,我想应该也必将涌现出更多的优秀学生。我对同学们的中招成绩做了一个分析。从理科角度推算,今年高考的满分是 750 分,录取线是 544 分,这个分数相当于总分的 73%。今年中招,满分是 600 分,如果按 73% 去计算的话,考到 438 分,即可以上一本,而我们中招成绩在 438 分以上的同学有 512 位。这是一个令人振奋的数字!如果这 512 位同学都经受住了考验,不开小差、不掉队,3 年后定能如愿考上国家重点大学。实现了这个目标,就可以说你们是真正地发展了!

学校正是在不断地发展中,实现了一次又一次超越!我们的口号是"不忘初心、牢记使命、誓创唯一、超越巅峰"!每年一个新台阶,就是一次新超越!

同学们!我刚才从学校的角度谈了如何认识自己、发展自己进而超越自己。目的很简单,就是希望你们能从自身的角度,想想自己,认识自己、发展自己、超越自己!

认识自己,不要光看自己的缺点,光说自己的不足;认识自己,要去寻找自己的潜能,去看自己的长处;认识自己,不是以分数定优劣;认识自己,是要科学地、客观地对自己作分析;认识自己,不是要否定自己;认识自己,最重要的是发现自己。不管初中的时候你是优秀还是一般,不管你中招的时候考了多少分,到了高中,你们站的是同一条起跑线,过去的一切,都要清零。分高的不要骄傲,分低的也不用气馁,只要你认清自己,找准了定位,就勇敢地向着目标出发。

当你认清自己,找到了自己的坐标,接下来就是发展、成长。

同学们上高中,从道理上讲,是为学习知识、提高能力,实现人生价值;从功利角度讲,是要拿到一张优质大学或者"双一流"大学的录取通知书,然后,让自己登上一个更高更大的平台,为实现人生理想积蓄力量!从这个意义上说,考上了你心仪的大学,你就发展了自己。

要想发展自己,就要坚持不懈地学习、持之以恒地努力、夜以继日地奋斗！实现这些，你要做到少说废话、少做错事、少有闲思。在家，你是孩子，是父母的心肝宝贝，可以贪玩、可以撒娇、可以哭闹甚至摔门使性子；在学校，你已长大，你成了懂事的少年，有纪律约束、有老师管教，要学会担当；读小学初中，你读背多抄写多；到了高中，除了读背，你还要会思考、有思想。

同学们！当你发展了自己，获得了成长，你就已经在超越过去的你！

同学们！世上没有等来的成功，不要听信不学习也可以考个好成绩的谎言，不要幻想天上掉馅饼恰恰好被自己捡到的好事。在学习这条路上，你不够聪明就要靠勤奋来弥补；你足够聪明，更要靠勤奋来超越；千万不要聪明反被聪明误，让梦想变成一个笑话，让希望变成一场空谈。

我知道，你们还是孩子，可能对我说的这些还感受不深，或者还不以为然。现在，同学们，请你们坐得再端正一些，我以校长的身份郑重地告诉你们：我不是在跟孩子讲故事，而是在跟嵩高的未来——中国的青年谈话。进入高中，你们已经长大！希望你们学会认识自己、懂得发展自己、不断超越自己，让高中生活为你们的人生画卷添上浓墨重彩的一笔！

我的发言完毕，谢谢大家！

2020 年 8 月 13 日

# 你的能量超乎想象

## ——在2020级新生暑期夏令营开营仪式上的讲话（二）

亲爱的同学们：

大家上午好！

今天我发言的题目是"你的能量超乎你想象"。

如果同学们认真阅读了与录取通知书一起发放的《嵩阳高中致新生的一封信》，或者按照通知要求关注了我校的微信公众号，你们一定了解到了我校今年的高考成绩。

这几天，我一直在研究我校高考取得660分以上的几名学生。他们分别是理科的陈致远（674分）、刘婉嘉（672分）、曹琼元（670分）、李明洋（668分）、陈昱豪（666分）、吕昊佳（666分），文科的乔丹丽（620分）、陈浩楠（610分）、安威龙（610分）。我想看看高中3年，他们在嵩高是进步了还是退步了。

找到当年的录取名册，我吃了一惊。你们知道为什么吗？2017年，这些学生的中招文化课成绩最高的竟然只有511分。具体情况如下：陈致远（493分）、刘婉嘉（496分）、曹琼元（483分）、李明洋（476分）、陈昱豪（511分）、吕昊佳（471分）、乔丹丽（499分）、陈浩楠（460分）、安威龙（473分）。同学们算一算，高中三年，他们长了多少分？这些同学当中，增分最少的是121分，最多的是195分！

高中三年，他们获得了长足地发展。同学们，通过这组数据，我想我们可以得出一个结论：人的能量超乎我们的想象！

以前我们经常读某某某逆袭上北大的文章，比如北大学子刘媛媛，超级演说家第二季冠军，如今媛创文化CEO，上高中的时候，年级总共200多人，她排在180名以后，受一本书的启发，她用三个月的时间，从"学渣"变为"学霸"逆袭为年级第一！现在，我们身边就有这样一个奇迹，为了表示尊重，请允许我隐去他的名字。这个同学，中招考试文化课分数仅有390分，现在，他已经连续拿了两次年级第一名！刚刚过去的一次周考,他考了673分！与中招考试相比,净增283分！今天我讲的这个人,就在我们学校。可见,人的能量真的超乎我们想象！

上述同学们用生动的数据告诉我们:在学习这条路上,在考试这个战场上,没有什么不可能！他们能做到的,我相信你们也能！我不是一个唯分数论者,可是大家知道,上高中,分数是我们无论如何都避不开的一个事实！它决定我们的位次,也决定我们的层次！今天在座的中招最低分数是395分,如果加上121分,就是516分！加上195分,就是590分！加上283分,就是678分！同学们！他们是你们的学长,他们就在我们身边！你们要向他们学习并想办法去超越！你们要敢想！要相信自己有这个能量！

每个人都怀有巨大的能量,科学家也这样讲。他们发现,人类贮存在脑内的能力大得惊人,但平常人只发挥了极小部分。要是人类能够发挥一半以上的大脑功能,他就可以轻易地学会40种语言、背诵整本百科全书、拿下12个博士学位。已故北大副校长季羡林先生,就是这样一个人。他精通英文、德文、梵文、巴利文,能阅俄文、法文,尤精于吐火罗文(当代世界上分布区域最广的语系印欧语系中的一种独立语言),是国际著名东方学大师、语言学家、文学家、国学家、佛学家、史学家、教育家和社会活动家。由此看来,我们的能量真的超乎我们的想象！

同学们！每个人都是一座宝藏,你的能量超乎你想象！如果之前,你对这一点还印象不深、认识不够,那么从今天开始,请你开始认真地想一想,并试着去挖掘、去开发,去汇集你的能量！

我知道很多同学喜欢玩手机,那么你就计算一下打一次游戏你能过多少关,刷一回抖音你能刷多少个,跟朋友聊一次天儿你能聊多久,看一部网络小说你需要多长时间,或者观察一下做你喜欢的事情你能做到什么程度。

我相信你们,打游戏肯定是越打越好,刷抖音肯定是越刷越快,看小说肯定是越看越多,总之,做你们喜欢的事情,你们一定是在不断地刷新着自己的记录！这些,就是你们没有正视的你们自身拥有的能量！把一件事情做到别人无法超越,那是你自身的能量不断被激发的结果。

你喜欢的事情,不管是吃喝还是玩乐,只要有一件事情你做到了超出众人,你就有足够的理由相信:你有着超乎自己想象的能量！

类比一下,吃喝玩乐你可以,学习上你也可以,而且我有足够的理由认为你们应该好好学习！难道你不想知道那些你喜欢的事情为什么让你喜欢吗？你不想研究一下游戏为什么让你沦陷得忘了父母、无视现实、不能自控？你不想看一看你所沉溺事物的背后到底是一个什么样的存在？这些都可以通过学习找到答案！

同学们！你的能量超乎想象，请把能量释放到该释放的地方！

尝试一下，一分钟你能写多少字、读几页书、做几道题；再试一下，一节课你能记住多少知识、获取多少信息、学会多少种方法。把你的能量一点一点汇集到学习上，只要你思想足够纯正、意志足够坚定、心境足够专一，你的梦想、你的目标、你的愿望都可以通过学习变成现实。你也可以像我前面提到的学长一样，通过高中 3 年的努力，把自己的成绩在中招的基础上增加 100 分、200 分甚至 300 分！

同学们！进入嵩阳，请开始用奋斗为自己的人生书写辉煌篇章！相信自己，你的能量超乎想象！

2020 年 8 月 16 日

# 心之所向　素履以往

## ——在2020级新生暑期夏令营开营仪式上的讲话(三)

亲爱的同学们：

大家上午好！祝贺你们被嵩阳高中录取！欢迎你们加入嵩高的大家庭！

今天我发言的题目是"心之所向，素履以往"。这句话的意思是只要是心向往的地方，即使穿着草鞋也要前往。它表达出了一个人愿意为理想付出的行动和决心。

我把这句话送给大家，有三层含义。

### 一、进入高中，你要坚定理想

今年受疫情影响，中招考试推迟到了7月中旬。这样算来，相较往年，大家的暑假时间较短。即使在这短短的假期里，我所知道的，有很多人也没有放假，而是上了各种各样的初高中预科班。据说，有的人高中上学期课程已经学了一半。

明明不太喜欢上学，为什么这么多家长和学生迫不及待地要投入高中课程的学习？我想理由应该很简单：为了上个好大学，想在高中阶段跑在别人前头。

好大学，从某种意义上讲，就是我们高中阶段的理想。我们举办为期两天的夏令营，也是为了让你尽早适应高中生活，帮助大家实现自己的愿望。

根据我的调查，每一个初入高中的人都志向满满，清华、北大、浙大、复旦、上交、西交、南大、科大，无一不进入你们的视线。这种精神我很喜欢！

但是，今天我想正告大家的是，你的目标一旦确定，不要轻易改变。无论哪一个大学，选定了，就矢志不渝，坚定自己的方向，心才不会迷茫，脚步才不会慌张。

### 二、为了理想，你要十分勇敢

我所谓的勇敢不是让你赴汤蹈火，也不是让你临危涉险，而是让你勇敢地向自己的坏习惯挑战。

从前两期培训的学生身上，我看到大家身上有一些不自觉的坏习惯，比如沉溺手机、贪图安逸；比如大声喧哗、乱扔纸屑；比如不爱读书、不爱参与……

这些坏习惯，可能与你相处了很久，在你身上根深蒂固，你不想或者不能去改变。可是，不能去掉一个坏习惯，难以有所建树。理想不是想想就能变成现实，好大学也不是定个目标就能考上。"祸患常积于忽微，智勇多困于所溺。"这些你不以为然的坏习惯，可能正悄悄地降低你的层次，消减你的成绩。所以，你要勇敢，勇敢向自己身上的坏习惯开战。一个人真正地强大就在于战胜自己！

**三、实现理想，你要直面困难**

通往理想的路向来都不平坦，阻挡你前进的可能是父母态度、师生关系、同学感情，也可能是学校环境、学习基础、考试成绩，任何一个你接触的人和你遇到的事都可能会影响你、改变你，关键取决于你如何面对。

我教给你的方法，就是直面。直面问题，解决问题，不要让困难遮挡你的双眼。相信同学们在初中就听到了关于嵩阳高中的各种传言，听到最多的一个字可能是"严"。于是有人还没进嵩阳高中的门，就害怕了、退缩了。殊不知，"严"正是你实现理想的利剑。

坚持走下去，胜利的曙光就会出现在你的面前！

同学们！心之所向，素履以往。心向往的地方，只要决定了，就勇敢去闯；你想上一个好大学，除了你自己，没有人可以阻挡！

同学们！今年高一新生夏令营，我们一共举办了三期。每一期，我都送给大家一篇文章。第一期是《认识自己　发展自己　超越自己》，第二期是《你的能量超乎想象》，加上今天这篇《心之所向　素履以往》，三篇文章，形成一个系列，表达了我对你们3年高中生活的希望。我希望你们认识自己、发展自己、超越自己，为了心中理想，不怕炎热，无惧风霜，坚定不移，创造属于自己的辉煌！

我的发言完毕，谢谢！

2020 年 8 月 18 日

# 青春由磨砺而出彩

## ——在 2020—2021 年第一次升旗仪式上的讲话

尊敬的各位老师、亲爱的同学们：

大家早上好！今天我演讲的题目是"青春由磨砺而出彩"。

今天，是新学年的第一次升旗仪式。在这样一个庄重的场合，我不想说上线率、完成率均居第一的高考成绩，也不想说新高二、新高三在期末考试中不俗的表现，面对新高一、针对新学年，同学们，我想与你们谈一谈青春，谈一谈青春如何才能出彩！

什么是青春？我看着你们，我觉得你们就是青春！十五六岁、十六七岁、十七八岁，这么美好的年龄，难道不是正青春？

当我这样定义你们的时候，我的脑海却回荡着美国作家塞缪尔的一句话：青春不是桃面、丹唇、柔膝，而是深沉的意志、恢宏的想象、炽热的感情。我再看你们，你们有深沉的意志、恢宏的想象、炽热的感情吗？我觉得你们应该有，可是我又不太确定！

暑期在校上课期间，高三的同学缺乏恢宏的想象，高二的同学缺乏深沉的意志，新高一在夏令营培训期间，缺乏炽热的感情。真的，同学们！我每天都在观察你们，如果用这个标准来衡量，你们只是具有青春的外形，而不具备青春的实质！

你们可能会反驳我，觉得我眼睛不够明亮、耳朵不够敏感，没有看到、没有听见你们青春的呐喊！我看到了，也听见了！很遗憾！我看到的是你们对学习的逃避、手机的依恋；我听到的是你们对学校的埋怨，还有为了满足口腹之欲而编造的谎言！我知道，我绝不能以偏概全！可是，如果这些也配称为青春的话，那只能是对自己的欺骗！

同学们！什么是青春？所谓青春，就是渴望的状态、憧憬的状态、也是具有可能性的状态！我并不要求你们一个个都成为伟大的科学家、文学家、艺术家,但我希望你们人人都成为最好的自己! 充满渴望、满怀憧憬,具有无限可能! 那样,你们才算对得起"青春"二字!

青春如何能出彩? 当你明白了青春的含义,你就知道该怎样让它出彩。

首先,你要爱上学习。在 2020 年高考中,来自湖南省张家界市慈利县的双胞胎兄弟赵稞、赵棣分别以 687、685 的高分被清华大学、北京大学录取。两人的爱好就是学习,而且有一个学习高效的秘诀:就是远离电子产品,不用手机、不玩网游,除了学习,还是学习。我认为,学习是学生的主业,只要体力、精力允许,就没有理由不学习,而爱上学习的表现,就是对学习充满渴望、对学好充满憧憬。只要你会变着花样玩儿,我相信你也会变着花样学。你爱上了学习,学习就会给你无限的乐趣。

其次,你要学会奋斗。什么是奋斗? 奋斗是为了实现目标而战胜各种困难的过程。对你们而言,这种困难并不是雪山草地,也不是激流险滩,而是生活当中的各种诱惑。它可能是一顿美食、一件鲜衣,也可能是一款游戏、两天假期。学会奋斗就是要学会抵制诱惑,学会见贤思齐! 在我校,有一种很好的风气,那就是不比吃穿比学习,不比基础比努力,不比休息比成绩。我校一届届学生,也正是秉承这样的传统,才创造了一次又一次辉煌! 那么,这 3 点,如果你做到了,你就是在奋斗! 奋斗其实很简单,只要你能满怀激情地读书、专心致志地做题、心无旁骛地听课,你就已经在奋斗了! 同学们! 习近平总书记说:奋斗是青春最亮丽的底色。民族复兴的使命要靠奋斗来实现,人生理想的风帆要靠奋斗来扬起。如果你怀揣梦想,奋斗就是实现梦想的阶梯!

最后,你要甘于寂寞。前人说,板凳要坐十年冷,甘于寂寞就是能坐得住冷板凳。学校生活,说丰富也很丰富,语数外理化生政史地各种课程天天在等着你学习;说单调也很单调,除了读书听课做题还是读书听课做题。丰富与单调,全看你能否学进去。学进去了,便不觉枯燥乏味,再苦再累也甘之如饴;学不进去,自然会如坐针毡,任何风吹草动都会扰乱你的思绪。我知道,作为学生,没有人不在乎成绩,没有人不想学得比别人好。那你就要学着忍受寂寞,甘于寂寞。不经一番寒彻骨,怎得梅花扑鼻香。同学们! 呼朋唤友不能证明你的魅力,说三道四也显示不出你的实力,高考是一个人的战斗,人生是一个人的战场,你,不管你是高一、高二还是高三,你终将因寂寞而伟大!

同学们! 在青春的世界里,你爱上了学习、学会了奋斗、受得了寂寞,你就经受住了磨砺,青春由磨砺而出彩! 在嵩阳高中,如果你是一棵小树,磨砺会让你变成栋梁;如果你是一粒沙子,磨砺会让你变成珍珠;如果你是一块顽石,磨砺会让你变成黄金! 爱上学习吧! 学会奋斗吧! 甘于寂寞吧! 那样,你的青春将大放光芒!

同学们! 鲁迅先生说:愿中国青年都摆脱冷气,只是向上走,不要听自暴自弃的话,能做事的做事,能发声的发声,有一分热发一分光。我希望你们都能这样! 同学们! 一入嵩高门,终身嵩高人! 嵩高也许不够完美,但只要你愿意进步,我保证,它会给你最美好的青春!

我的演讲完毕,谢谢大家!

2020 年 8 月 24 日

# 桐花万里丹山路 雏凤清于老凤声

## ——2020年高考表彰大会暨新学年开学典礼

亲爱的老师们、同学们：

大家上午好！8月的嵩高，桂花飘香，月季绽放，鸟鸣悦耳，蝉声悠扬。我们筹谋已久、期盼已久的2020年高考表彰大会和新学年开学典礼在这里如期举行。在此，我代表全校师生员工，向即将步入高校的优秀毕业生表示诚挚的祝贺！向努力向上、勤奋进取的2018级、2019级同学表示衷心的感谢！向2020级900多名新生表示热烈的欢迎！

今天，我发言的题目是"桐花万里丹山路，雏凤清于老凤声"。这两句诗为唐代李商隐所写，大意是说，那长长的丹山路上开满了美丽的桐花，雏凤的鸣声不时传来，声音清亮圆润，比老凤的鸣声更为悦耳动听。这两句诗以凤喻人，巧妙地写出了青出于蓝而胜于蓝的道理。

同学们！这两句诗是我对即将进入高等学府深造的优秀毕业生的祝福！从2017年到2020年，短短3年时间，我看着你们从一个懵懂的少年，成长为一个懂事的青年；从一个需要批评、需要呵护的孩子，成长为一个值得骄傲、值得自豪的大人。3年过去，高考结束，你们用自己实力告诉我：嵩高的后浪气势磅礴！走过高中，走向大学，也许道路并不平坦，但那又有何妨，我相信，经过高中洗礼的你们，即使面临风雨，也会开辟更加广阔的天地！

这两句诗是我对嵩阳高中所有在校生的寄语！今天，距2021年高考还有282天！对2018级的同学而言，再有282天，高中生活就要画上一个圆；对2019级的同学而言，再有一年零282天，你们也要向高中交上一份满意的答卷；对于2020级——刚刚踏入嵩高校门的新生而言，高中，虽然你们只来了5天，却也只剩下2年零282天。你们要用这不足3年的时间，浴火重生、破茧成蝶，完成人生最重要的蜕变！光阴迫，岁月急！同学们！我把这两句诗送给你们，是希望你们牢记自己作为学生的使命！你们来到嵩阳高中，肩上就有了重重的责任,那就是超越:超越同学、超越老师、超越前人!

这两句诗也是我对嵩阳高中的期望!我校2003年建校,算起来,年龄与高二的同学们相仿,称得上风华正茂!17年来,我们一步一个脚印,一年一个台阶,教学质量稳步提高,学校声誉日渐隆盛,如今正是走到了爬坡过坎的地段,我希望同学们接续发力,坚定信念、坚持前行,直面挑战,勇往直前,让自己越来越强,让学校越来越好!

同学们!习近平总书记说:一代人有一代人的长征路。你们现在走的正是学习的长征路,既是长征,就要做好打持久战的准备,不管还有多长时间,不要松懈、不要掉队,不管这一路上有多苦、多累、多无味,只要你们守住初心,毅然前行,将来必大有作为!

同学们!青出于蓝而胜于蓝,这是当老师的最大心愿!世界上没有哪一行,像老师一样这么希望自己的学生超越自己!也没有哪一行,像老师一样为了让学生超越自己而不遗余力!尤其在我嵩高校园,这儿不是一个老师,而是一群老师,是一个团队,他们踏实肯干、任劳任怨、不计报酬、无私奉献,日复一日、年复一年,就是为了教出的学生一个比一个更优秀,一届比一届更出息!

同学们!"桐花万里丹山路,雏凤清于老凤声",新的学年,新的起点,让我们许下这美好的祝愿!祝你们一路顺风!祝你们前程似锦!祝学校梦想成真!

我的发言完毕,谢谢大家!

2020 年 8 月 31 日

# 除了爱你　我没有别的愿望

## ——2021 年新年致辞

尊敬的各位老师、亲爱的同学们：

大家早上好！今天，我演讲的题目是"除了爱你，我没有别的愿望"。

日新月异，新旧交替，我们很快就要迎来 2021 年！此时此刻，请允许我由衷地说一句感谢：感谢各位老师！感谢各位同学！感谢我们一同走过2020 年！

2020 年，我们共同参加了一场没有硝烟的战争——抗击新冠疫情！在这场举国"大战"中，我们感受到了中国精神、中国力量、中国担当！"生命至上、举国同心、舍生忘死、尊重科学、命运与共"的伟大抗疫精神在我们的心中扎了根！

2020 年，我们共同见证了两次完美的太空之旅：7 月 23 日，中国"天问一号"火星探测器在文昌航天发射场发射升空，正式拉开了我国行星探测的大幕；11 月 24 日，探月工程"嫦娥五号"探测器同样在中国文昌航天发射场发射成功，现已完成任务顺利返回！

2020 年，我们共同认识了太多的英雄：四川森林消防员、中国女排、樊锦诗、张富清还在感动着我们，钟南山、张伯礼、张定宇、陈薇还有无数个舍小家为大家的白衣天使，一遍又一遍地告诉我们英雄的意义。

2020 年，"十三五"规划圆满收官，中国经历百年未有之大变局，却行稳致远。中国不平凡！

2020 年，嵩高也不平凡！

这一年，全校坚定不移地抓管理，讲规范，社会评价越来越好。

一是学校荣誉实现新突破。2020 年，我们一如既往是郑州市德育创新先进集体和教学创新先进集体。除此之外，我校还首次获得郑州市人力资源和社会保障局与郑州市教育局联合表彰的师德先进集体荣誉称号，申报通过了登封市文明学校的验收,首次获得了登封市总工会颁发的"五一劳动奖状",更为难能可贵的是张红萍老师年纪轻轻就被评为河南省特级教师!这些荣誉是对我校全体教师多年无私奉献的一种认可,是对我校全体教师高尚师德的一种肯定。

二是宣传报道登上新台阶。继 2019 年 11 月,《中国教育报》以"课改创新精准教学,真爱助力全面育人"为题对我校的办学理念和办学成绩进行报道之后,2020 年 6 月,《教育时报》以"教改创新引领优质发展,全面育人推进精致管理"为题把我校作为优质学校进行了推送;《郑州晚报》也分别以"嵩阳高中,跑出教育之路'加速度'"和"精致管理创佳绩,立德树人谱华章"为题对我校进行了全方位的报道。除此之外,中国网、中国校长网、映象网等上述三级网站也对我校的办学经验进行了报道。这些报道描绘了我校 17 年的办学历程,见证了我校 17 年的办学成绩,彰显了我校全体教师 17 年坚持不懈付出的成果。

三是社会影响出现新局面。以前嵩阳高中是墙内开花墙内香,现在嵩阳高中是墙内开花里外香。表现在社会认可:当前登封人形成一个共识,在四个高中里面,嵩阳高中的教学质量是最好的。同行认可:一个高一的家长在描述她的孩子去初中学校领高中录取通知书时说她孩子一到学校,初中班主任说,"咱班就你一个人中奖了,你被分到了嵩阳高中!"我们从这句话里可以感受到嵩阳高中在初中老师心中的地位。家长认可:大家通过微信公众号后面的评论可以看到,家长对学校的认可度很高。一个微信名为"岁月情书"的人这样写道:嵩阳高中在严管真爱的感召下,处处为家长和孩子着想,严得(的)可敬,爱得(的)感动;一个微信名叫"平凡人生"的人这样留言:嵩阳高中是最棒的!嵩高团队是最优秀的!把学生送到嵩阳高中,放心。领导认可,今年 7 月 6 号,尹弘省长到我校视察高考准备工作就是最好的例证。

这一年,全校坚定不移地抓质量,增实力,育人内涵不断提升。

一是教学质量稳中有升。从完成率和上线率上看,纵向相比,今年我校的高考成绩不如 2019 年;横向相比,我校的高考成绩确实优异,尤其一本层面,我校的上线人数和上线率最高的,还有一个亮点就是高分层面,与去年相比,文科 600 分以上的学生最多,全市 19 人,我校占了 11 位;理科有 10 人超过了 655 分,有 4 人在 670 分以上,从分数上来讲,创学校历史新高。不仅高考,高一高二期末考也表现突出,在此不一一赘述。

二是德育工作逐步加强。在德育工作方面,我们坚持贯彻"思想教育领先、行为管理有力、工作出勤到位、班风班纪良好"24 字工作方针,形成了"345"德育工作体系。"3"即学生个人、小组、班级 3 个量化考核,通过 3 个量化考核约束学生行为,帮助学生养成良好的学习习惯、生活习惯、思考习惯、行为习惯;"4"即习惯养成月、规范管理月、全员育人月、开放办学月 4 个主题月活动,一个学期 4 个月,每月围绕 1 个主题开展活动,集学校之力实现全员育人、全面育人、全程育人。"5"即激情读书、激情跑操、激情宣誓、激情班会、激情课堂 5 个激情教育,通过激情教育让大家在学校时刻处于精力充沛、精神饱满的状态,练有所得,学有所悟。

三是学校文化初具形态。我把它概括为四个字,实干精美:①"实",即嵩阳高中人为人实在,生活朴实,工作踏实,尊重事实;②"干",即嵩阳高中人愿干、能干、会干、干得好,正如老校长杨万林所说,我校的特点就执行力强,执行力是什么? 就是干,踏实肯干、任劳任怨、不计报酬、无私奉献是我们嵩阳高中人精神的最好写照;③"精",即精致管理、精心育人、精准教学、精细服务是我们嵩阳高中人工作标准的最好描述,凡事我们不做则已,做就精益求精;④"美",家庭美满,生活美好,环境美丽,美是我们永远的追求。

这一年,全校坚定不移地抓硬件,强设施,办学条件进一步改善。在原有两个机房的基础上,今年我们又增加了一个,80 台电脑,网速流畅;经过多方努力,学校西厕所重修,如今焕然一新,美化了环境,增加了蹲位,缓解了同学们如厕难窘境;还有田径场,学校投资 400 多万,已然成为校园最美的风景线。

同学们! 听了这些,你是不是也觉得嵩高不平凡。一年时间很短,尤其是发生疫情的 2020 年,你们在学校的时间,相比往年少了 3 个月;一年的时间又很长,尽管少了一段时间,可是家变成了教室和工作坊,我们做的这些事情把它变得很长很长。国家是这样,嵩高也是这样! 事实证明,每一个平凡的人都可以通过奋斗谱写不平凡的华章!

当然,回顾 2020,除了成绩,我们还有诸多的遗憾:学校方面,质量一流、文化深厚、风景优美的中原名校的办学目标还未真正实现;老师方面,省级骨干、中原名师还比较少见;学生方面,底子铺厚了,高山涌现了,但顶端还不够尖。

细思个中原因,固然方方面面。但同学们在学习上动力不足、目标模糊、行动迟缓的现象不能不说是主要方面。我常常想,如果你们再多努力一点点,一切都会向更好处发展。

同学们,今天的演讲,我一开头就提抗疫精神,用意很简单,就是希望你们也要有担当。学校赋予你们的责任不能不上心,时代赋予你们的责任不能推给别人,实现中华民族伟大复兴梦想的使命属于我们每个人!

同学们! 今天距2021年高考还有160天,距2021年,仅有3天。一元复始,万象更新。新的一年,我有三点希望给你们:

一、希望你们热爱学习。其实我知道,你们都很爱学习。遇到想看的书、想玩的游戏、想聊的天儿、想做的事,任谁都挡不住你们积极进取。所以,我今天讲的"学习"很狭隘,特指学校文化课的学习。这些课程对我们的作用,犹如地基之于高楼,可能你会觉得枯燥无味,但只要你学进去,它们就会撑起你的人生,让你的生活充实而有意义。那么,怎样才算热爱学习? 热爱学习不能三天打鱼两天晒网,热爱学习就要持之以恒坚持到底;热爱学习不能一瓶子不满半瓶子晃荡,热爱学习就要专心致志谦虚谨慎;热爱学习就不能装、不能骗、不能假,热爱学习就要真学、真会、真明白。同学们! 像你们这么大的年龄,我不知道还有什么比学习更紧迫更重要的事情! 少壮不努力,老大徒伤悲;热爱上学习,青春才无悔。

二、希望你们热爱生命。汪国真有一首诗,就叫《热爱生命》。我不去想是否能够成功/既然选择了远方/便只顾风雨兼程/我不去想能否赢得爱情/既然钟情于玫瑰/就勇敢地吐露真诚/我不去想身后会不会袭来寒风冷雨/既然目标是地平线/留给世界的只能是背影/我不去想未来是平坦还是泥泞/只要热爱生命/一切/都在意料之中。同学们! 什么是热爱生命? 热爱生命就是为了目标不顾一切风雨兼程。我知道你们还年轻,但是莫被自大冲昏了头,莫被自卑压抑住心,莫被无知迷了眼,莫被懒惰挡了路,莫被假象乱了神……请学会自爱、自尊、自立、自强,做好每一件小事、完成每一项任务、履行每一项职责,只要志向坚定、勇敢忠诚,你就是在热爱生命。

三、希望你们热爱祖国。我知道我们每个人都是爱国的,可是我觉得你们这颗心还不够热! 如果心够热,你们便不会沦为手机的奴隶;如果心够热,你们定会勇敢地向坏习惯告别;如果心够热,课堂上你们就不会东张西望交头接耳;如果心够热,回到家你们还会孜孜不倦如饥似渴……热爱祖国,即使十年饮冰,血也必须是热的。那么,怎么热爱祖国? 热爱祖国,就是要听从国家的召唤,做一块砖,哪里需要哪里搬;做一枚钉,哪里需要哪里拧;做一名学生,好好学习,把雄心壮志化为实实在在的行动！家是最小国,国是千万家。对比个人,学校也是国,学校也是家。我希望你们热爱家、热爱校、热爱国！

同学们:我的希望就是你们的方向！

我们共同走过了 2020 年,我们还要携手走好 2021 年！

2021 年,我要做什么？法国小说家加缪说:我只认得一种责任,那就是爱。除了爱你们,我没有别的选择！这就是我的承诺！

"红日初升,其道大光;河出伏流,一泻汪洋……"新的一年,我们要用爱树立雄心,增强信心,团结一心,共同书写嵩高发展的新篇章！

最后,祝同学们在新的一年里积极学习、主动训练、开心生活、健康成长！

我的发言完毕,谢谢！

2020 年 12 月 28 日

# 大鹏一日同风起　扶摇直上九万里
## ——2021年高考百日誓师大会上的讲话

尊敬的各位同仁、各位家长、各位来宾,亲爱的各位同学:

大家上午好!

站在这里,忽然有一种强烈的使命感! 2021年,嵩阳高中将会不平凡!

这种不平凡表现在两个方面:一是因为你们——高三的同学们,在六月要奔赴考场、夺取桂冠,向自己的18岁献礼;二是因为我们学校——登封市嵩阳高级中学,在六月要年满18岁,成为一个真正的青年!

同学们,想想就觉得热血沸腾! 我们何其有幸,竟与学校同龄! 原来,兴校的使命早在18年前就已注定!

一个人长到18岁,恰是风华正茂、书生意气、挥斥方遒! 一个学校发展18年,正是风生水起、蒸蒸日上、欣欣向荣!

18岁,18年,我们都该有鲲鹏心、鸿鹄志,让人生更称意,让学校更强盛!

所以,我今天发言的题目是"大鹏一日同风起,扶摇直上九万里"! 这句诗出自吟出"仰天大笑出门去,我辈岂是蓬蒿人"诗句的李白! 我用它做题目,意在希望同学们像姜东甫同学说的那样,在2021年高考中继承往届学生的优秀传统,再接再厉,乘风飞起,创造新的历史辉煌!

创造辉煌,需要你们勤奋学习! 一勤学习无难事,不勤问题堆如山。现在,距高考还有一百天,不管以前你有多懒,现在请你们勤奋起来,安排好每一个任务,规划好每一段时间。早自习、天天练、错题本、金考卷,跟上老师的步伐,超过同学的节奏,把一天用成两天甚至三天。勤奋会让你拥有的时间比别人更多一点!

创造辉煌,需要你们严格自律! 自律是进步的阶梯。我说的自律,并不是让一大堆规章制度来约束你们,而是希望你们用自律的行动创造一种井然的秩序来为学习争取更大的自由。春节短短几天假,尽管有老师的督促和提醒,相当一部分同学还是由着自己的性子玩得不知西东!放纵自己让第一次段考成绩变得十分狼狈。现在,距高考还有一百天,希望你们把自律当成纪律,向你的借口挑战,让你的人生理想必成重点大学通知书在八月份寄到你的眼前!

创造辉煌,需要你们坚持到底!坚持到底就是胜利。坚持上好课,坚持做好题,坚持会让你成为一个优秀的自己!前天晚上下自习,遇到三个同学很开心地从年级办公室出来,问他们原因,他们说,因为完成了作业!完成任务的感觉太美好!坚持完成每天的任务,一百天到了,你们的感觉会更美好!

同学们!好风凭借力,送我上青云。勤奋、自律、坚持,就是你们前行路上的好风,就是你们展翅翱翔的翅膀,你们要会用、能用、善用!有了这三股强劲的风,即可扶摇直上九万里!

同学们!今天,不只是高三的百日誓师,也是高一、高二的百日誓师;这番话,我不只是对高三的同学讲,也送给高一、高二的同学们!

同学们!又是一年新春到,今年花胜去年红。2021 年,因为有你们,嵩阳高中必将不平凡!我在这里为你们加油!祝你们扶摇直上、鹏程万里!蟾宫折桂、金榜题名!

2021 年 2 月 22 日

# 后 记

亲爱的同学们：

看完了这本书，你是不是找到了怎样学习、怎样考试、怎样做人的答案？抑或你根本就没有看，或者只是随便翻了翻？我猜想，各种情况都是有的。如果你没有看，我觉得这是一件很遗憾的事情。

在序言里，我没有告诉你们的，还有一点，那就是这本书不仅可以当作一个德育读本，还可以是一个语文读本。

我的每一篇讲稿，尽管语言算不上华丽，文笔算不上优美，观点也算不上新颖，但我可以负责任地说，这些演讲稿都是结合学生实际和学校需要写出来的。其中的内容，要么针对同学们的不良习惯，要么针对学校的持续发展，要么是为同学们加油呐喊……每一篇都发自肺腑，饱含真情实感。所以，我在想让同学们成为会自由思考、独立判断，有担当精神、家国情怀的人之外，我还想教会同学们写文章。正所谓，铁肩担道义，妙手著文章。

2018年高考前，我曾给高三的同学们写了封信，题目是"六月，我送你们出征"。写信这种形式和所写内容从某种程度上暗合了2018年的高考作文题。

2018年高考作文题材料大致如下：先列举了2000年到2018年这18年的国家大事，然后说："你们与新世纪的中国一路同行、成长，和中国新时代一起追梦、圆梦。以上材料触发了你怎样的联想和思考？请据此写一篇文章，想象它装进时光瓶，留待2035年开启，给那时18岁的人阅读。"

请同学们认真阅读《六月，我送你们出征》这篇演讲稿，是不是可以找到高考作文的写作形式、写作思路和写作内容？

白居易说："文章合为时而著，歌诗合为事而作。"诚哉斯言！我们适逢新时代，写文章就要写出真实感、时代感！"空谈误国，实干兴邦"，说的也是这个道理。

同学们,处处留心皆学问,请做一个有心人。当你怀着空杯心态去学习、去做人的时候,你一定是充实的、丰富的。

当今之世,风云际会,正是你大显身手的好时候,让我们一起为了梦想而努力奋斗!

秋珍于 2021 年 2 月 14 日